李嘉诚 我的经营之道

李泽文 编著

北京联合出版公司
Beijing United Publishing Co.,Ltd.

图书在版编目（CIP）数据

李嘉诚：我的经营之道 / 李泽文编著. — 北京：北京联合出版公司，2015.1

ISBN 978-7-5502-4124-4

Ⅰ.①李… Ⅱ.①李… Ⅲ.①李嘉诚－企业管理－经验 Ⅳ.①F279.23

中国版本图书馆CIP数据核字（2014）第274241号

李嘉诚：我的经营之道

编　　著：李泽文
责任编辑：孙志文
版式设计：冉　冉

北京联合出版公司出版
（北京市西城区德外大街83号楼9层　100088）
北京慧美印刷有限公司印刷　新华书店经销
字数：220千字　700毫米×990毫米　1/16　印张：20
2015年1月第1版　2015年1月第1次印刷
ISBN：978-7-5502-4124-4
定价：39.80元

目录
CONTENTS

第三章
稳健：用正确的方式对正确的时机进行分析

第四章
战略：境界不同，结果也就不同

第五章

纳才：优化组合，人尽其才

第六章

竞争：竞争不等于斗争

第七章

舍得：小利不舍，大利不来

第八章
诚信：一经承诺，便要负责到底

第九章
创新：东方不亮西方亮

附录 2

李嘉诚演讲

附录 3

李嘉诚专访

前言

《易经》中说：“天行健，君子以自强不息。”李嘉诚正是奉行着这样的经商精神，在他从商的这几十年中，勤勤勉勉，创造了很多商业上的奇迹。现在在人们的眼中，李嘉诚是一个商界奇才、商界大亨，但李嘉诚从不认为自己有什么了不起。他少年贫穷，又身逢乱世，接受过几年教育后，为了养家糊口，不得不进入社会，从社会最底层混起，好领到一份微薄的薪水养活一家人。

但就是这样低的起点，李嘉诚却一路坚持不懈地走到了今时今日的地位，跻身于世界顶级企业家的行列。大家都认为这是因为李嘉诚经营有方，有着经商的天赋，但李嘉诚曾谦虚地说过：“人们赞美我是超人，其实我并非生来就是优秀的经营者，到现在我只敢说经营得还可以。我是在经历了许多挫折和磨难之后，才懂得一些经营的要诀的。”

在本书中，对李嘉诚生意上的成功，从十个最基本的方面进行了阐释，从一些看起来不起眼的方面进行解读，给读者呈现出一个真实饱满的李嘉诚形象，将李嘉诚成功的道路翔实地展现出来。正如李嘉诚自己所言的那样：

“我每次出门，在机场都会看到有关于我的书籍，不知道为什么其中令最多人感兴趣的题目总是离不开我如何赚钱，既然那么多人有兴趣，我今天便选定了这个题目。

“首先，让我回顾一下我和长实系的发展里程碑：1940 年因战乱随家人从内地去港；1943 年父亲因贫病失救去世，负起家庭重担；1950 年创立长江塑胶厂；1971 年成立长江地产有限公司；1972 年长江实业集团上市；1979 年从汇丰银行收购英资和记黄埔集团 22.4% 的股份。

“我个人和公司都是在竞争中成长。很多人只看到我今天的成就，而已经忘记甚至不理解其中的过程，我们公司现时拥有的一切，其实是经过全体人员多年努力的成果。

“2002 年集团业务已遍布 41 个国家，雇员人数逾 15 万。我个人和公司都是在竞争中成长。我事业刚起步时，除了赤手空拳的一个人，我没有比其他竞争对手更优越的条件，一点儿也没有，这包括资金、人脉、市场等等。

“很多人常常有一个误解，以为我们公司快速扩展是和垄断市场有关，其实我个人和公司跟一般小公司一样，都是在不断的竞争中成长的。”

李嘉诚在经商上的成功不仅仅因为他自强不息的性格和诚实守信的品德，还因为他有着独特的经营智慧。李嘉诚总结的经商经验，给人耳目一新、醍醐灌顶的感觉。股神沃伦·巴菲特这样说过李嘉诚：“李先生是商业界的领袖，所有想赚钱的人都想效仿他。按照李先生所说的话做人、做生意，即使不能成为富豪，也绝不会是个穷人。”

本书挑拣了李嘉诚这几十年的经营智慧中最具代表性的东西，加以详尽的剖析和阐释，力求将李嘉诚成功的精华思想呈现出来。

本书从李嘉诚创业开始讲起，一个个的精彩故事和一针见血的点评，使读者在有趣生动的故事中领悟到经营的真谛。

第一章

创业：

打工是收效最缓慢的投资

拼命工作的原动力是随着环境的变迁而来的

人们赞美我是超人，其实我并非生来就是优秀的经营者，到现在我只敢说经营得还可以。我是在经历了许多挫折和磨难之后，才懂得一些经营的要诀的。

——李嘉诚

作为全球华人首富，在闪光灯下拥有诸多光环的李嘉诚，对于自己的从商经历能够侃侃而谈。在他呈现于世人的荣耀与财富背后，隐藏着许多艰难与辛酸，这却是大多数人不得而知的，很多人只看到他成功时的光鲜明丽，却不清楚他一路拼搏的艰辛。对于早年的那段奋斗历程，李嘉诚是记忆犹新的。

作为商界大亨，李嘉诚是被逼无奈走上商道的。李嘉诚祖籍潮州，家族是一个书香世家，如果不是因为战乱，李嘉诚很可能会成为一个学者或者教育学家。在 1940 年，为了躲避战祸，李嘉诚的父亲带着一家人逃往香港，想觅得一处安身之所。可是世事艰难，在生活的艰辛与家庭重担的双重压力下，父亲病倒了。在李嘉诚 14 岁的那一年，父亲李云经去世了。父亲的去世犹如晴天霹雳，李嘉诚的人生从此改变。父亲在临终时将母亲和弟弟妹妹的生计都交给了李嘉诚，只留下一句："阿诚，这个家以后就要靠你了，你要把这个家维持下去啊……"

在这之后，李嘉诚便担起了家庭的重担，开始为了一家人的生计奔走。他起初在茶楼里做跑堂，后来又去舅舅庄静庵的钟表公司当学徒，再后来还做起了推销员。做过很多份工作的李嘉诚在生活的磨砺中，不断变得坚强。为了挣钱，他每天工作十几个小时，闲暇之中还要学习充电，常常一天下来，连休息的时间都没有。

之所以这样拼命，是因为李嘉诚不想一辈子当个打工仔，他希望能够拥有自己独立的事业。要强的李嘉诚将每一份工作都完成得很出色，在攒了一笔钱之后，他创办了一家小小的专门生产玩具以及家庭用品的塑胶厂。

为了将这份来之不易的事业做好做大，李嘉诚用了不少心，每天忘情工作，终于凭借着他独到的判断力和敏锐的市场观察力，将自己的事业一步一步地做扎实，并且越做越大。

李嘉诚骨子里的冒险意识和开拓精神是他成功的基础。对于一个创业者而言，市场资源和经营技巧不是最主要的，最主要的是经营者要有坚忍的毅力和打不垮的信心。就如同李嘉诚所说的那样："从哲学的角度讲，事物都是发展的。人的志向是从儿时的幻想演变到对以后成长中的实际情况的想法，是一个纵向发展的过程，这其实涉及两个环境：其一是自己的理想所造就的；其二是现实生活所给你的。这两个环境是你无法抗拒的。它们相互斗争的过程，也是磨炼你的意志的过程。就拿我自己来说，童年的时候，父亲教育我要学习礼仪或遵守诺言。而我呢，也受到父亲的熏陶，自小就很喜欢念书，而且很有上进心。那时候，我就暗暗地发誓，要像父亲一样做一名桃李满天下的博学多识的教师。但是由于环境的改变，贫困生活迫使我孕育了一种更为强烈的斗志，那就是要赚钱。可以说，我拼命工作的原动力就是随着环境的变迁而来的。”

虽然是身不由己，但李嘉诚并没有怨天尤人，而是自强不息、努力奋斗，一步一个脚印地走出了属于自己的道路。从李嘉诚的身上可以看到，人生的压力有时会是人生最大的动力。

每个人活在这个世上都不会是永远一帆风顺的，在面对困境和挫折的时候，一定不能被残酷的现实磨掉意志。巴顿将军说过：“要无畏、无畏、无畏。记住，从现在起直至胜利或牺牲，我们要永远无畏。”

小王和小张是大学同学，两个人一直是关系比较好的朋友。大学毕业后，两个人一起进了同一家公司，成为同事。小王参加工作后，勤奋工作，继续保持学习热情，每天都很上进，但小张却不思进取，整天在公司混日子，小张觉得工作凑合就行，反正都是打工，没必要那么认真。

时间一长，小王渐渐受到了公司的重用，屡次升职加薪，而小张还是个小职员。小王多次找小张谈话，劝小张端正工作态度，好好工作，将来才能有好的发展。但小张并没有把小王的话放在心里，小张认为日子混一天是一天，他在大学的时候每天旷课出去玩儿，最后也毕业了，所以小张认为即便是进入社会工作了，在岗位上混日子也能领到工资，那还何必费力去工作呢。几年后，公司宣布要裁减人员，小王早已成为高管，不会被裁掉，而始终没有升职、没有做出什么成绩的小张则成为被裁人员。

小王与小张的差距就在于两个人对待工作的态度不同，小王不停奋斗，随着环境的变化而调整自身，而小张却始终不思进取，最终被社会淘汰。在奋斗过程中，最重要的是要有自强不息的精神，支撑着自己一路走向成功。在创业的道路上，不应该被暂时的艰难挫折打倒，而应该越挫越勇，直至登上成功的巅峰。穷与富、失败与成功都不是命中注定的，不思进取的富人也可能沦落为乞丐，努力进取的穷人有朝一日也会家财万贯，只要肯努力、肯想办法，就能够改变自己的命运。

美国作家欧·亨利在一篇名叫《最后一片叶子》的小说里讲了这样一个故事：在一间病房里，一个生命垂危的病人在绝望之际无意中看到窗外的一棵大树，树上的叶子在秋风中一片片凋零，这位病人看着树上的叶子越来越少，他觉得自己就如同这棵树一样，到叶子落尽的时候，自己也该离开人世了。一位老画家看到他意志消沉，便偷偷用彩笔画了一片活灵活现的绿叶粘在树枝上，这画上去的最后一片叶子始终没有落下。而那个一度认为自己要逝去的病人也因为生命中这一抹绿色，奇迹般地活了下来。

李嘉诚虽然早年生活陷入困境，但他坚信命运是掌握在自己手中的，只要自己努力，就可以改变命运。果然，在不断努力下，他所取得的成就越来越大，从一个穷小子成为一个大富翁。有的时候，改变就在一念之间。努力迈过那条线，就可能成为大家羡慕的对象；没有勇气和毅力迈步的人，只能停留在原地暗自伤神。

一切伟大的行动都有一个微不足道的开始

人生的过程中尽管总有遗憾，但我学到了最价值连城的一课——只要逆境和挑战能激发起生命的力度，我们的成就是可以超乎自己所想象的。

——李嘉诚

在生活中，心智坚强的人始终不会被残酷的命运所击倒。李嘉诚一家来到香港没几年，他的父亲就因为贫病交加去世了。父亲去世后，李嘉诚虽然心里悲痛，但他时时刻刻将父亲的嘱托放在心里，他要担负起家庭的重担，照顾好一家人的生活。为了养家糊口，小小年纪的李嘉诚便外出找工作。

当时，李嘉诚的舅舅庄静庵同意让李嘉诚去自己的钟表厂做工，但李嘉诚却说自己要自食其力，不靠别人的帮助，哪怕是亲戚的帮助，他也不接受。因为李嘉诚深知，有人可以帮你一时，却没有人可以帮你一辈子；有人可以帮你一事，却无人可以事事帮你。李嘉诚曾说："真正的人才都有自己的一片天地，当然这片天地是靠自己闯出来的。"就这样，李嘉诚凭着坚毅的性格，终于在西营盘的"春茗"茶楼找到了一份当伙计的工作。李嘉诚高高兴兴地将这个好消息告诉母亲后，便开始了当茶楼伙计的打工生涯。

在茶楼的时候，李嘉诚每天超负荷工作十几个小时以上。广东人喜欢吃早茶，茶楼伙计需要每天凌晨 5 点钟就去准备，所以，李嘉诚每天天不亮就去茶楼准备。为了不迟到，李嘉诚将闹钟拨快了 10 分钟，这个习惯，李嘉诚一直保持到现在。白天客人不多时，他就打扫卫生，听从客人差遣；晚上茶客多时，他更是忙得晕头转向，一直要到夜深人静打烊之后，李嘉诚才能休息一下。作为新伙计的李嘉诚，经常是“披星戴月上班去，万家灯火回家来”，但是李嘉诚并没有因为劳累而有丝毫的懈怠。李嘉诚的认真负责、真诚敬业、勤勉有加，都被茶楼老板看在眼里，很快便赢得了老板的赞赏，他也由此成为加薪最快的堂倌。

在茶楼工作的李嘉诚除了每天辛勤工作外，也认真琢磨起茶楼这个与学校完全不同的世界有些什么人生经验值得自己参考。茶楼里的人川流不息，三教九流、各式各样的人令初入社会的李嘉诚大开眼界，人们谈论的东西也和他在书本上学习的东西不一样，扑鼻的新鲜感让李嘉诚奋力地吸收着其中的营养。但是，豁然开朗的视野和稀奇的事物并没有让李嘉诚迷失自我，父亲教给他的为人处世的道理他从来没有忘记。

李嘉诚来茶楼工作是为了养活母亲和弟弟妹妹，为今后的进一步发展积累经验和资金。他要做一个有心人，从端茶沏茶中学习，从茶客们谈古论今中学习，从各色人等的喜好中品悟。社会的彩笔渐渐地给李嘉诚如白板一样的心灵着了色，他开始分析茶客们，儒雅风流的是哪一类人，粗俗不堪的又是哪一类人，自己希望成为哪一类人；如果自己做生意的话，如何根据不同人的性格来满足他们的需求。

李嘉诚在专心工作的同时也开始了最初的客户分析，他根据茶客的特征猜测他们的年龄、籍贯、性格、职业、社会地位，并找机会验证，进而掌握了不同茶客的消费心理。很快，他对常来用茶的人的习惯了如指掌，比如对不同种类茶的喜欢和对茶点的选择。不久，常客来时，不等他们点东西，李嘉诚就端上了他们喜爱的东西，顾客对此十分满意。后来，在面对新茶客时，李嘉诚也能逐渐猜测到他们的喜好了。茶客们觉得他特别善解人意，便常常来光顾这家茶楼；老板也很赏识李嘉诚，频频给他涨工资。

在茶楼的日子，李嘉诚不但学会了察言观色、人情世故，训练出了分析客户的能力，还学到了做生意的门道。这些东西，在他日后做生意时派上了大用场，使他的公司总能提供满足客户消费心理的产品。

正如李嘉诚自己多年后感慨的那样："一切伟大的事业都有一个微不足道的开始。"对于李嘉诚来说，生活在最初带给他的不幸都是对他的磨砺，让他在苦难的生活中迅速地成长起来。《塔木德》教导人们"要救赎自己"，李嘉诚明白想要日后出人头地，就只能靠自己的奋斗和努力。他抓紧一切时间提升自己的素养，增加自己的见闻，为的就是给以后打下坚实的基础。

美国犹太商人朗司·布拉文从37岁才开始经商，他的父亲很有才干，在洛杉矶经营着一家规模很大的会计事务所，所以朗司·布拉文大学时候读的也是会计专业。他毕业后进入了父亲的会计事务所工作，为日后能够子承父业打基础。时间一天一天过去，当所有的人包括朗司·布拉文自己也认为他会成为会计事务所的继承人时，他却突然觉得会计的工作并不适合自己，家族的产业对自己的吸引力也并不大。

再三考虑之后，朗司·布拉文选择了离开父亲的会计事务所，他要去做自己喜欢做的事情，他选择了经商。在最开始经商的时候，朗司·布拉文的工作进展并不顺利，不过他没有放弃，他从小事开始做起，一点儿一点儿做大。在进入商界十几年后，他已经成为业内知名的人士，他主要做的是面向日本的生意，向日本出口体育用品，包括服装、体育设备等，销售额很不错。

如果朗司·布拉文一辈子安心待在父亲的事务所里的话，那么他的人生就会完全不同，但朗司·布拉文做出了遵从自己内心呼唤的选择，他选择了自己想要走的道路，虽然这条路所付出的努力要更多，但他丝毫不在意。李嘉诚也是如此，他如果只是安心在茶馆里当一个小伙计，那他完全可以不用每天耗费那么多的精力去学习和提升自己，但正因为李嘉诚知道自己想要的不仅仅如此，所以他才不断努力提升自己。

虽然暂时只能当一个茶楼的小伙计，但李嘉诚并没有小觑这份工作，他努力将这份工作做到最好。每个人都不会随随便便成功，很多人为自己的失败找借口，说自己运气不好或者条件太差，这些都是为自己的不努力开脱。那些站在成功巅峰的人并不是一朝一夕就攀登上去的，他们也是经历了很多磨难、很多挫折，在不断克服困难的过程中，一步一步走向了成功之路。

只有你的原则才是你生命导航的坐标

小时候，我的家境虽然不富裕，但生活基本上是安定的。我的先父、伯父、叔叔的文化程度很高，都是受人尊敬的读书人。抗日战争爆发后，我随先父来到香港，举目看到的都是世态炎凉、人情冷暖，就感到这个世界原来是这样的。因此在我的心里产生了很多感想，就这样，童年时期五彩缤纷的梦想和天真都完全消失了。人生自有其沉浮，每个人都应该学会忍受生活中属于自己的一份悲伤，只有这样，你才能体会到什么叫作成功，什么叫作真正的幸福。

——李嘉诚

很多人会羡慕别人的成功，他们总认为别人拥有比自己更好的机会，拥有比自己更好的家境，所以他们才能够成功，而自己却总是失败，这样的人一味地羡慕别人、抱怨人生，却不知道反省自己。李嘉诚只相信自己的努力，他说："我不看小说，也不看娱乐新闻。这是因为要从小争分夺秒地'抢'学问。我的学问、我的知识都是在有限的时间内'抢'回来的。我一直勤奋努力，有时间便自修，现在的人说求学问，我是'偷'学问。一个真正做大事、有远见的人，是看世界的潮流，估计自己未来发展的方向。事在人为，不能有志无才，你可以夸口说你的志向是摘下天上的月亮，但你知道怎么摘下吗？所以我说事在人为，靠自己、靠意念，还要有最新的知识及经验积累才能达到。"

每一个成功的人都有一套成功的哲学，或者是运气，或者是实力，或者是聪慧。但是，香港首富李嘉诚的致富哲学却只有四个字：事在人为！"事在人为"被李嘉诚奉为人生格言，时时刻刻警醒着他在商海里稳健前行。

李嘉诚刚到香港时，看到同学们能将英语说得很好，而自己却连字母都还认不全，这让李嘉诚十分自卑。李云经为儿子分析了香港的大环境，得出了一个结论——想要融入香港的大环境，必先学做香港人，要做香港人，必先学习粤语，而香港的官方语言是英语，所以，李嘉诚也必须得学习英语。因此李云经感慨地对儿子说："在香港，想出人头地，想做大事，就非得把英语学好不可。"李嘉诚看着父亲眼中的期盼，重重点头，他下定决心，一定要攻克英语这一关，适应香港的大环境，日后好有大作为。

李嘉诚听从父亲的教诲，开始苦学语言。他在上学放学的路上背单词，睡觉的时候背单词，夜深人静的时候，为了能够学习且不打扰家人的休息，李嘉诚便会偷偷地跑到屋外路灯下背诵英语单词，那段时间，李嘉诚几乎到了"走火入魔"的地步。父亲去世后，李嘉诚依然严格要求自己，在一天十多个小时的辛勤工作后依然坚持学习粤语和英语。功夫不负苦心人，在几年的努力后，李嘉诚熟练地掌握了英语和粤语。语言的学习，为李嘉诚带来了财富，也为他日后跻身上流社会做好了准备。开办塑胶厂时，李嘉诚就能流利地使用英语与外商谈判了，而他创办塑胶厂的灵感也是来源于英文版的《塑胶》杂志。

试想一下，如果李嘉诚不懂粤语和英语，那么他的生意范围就会很小，也许就没有今日的李嘉诚了。

目光短浅的人，往往只看到眼前的利益，而忽略了为明天的壮大积攒实力。不一步一步地踏实做事，暂时的成功也是过眼烟云。如果我们想走得稳些、走得远些，取得较大的成功，就应该沉下心来，做好每一件现在需要做的事，把根基打牢。

在长江商学院十周年庆典上，李嘉诚发表了一篇题为《做自己命运的行动英雄》的演讲，演讲内容很激励人心。

“我 14 岁那年，一位会看相的同乡对我母亲说：‘你儿子眼眸无神、骨架瘦弱，未来恐难成大器。他安分守己，终日乾乾，勉强谋生是可以的，但飞黄腾达，怕他没有那福分！’

“那时我妈妈刚刚失去丈夫不久，这番话令她心酸。妈妈把失望放在一旁，安慰和鼓励我，说：‘阿诚！天命难算，上天一定会厚待善良、努力的人。再艰难，只要一家人相依在一起就不错啦。’我当然相信母亲，但我更相信我自己！我请妈妈放心，我内心相信，只有用自己的双手创造的未来，才是唯一能信任的命运。

“当年我们一家生活在战乱、父亲病故、贫穷三重合奏的悲歌中。抬头白云悠悠，前景一片黯愁，仰啸问天，人情茫如风影，四方没有回应。我唯一的信念就是——打造更好的自己，才能建立更好的未来。

“在我眼中，未来跟明天是两回事，天命和命运是不同的。明天只是新的一天，而未来是自己在一生各种偶然性中不断选择的结果。追求自我、努力改善自己是一股正面的驱动力，当你把思维、想象和行动谱成乐章，在科技、人文、商业领域内的无限机会中实践自我，将知识、责任感和目标融汇成智慧时，你会发现天命不一定是命运的蓝图。

“你成功追求自我，前途光明远大。你下一阶段的追求是什么？你的价值取向、你的理想是什么？我们活着又是为了什么？世界上千千万万的人，今天依然活在悲惨、孤寂、贫病的绝望之谷，承担社会的责任是不是我们的义务？

“我认为人最大的悲哀是无聊，患上漠不关心的冷淡症，套上自命不凡的枷锁，在专业、行业和权力的高岗上，掌控庞大社会资源和机会，却失去重心。那些沉醉于过往、滞留在今日，那些对社会问题视而不见、无动于衷的借口大王，一定会被社会唾弃和淘汰。

“有能力的人，要为人类谋幸福，这是任务。历史中有很多具有创意、有抱负的人和群体，同心合力，在追求无我中，推动社会改革进步。天地之间有一种不可衡量、永恒价值的元素，只有具有使命感的人才能享有。这不是秘密。可惜，虽然是三岁小孩儿就知道的事，却不是人人做得到。回想过往，人生似梦非梦，七十年匆匆而去，那个同乡看不起的、瘦弱无神的少年，一直凭努力和自信建立自我、追求无我。

“各位同学，你们生活在充满机遇的时代，在这片充满机会的大地上，我深信你们的成就一定比我更高、更好，能量一定比我更大。我们不一定是拯救世界的英雄，但我们谨守正知、正行、正念，应该可以高声回应社会：我们一生未曾不仁不义、不善不正。我盼望，为下一代建立和守望未来，是每一位长江商学院同学的承诺，让我们一起共勉，同塑更美好的世界，世世代代能在尊严、自由和快乐中，活出我们民族的精彩。”

通往成功的方法有很多种，有外因和内因在起作用，但通常内因是占很大比重的。萧伯纳说过：“当问题发生时，人们往往归咎于环境。事实上，一个人应该努力适应四周的环境，如果无法适应，便要自己去创造环境。”李嘉诚正是一个不但能适应环境而且能创造环境的人，他能够不失时机地利用环境中的各种有利条件为自己服务，好让自己能够更加快速地抵达目的地。

一个真正做大事的人可以估计自己未来发展的方向

每个人都可以有巨大的雄心及高远的梦想，区别在于有没有能力实现这些梦想。当梦想成真的时候，是否会在成功的台阶上更知进取？当梦境破灭、无力取胜、无力转败为胜时，是否会套在自命不凡的枷锁里？是否会跌进万念俱灰、无所期待的沮丧中？

——李嘉诚

在茶楼工作了一年的时间，李嘉诚凭借自己的聪明才干赢得了茶楼老板的赏识，茶楼老板希望留李嘉诚在茶楼继续干下去，但李嘉诚认为在茶楼继续干下去的意义不大，自己的未来不应该只是局限于一个小小的茶楼中。于是思考再三，他便向老板提出了辞职。此时，他决定去舅舅的钟表厂工作。之前，李嘉诚不愿意去钟表厂，是因为觉得自己什么也不会做，去了会成为舅舅的拖累。但现如今，他经历了社会的一番磨砺，觉得自己可以胜任钟表厂的工作，有能力去帮舅舅的忙了。

李嘉诚去了舅舅庄静庵的中南钟表公司后，舅舅为了锻炼李嘉诚，并没有告诉公司的人他们的关系。当然，也谈不上特别的照顾。李嘉诚来到中南钟表公司后，也是从端茶倒水等跑腿的杂事做起，这对李嘉诚来说是非常容易的事情。他轻车熟路地干好每一天的工作，同事们都觉得这个新来的小年轻伶俐勤快。他们便在庄静庵的面前夸赞李嘉诚，说他做事效率高，还能经常猜中别人的心思而主动帮忙。

经过观察，庄静庵发现李嘉诚在工作之余跟着师傅学习装配修理钟表，并且技艺飞速进步。他对李嘉诚刮目相看，认为是时候让他锻炼锻炼了，便将李嘉诚调往公司下属的高升街钟表店当店员。

茶楼的生活教会了李嘉诚与人打交道，中南公司的基层生活让李嘉诚学会了装配修理各种表，并且对各种表了解得非常透彻。到了高升街店后，李嘉诚又很快掌握了销售技术。店里的店员们回忆说："李嘉诚来高升街店里，年龄最小，大家都没把他当回事。不过，没几天他便做出了业绩，销售技术熟练得像个行家，我们都觉得这个年轻人日后一定会是个出色的钟表商。没想到，他后来发展得超出人们的预想。"

在高升街店做销售的日子里，李嘉诚细心观察和分析了香港的钟表市场，对此还形成了比较成熟的看法。没过多久，李嘉诚就向舅舅辞职，临行前他表达了自己对香港钟表市场的远见。他认为钟表技术当属瑞士最好，而日本人抢先开发了电子石英表这一新领域，所以，中档市场是当时香港钟表市场可以赚钱的领域。果不其然，香港的钟表市场凭借物美价廉的中档产品成为能和瑞士、日本争夺市场的一个亮点，中低档表的生产也发展成为香港的支柱产业之一，而庄静庵的中南钟表公司也成为香港钟表界的领头羊。

由此可见，17 岁的李嘉诚当时已具备了敏锐的市场观察力，练就了商人分析市场、把握机遇的本事。人生的巨大挫折让李嘉诚在危难之时挖掘出了自己的潜力；父亲教给他的做人道理辅助他走出了人生的迷雾，助他在商海里尽情畅游。

庄静庵之后回忆当时在钟表厂工作的李嘉诚，忍不住称赞道："阿诚的阿爷谢世太早，故阿诚少年老成，他的许多想法、做法就像大人。”的确如此，过早地承担起了家庭重担的李嘉诚，只有凡事都要像成年人那样思考，才能让自己在这个社会中走得更远一些。他从开始在茶楼做第一份工作时，就很清楚地知道自己的未来要如何发展，所以他所做的一切工作都是在为未来打基础。无论走到哪里，李嘉诚都保持这种精神，也正是这种明确自己发展方向的态度，令李嘉诚的事业一步一步做大。

著名作家高尔基曾经说过：“一个人追求的目标越高，他的能力就发展得越快，对社会就越有益。我确信这也是一个真理。”的确，当一个人树立了远大目标，他才会有压力和动力，才会去一步一个脚印地实现这个目标。始终心怀远大目标是一种推动力，它能长时间调动你的激情，让你为实现目标而不懈努力。

李嘉诚刚迈入社会的时候，什么也没有，什么也不懂，唯一能够支撑他的就是他的信念、他的目标。在他刚开始创业的时候，可以说是一穷二白，无论是资金还是人脉，都无法和同行们竞争，但是他却能始终坚持向着既定目标进发，永不放弃，最终带领着公司在磨炼中逐渐成长起来。

生意做大后，李嘉诚并没有松懈，他依然清晰地知道自己未来发展的方向。在一次会议上，李嘉诚问道：“你们开车进加油站后，最想做的事情是什么？”底下众人异口同声地回答：“加油！”李嘉诚听了之后脸上露出失望的表情，众人又开始七嘴八舌地补充道：喝水、休息、吃东西、上厕所……李嘉诚告诉大家：“开车进加油站的人，最想做的应该是早一点儿离开，朝着目的地继续他的旅程。”李嘉诚是想说，一个人做事当然有着无数的具体目的，但它们必须从属于一个远大目标。

一直以来，李嘉诚都有着始终不变的远大目标，他在一次又一次地解决难题中不断成长，也日渐成熟自信，所以才能成就他今日辉煌的一切。如果当初李嘉诚没有胸怀大志，那么他很可能现在只是一个平凡的推销员；如果在小有成就的时候他故步自封，没有继续进取，那么他很可能只是一个小厂的老板；如果他没有放眼于全球，树立走向世界的目标，那么世界华人首富很可能与他无缘。一个商人到底有没有前途，取决于他是否有开拓意识和远大眼光。做大事者必有坚忍不拔之志，再大的困难也会输给耐心和毅力。一个人只要能坚持不懈，很难不会成功。

在犹太民族中流传着这样一句格言："希望完成自己所能的是人，希望完成自己所希望的是神。"这句格言是说：想要成就一番事业，就一定要有崇高的目标，以超越自我，取得杰出的成绩。

一个人如果没有了奋斗的目标，就好像是失去了舵的船一样，只能在茫茫大海中盲目航行，而无法到达彼岸。无数的事实证明，一个人要想成功，必须要有自己的人生目标。否则，再大的才能和努力都是徒劳无益的。

福特汽车的创始人亨利·福特在制造著名的V8汽车时，明确指出要生产一种新式的八缸发动机，这八个汽缸要作为一个整体铸模出来。

在工程师设计的过程中，有一个工程师认为要想在一个引擎中装八个汽缸是根本不可能的事情，因此他和福特产生了分歧，最后他愿意以一年的薪水作为赌金，赌这种设计没有人能够完成。

福特和这名工程师签下了赌约，因为他坚信，尽管目前市场上还没有这种车，但是并不代表永远设计不出来，只要多搜集一些资料，并把它们的长处广泛地加以分析和改进，是完全可以设计和生产出来的。

果然，在福特的坚持下，其他工程师经过大量的研究和试验，终于成功设计出八个汽缸的引擎，而且还正式生产出来了。

当那名与福特打赌的工程师要履行赌约的时候，福特对他说："你可以领走你的薪水，但看来你并不适合在福特公司工作了。"一个人如果从来不为更高的目标做准备的话，那么他将永远不会超越自己，最终必然会被不断进步的社会所淘汰。

卡内基曾说过："我是不会帮助那些缺乏成为企业领袖的雄心壮志的年轻人的。"托尔斯泰也曾说过："人活着，一定要有生活的目标。"对于企业的经营者来说，眼光更是要放得长远一些。要想让企业能够得到长久发展，就要制定一个长远的、看似无法实现的奋斗目标，然后在压力之下产生动力，推动企业向前发展。

勤奋是个人成功的要素

我认为勤奋是一个人成功的要素，所谓一分耕耘，一分收获。一个人所获得的报酬和成果，与他所付出的努力是有极大的关系的。运气只是一个小因素，个人的努力才是成就事业的最基本条件。

——李嘉诚

勤劳致富是人们常说的一个词，指一个人要想成就一番事业，必须勤奋肯干才行。一个人无论是富有还是贫穷，是资质平庸还是聪慧，如果这个人不够勤奋，那就不能抵达成功的彼岸。李嘉诚就是一个勤奋的人，他在走过人生数十个年头后，回过头总结自己的成功经验时，不无感慨地说道："因为我勤奋，节俭，有毅力，肯求知，善于建立良好的人际关系。"

1946 年，年仅 17 岁的李嘉诚为了谋得日后更加长远的发展，放弃在舅舅的钟表公司的工作，来到一家名不见经传的五金厂当起了一名普通的推销员。香港人将这一行业俗称为"行街仔"。这份工作非常辛苦，而且在当时大多数的香港人看来是很没有前途的，是低级的。但李嘉诚并不这样认为，他认为做推销员能够很好地锻炼自己的能力，而且还可以学到一些新知识。

李嘉诚在五金厂的主要工作是上门向客户推销铁桶，这份工作听起来简单，做起来却并不简单，不但要风雨无阻地出门，挨家挨户地向陌生的客户推销产品，还要随时忍受客户的白眼和闭门羹。但这些困难都没有吓退李嘉诚，当时他是厂子里最年轻的推销员，如果哪里做不好，也是完全可以理解的，毕竟没有什么经验，但心高气傲的李嘉诚可不想被别人看扁，他发誓要做就要做到最好。

为了完成业绩，李嘉诚整日起早贪黑地工作。在刚开始的那一段时间里，虽然李嘉诚使尽了浑身的解数，但业绩总是不见提升，时间一天天地过去了，铁桶一个也没有卖出去。李嘉诚开始从失败中总结经验教训，他认为推销产品不能一门心思地只想着如何夸赞产品，而应当做更全面的考察，比如调查客户需求情况，把握客户的心理，建立起与客户长期发展的关系，等等。

在不断摸索和总结中，李嘉诚研究出了一套推销方法。他认为首先要取得客户的好感和信任。当时，生活捉襟见肘的李嘉诚为了打造出一个良好的形象，咬牙买了一些品质稍好的衣服，这样客户就不会一看到他就让他吃闭门羹了。其次，要注意讲话的方式，不能为了推销铁桶就一个劲儿地夸赞自己的产品，那样很容易令客户厌烦，认为向自己推销产品的这个人是个大骗子，而要对客户讲真话、讲实话，和客户建立起一种平等对话的关系。最后，一定要注意自己的姿势和表情，要有仪态，不能显得很随便，让客户反感。

在不断总结和实践中，李嘉诚的业绩提升得很快，成为五金厂里奖金拿得最多的一名推销员。在五金厂当推销员的这段日子，也为李嘉诚日后创业打下了一个很好的基础。做推销员令李嘉诚亲身体验了如何和客户打交道，还明白了大众客户的心理，也让他体会到了赚钱的不易。在他创业之后，他对自己的员工总是很好，因为他自己早年的打工经历，让他能够懂得员工的感受。

孟子说："天将降大任于斯人也，必先苦其心志，劳其筋骨，饿其体肤，空乏其身，行拂乱其所为，所以动心忍性，增益其所不能。"李嘉诚是一个幸运的人，机遇多次眷顾他，而这也得力于他早年的准备。曾经有一个记者问李嘉诚的推销秘诀是什么，李嘉诚没有给予正面的回答，而是给记者讲了一个故事：

日本的"推销之神"原一平在69岁时的一次演讲会上，有人问了他同样的问题，原一平当场脱掉鞋袜，将提问者请上台，说："请摸摸我的脚底板。"提问者摸过之后，惊讶道："您脚底板的老茧真厚！"原一平说："因为我走的路比别人多，跑得比别人勤，所以脚底板的茧子特别厚。”提问者恍然大悟。李嘉诚讲完故事，对记者说：“我没有资格让你来摸我的脚底板，但我可以告诉你，我脚底的茧子也很厚。”

当年，作为一名推销员的李嘉诚每天背着一个装有样品的大包从公司出发，在香港的各条大街小巷里穿梭着，向不同的客户推销着他的产品。他一天几乎要走十多个小时的路，他脚底板的茧子未必就比原一平的薄，正是因为有了这份勤勉努力的执着，才令李嘉诚成就了今日的事业。

李嘉诚自己也说：“成功实际上是相对的。创业的过程实际上就是恒心和毅力坚持不懈的发展过程。这其中并没有什么秘密，但真正做到中国古老的格言里所说的‘勤’和‘俭’也不太容易。而且，从创业开始，还要不断地学习、把握时间。我自己从创业开始到 1963 年这一二十年来，平均每天工作 16 个小时，而且每星期至少有一天是通宵达旦的。一个小公司在实力和资金都很单薄的情况下，与众多实力雄厚的大公司竞争，其中的艰辛是可想而知的。”李嘉诚一生都将勤勉贯彻在工作生活中，他的成功是时势造就的，更是自身拼搏的结果。

“勤能补拙是良训，一分辛劳一分财。”一个人如果天资并不聪慧，那么就需要拥有水滴石穿的毅力去弥补自己的缺陷。纵观历史，勤奋往往是成功不可缺失的一剂良药。

达·芬奇小时候学习画画，甚至会连续画十几天的蛋，只因为一个蛋从不同的角度看过去，形状是不同的。经过长期艰苦的艺术实践，他终于创作了许多不朽的名画。马克思为了写《资本论》，每天阅读十几个小时，翻阅了大量的书籍，花费了40年时间才完成了这部呕心沥血的巨著。司马迁从年轻时就开始周游各地，收集了大量的社会素材和历史资料，才最终创作了著名的《史记》。

通过这些名人的例子，李嘉诚深知，仅仅做到尽力而为是无法让自己在社会上立足的，只有拼了命地努力工作，才能争得一席之地。现在很多创业的人，在失败之后反思时，总觉得自己各方面条件都很好，失败的不应该是自己。他们没有明白，打开成功大门的最关键的钥匙不是各种有利条件，而是拼命奋斗的毅力。

穷富不是命中注定

生长与变化是一切生命的定律，昨天的答案未必适用于今天的问题。只有你的原则才是你生命导航的坐标，只有你的情操才是鼓舞你生命的力量。

——李嘉诚

在当今社会，成功的人往往一生做很多种工作。很多人由于经济形势不稳定而换不同工作。对于初出象牙塔的人来说，第一份工作是什么就显得没有那么重要，重要的是在第一份工作中你学会了什么，为今后成为什么样的人打下了怎样的基础。

李嘉诚进入社会后做了很多份工作，每一份工作他都做得很好，老板也都很喜欢他，但他并不甘心这辈子就只是给别人打工，他希望自己能够做老板，来主宰自己的人生。在积累了很多的工作经验后，李嘉诚终于决定自己创业，他要开辟自己的一片天地，所以，不顾老板的再三挽留，李嘉诚毅然从塑胶厂辞职，出来自己创业。当时李嘉诚的创业资本也不过区区 5 万港元，着实不多。这钱都是他平日里一分一厘积攒下来的。据他的亲朋回忆说："嘉诚从未奢侈过一日，他外出从来都是吃大众餐，他穿的衣服更是没有一件能上档次的。"

1952 年，李嘉诚开设塑胶厂，取名长江。之所以取这个名字，是为了提醒自己要沉下心、弯下身来，"长江"取"长江不择细流，故能浩荡万里，汇聚百川，才能气势如虹、长流不息"。李嘉诚要做实业，做宏图伟业，他说："长江之源头，仅涓涓细流，东流而去，容纳无数支流，汇成汪洋之势。日后的长江塑胶厂发展势头也会像长江一样，由小到大。长江是中华民族的骄傲，未来的长江集团也应该让中国人引以为豪。长江浩荡万里，具有宽广的胸怀，一个有志于实业的人，理当扬帆万里、破浪前进，去创建宏图伟业。"

刚开始创业的那段时间，李嘉诚事必躬亲，工厂里的所有事情都由他一手操办，每天忙到很晚。为了自己的厂子不至于落后于市场，李嘉诚百忙之中还抽出时间学习业务知识。李嘉诚这样拼命也给全厂的员工树立了一个很好的榜样。由于全厂员工一起勤奋努力，再加上李嘉诚经营有方，很快第一批产品就顺利地销售出去，而接下来的订单也是接踵而至，李嘉诚很快赚到了他人生的第一桶金。

香港《星岛经济纵横》曾这样评论李嘉诚："李嘉诚发迹的经过，其实是一个典型的青年奋斗成功的励志故事。一个年轻小伙子，赤手空拳，凭着一股干劲儿勤俭好学、刻苦耐劳，创立了自己的事业王国。

他常言：追求理想是驱使人不断努力的最主要因素。”

永远不安于现状，这样的人才能展翅高飞。一个农户在山上砍柴时，捡到了两只小鹰，便带回家养了起来。慢慢地，两只小鹰长大了，一只小鹰不断练习飞翔，每天摔得鼻青脸肿。另一只小鹰很不理解，它觉得现在有吃有喝，生活安逸，为什么还要去自讨苦吃呢？

在不断的磨炼中，那只渴望飞翔的小鹰终于冲上蓝天，成为俯瞰大地的雄鹰，获得了自由。而好吃懒做、安于现状的那只鹰只能靠讨好主人来获得口粮。当它遥望蓝天时，很后悔当初没有学习飞翔，现在只能窝在农户家混日子。

就像这两只际遇不同的雄鹰一样，很多人会被一时的安逸蒙蔽了奋斗的心智，但也有人会认清现实，勇敢追寻理想。李嘉诚就是那只不甘寂寞、不甘平庸、努力学习飞翔的雄鹰，虽然吃了很多苦，受了很大的罪，但他最终能够展翅于蓝天，能够自己主宰自己的人生。

李嘉诚有一篇演讲很有名：

“很多人会认为打工并不是投资，是在赚钱，我强烈反对这种观念。其实打工才是最大最愚蠢的投资。人生最宝贵的是什么？除了我们的青春，还有什么更宝贵？！很多人都抱怨穷、抱怨没钱，想做生意又找不到资金。多么可笑！其实你自己就是一座金山（无形资产），只是你不敢承认。你宁可埋没，也不敢利用。你宁可委屈地帮人打工，把你的资产双手拱让给你的老板。

“我们试想一下，有谁生下来，上天就会送给他一大堆金钱？有谁是准备非常齐全了、完美了再去创业就一定能成功的？含着金汤匙出生的毕竟是极少数人，富不过三代，许多伟业都是由平凡人创造出来的。计划赶不上变化，特别是在如今这个信息快速传播的年代！我曾经问过我的一个朋友为什么不去打工，他的回答是：‘说句得罪人的话，出去打工简直就是愚蠢地浪费青春！’为什么你一直是打工仔？因为你安于现状！因为你没有勇气，你天生胆小怕事，不敢另择他路！因为你没有勇往直前，没有超越自我的精神！虽然你曾想过改变你的生活，改变你穷困的命运，但是你没有做，因为你不敢做！你害怕输，你害怕输得一穷再穷！你最后连想都不敢想了，你觉得自己也算努力了、拼搏了，你有雄心大志，结果你没看到预想的成就，你就放弃了。你就只能是一个打工仔！

“为什么你一直是打工仔？因为你随波逐流、不思上进，一分钱没有，死爱面子！因为你畏惧你的父母，你听信你亲戚的话，你没有主张，你不敢一个人做决定。你思想观念传统，只想打工赚点儿钱结婚生子，然后生老病死，走与你父母一模一样的路。因为你天生脆弱、脑筋迟钝，只想按部就班地工作。因为你想做无本的生意，你想坐在家里等天上掉馅饼！因为你抱怨没有机遇，可机遇来到你身边的时候你又抓不住，因为你不会抓！因为你贫穷，所以你自卑！你退缩了，你什么都不敢做！你只会给别人打工！你没有特别技能，你只会使蛮力！你和你父母一样，始终坚持着恶性循环！所以，你永远是一个打工仔！”

创业不是那么容易的事情，很多人胸怀创业的激情，打算放手一搏，但是在残酷的现状面前，总是无法坚持下去。迎难而上，勇于排除困难才是创业的正道。只有具备这种不顾一切、奋发向上的精神，创业才会有可能成功。

时间是创造财富的本钱

我自己从创业开始到现在，已有好几十年的时间了，平均每天工作十多个小时，而且每星期至少有一天是通宵达旦。

——李嘉诚

哲人伏尔泰问："世界上，什么东西是最长的而又是最短的，最快的而又是最慢的，最能分割的又是最广大的，最不受重视的又是最令人惋惜的？没有它，什么事情都做不成。它使一切渺小的东西归于消灭，使一切伟大的东西生命不绝。"

智者查帝格回答："世界上最长的东西莫过于时间，因为它永无穷尽；最短的东西也莫于过时间，因为人们所有的计划都来不及完成。在等待着的人看来，时间是最慢的；在作乐的人看来，时间是最快的。时间可以扩展到无穷大，也可以分割成无穷小。当时谁都不重视，过后谁都表示惋惜。没有时间，什么事都做不成。不值得后世纪念的，时间会把它冲走，而凡属伟大的，时间则把它凝固起来，永垂不朽。"

时间是很宝贵的东西，古人也说："一寸光阴一寸金，寸金难买寸光阴。"对于那些成功的人士来说，善于利用时间是他们很大的一个优势，他们能够用一天的时间完成别人要用三天甚至一周时间完成的工作。在大多数人荒废时间、明日复明日的时候，他们已经将几日后的工作都做完了。

李嘉诚就是这样一个非常珍惜时间的人。在刚开始创业的时候，李嘉诚的实力和资金都很有限，想要在香港的企业中立足，那就一定要抓紧时间，把握好时间，将一秒钟当成三秒钟来用。他每天至少工作 16 个小时，有的时候忙到连理发的时间都没有了，更别说去看个电影，或者是参加别的娱乐活动了。所以，李嘉诚后来回忆起那段经历，曾笑着自嘲道：“我那时最大的希望就是美美地睡个三天三夜。”

李嘉诚将企业越做越大后，珍惜时间的这个好习惯依然保持着。他每天利用坐车上下班的时间或者办事的空隙时间读书读资料。李嘉诚深知现在的社会正日新月异地发展，稍有不慎或者松懈了，就很有可能被甩在时代的后面。为了让企业时刻处于行业的领先地位，李嘉诚根本不会浪费时间去消遣。

香港很多富人喜欢赌马，但李嘉诚却从来不沾染这个，他觉得工作的时间还不够，哪里还有时间去娱乐。李嘉诚不但自己抓紧时间工作和学习，也常常教育身边的人要珍惜时间，他对一些整日泡歌厅、不务正业的人很痛心，觉得他们浪费了时间，同时又没有学到有用的东西，虚度了光阴。

从李嘉诚的这个好习惯可以看出来，珍惜时间、善于利用时间对于一个人来说是非常重要的。只有珍惜时间，你才能够有效地做完需要做的事情。提高效率会让自己的未来更加光明。有句话说得好：“有效的时间管理，就是一种追求改变和学习的过程。”所以不懂得利用时间，就是在浪费自己的生命和机会。

在瑞士，实行的是电子户籍制度。每当一名婴儿出生后，医院就会立即通过计算机查询户籍网，看这名婴儿是这个国家的第几位成员，然后以此为编号开始在户籍卡中输入婴儿的信息。和大人一样，每一名刚出生的婴儿的户籍卡上都有财产状况这一栏。

一次，一名国外的黑客入侵瑞士的户籍网络，想把自己刚出生的孩子改为瑞士国籍，在填写财产状况这一栏时，他随便敲了一个数——3.6 万瑞士法郎。

这名黑客本以为自己做得天衣无缝，可是没过几天，瑞士的一名家庭主妇在查看自己孩子的户籍卡时，就对这名黑客填写的户籍卡产生了怀疑，只因为他在婴儿的财产栏中填写的是 3.6 万瑞士法郎。因为所有的瑞士人在填写孩子所拥有的财产时，写的都是“时间”。他们认为，对一个人，尤其是对一个刚出生的孩子来讲，他所拥有的财富，除时间之外，再没有其他的东西。

这名家庭主妇立即向户籍管理人员进行举报，瑞士政府最终确认了这个假居民。

巴尔扎克说：“从个人角度看，一个人拥有的最大的财富就是自己的时间。”如果时间没有规划好，那就算一家企业的计划再好，定的目标再宏伟，拥有的机会再恰当，那也是枉然。现代社会是一个快速发展的社会，很有可能因为几个小时的差别，别的企业就赶超了自己，自己落于人后。

班杰明·芬克尔是美国著名的数学家和教育家，曾经有一次，他接到一个年轻人的电话，在电话中，年轻人诉说了自己努力奋斗，想要获取成功却屡屡失败的经历，希望班杰明能够为他指点迷津，班杰明答应了年轻人的请求，并和他约好了时间。

等到了约定的时间，年轻人来到班杰明的住处。敲开房门后，他吃惊地看到班杰明的房间里乱七八糟的，简直没有下脚的地方。看到年轻人惊讶的表情，班杰明笑着说：“等我五分钟。”然后关闭了房门。

五分钟过后，班杰明再次打开房门，房间已经变得非常整洁，班杰明对年轻人说："现在你已经知道答案了吧。"

"可是，你还没有指点我呢。"年轻人疑惑地说。

"还需要怎样的指点？你刚进来的时候，房间里乱七八糟，可是只需要五分钟，它就变整洁了。看，你进来又有五分钟了。"

"五分钟？您是让我明白五分钟的价值？"年轻人豁然开朗。

由此可以看出时间的重要性，五分钟是能够改变很多事情的，只要把握好生命中的每一分钟，有效地利用时间，我们就能把握理想的人生。而对于企业的经营者来说，有效利用时间不但能够令企业提升效率，还能够使企业总是处于业内的前列。对于创业者来说，想要创业成功，就要意识到时间的珍贵，抓紧一切可以利用的时间工作、发展，这才是成功的保障。

第二章

胆识：

做生意不需要学历，需要的是全力以赴

做生意要全心全意投入

经商者要保持思维的灵活与高效，只有这样才能抓住稍纵即逝的机遇，节省人力物力。我们的社会中，没有大学文凭、白手起家而终成大业的人不计其数，其中的优秀企业家更是引人注目。他们通过自己的活动为社会做贡献，社会也回报他们以崇高荣誉和巨额财富。

——李嘉诚

世界第一CEO杰克·韦尔奇曾经说过："干事业实际上并不依靠过人的智慧，关键在于你能否全心投入，并且不怕辛苦。实际上，经营一家企业不是脑力工作，而是体力工作。"可见，在我们的工作中，学历和能力并不是最重要的，如果你沉不住气，不能全身心投入工作，就无法在职场中取得优异的成就。

想要取得傲人的成就，就要付出百分之百的努力去好好做自己的工作。很多人认为一些大老板的成功得益于他们深厚的学历背景，他们会认为自己没办法成功，是因为自己接受的教育程度不高，没有喝过洋墨水，等等。其实，学历不过是成功的因素之一。曾有一家法式餐厅在北京街头开门营业，人潮涌动，每天都有很多顾客。有记者采访老板，问他将这家餐厅经营得如此有声有色的秘诀是什么。

老板说自己的成功得益于在一家欧洲大饭店的厨房工作的经历。记者问老板是不是因为在欧洲学习了很多经营技巧，才能成功创业。老板摇摇头，笑着说："如果你做法式炸薯条，就把它做成世界上最好的法式炸薯条。成功的关键不在于学习到了什么，而是在做的过程中竭尽全力把一切做得尽善尽美，不管是复杂的主菜，还是最简单的配菜。"

全心全意、全力以赴是经营者经营企业的基础，无论做什么事业，都应该拥有这种精神，这不仅仅是工作的理念，也是人生的原则。李嘉诚深知这份精神的能量有多大，创业之初，由于资金问题，李嘉诚事必躬亲，他相信"天道酬勤"的道理，懂得这个世上最可靠的就是自己。长江厂刚开业时，身为一把手的他身兼数职，既是技师、操作工、设计师、推销员、采购员、会计师，又是出纳员。可以说，每个工作他都做过，一天到晚有忙不完的活。不但盘点，还要记录产品销售情况，进行销售的区域规划，更要布置第二天的生产。

管理者不但自己全力以赴，也鼓励员工全力以赴。想要让员工与自己一同为企业付出百分之百的努力和热情，就要懂得善待员工，不能觉得他们是自己花钱雇来的，能让他们多干些就让他们多干些。老板只有多体谅员工，员工才会为老板卖命。李嘉诚很早就悟出了这一点，他懂得人不是机器，只有善待员工，企业才能做大。长江厂一旦赚钱了，李嘉诚就会拿出些钱来给员工改善生活。

李嘉诚说自己很抠门，而他的手下却说："李总是对自己抠门，对别人大方。”一起干活的兄弟，有福同享，活才能干得好，干着不觉得辛苦。李嘉诚说，第一次看到自己的产品从压缩机模型中出来的时候，他兴奋得如同老年得子的人，赶紧带着工人们去喝酒，分享他的快乐。

虽然忙得不可开交，但稍有时间，李嘉诚也不忘给自己“充电”。李嘉诚认为，人人心中都要有危机感，他自己也是。塑胶业的发展非常快，新原料、新设备、新产品、新款式不断涌入市场，如果自己不与时俱进的话，就会落伍。一边忙着厂子里的事情，一边还要不断学习新知识，李嘉诚总感觉时间不够用。为了挤出时间来做更多的事，在创业初期，李嘉诚以厂子为家，平时吃住都在厂子里，只有周末才回家与家人团聚。后来，厂子发展壮大，他便在新蒲岗租了一间阁楼，这间简陋的写字楼既是厂子的写字间，又是他的卧室，还要储藏生产出的成品。当时的李嘉诚一心在厂子上，他已和长江厂合二为一了。

李嘉诚就是这样日夜守在厂子里，照顾着厂子里的大小事，这种深入群众的做法不但为厂子节约了开支，也为他腾出了学习的时间，更让他对厂子里的每一个细节都了如指掌。并且，老板带头干，员工也觉得有干劲儿，长江厂上上下下都齐心协力把事情做好。样品生产出来后，李嘉诚带着样品亲自跑客户，由于早年的销售经历，跑客户对于他来说是轻车熟路的，效果非常好，长江厂的产品很快顺利地售罄，新订单又铺天盖地地来到。

李嘉诚的经历是典型的白手起家的故事，激励着很多年轻人。一个年轻的小伙子，尽管没有学历，但是凭着满腔热血和全力以赴的精神做事，又忍受得住寂寞，吃得了苦头，有什么事情做不好呢？自己当了老板后，不但不高高在上，还处处起带头作用，给员工做示范，这样的领导谁不喜欢呢？因此，做老板不但要勤奋，还要有脑子，懂得员工的心理，调动企业上下人员，共同为企业开创美好的未来。

同李嘉诚一样，马云也认为作为管理者不要太看重员工的学历，有的时候，书读得多不多与能力并没有太大的关联。在《赢在中国》节目中，马云对选手的要求比较高，但马云并不看重他们的学历，而是看中他们的头脑和能力。在企业管理中，马云也是如此，他招聘员工也不看重员工的学历，而是看中一个人的能力和学习力。

在马云看来，上一所知名大学，拥有名牌大学的高学历，未必就能成为成功者，反而是那些在社会中善于学习的人，更容易走向成功。在一次演讲中，马云就说道："所谓的成功，并不是你在大学里学了什么，而是你在社会中学到了什么、历练了什么。"

能力的大小和读书多少没有直接的关系，在社会上，很多人的能力都是通过实践锻炼出来的。人的能力不是天生的，不管智商多高，都需要后天的锤炼才能得以应用。同样聪明的人，为什么有的人就能事业有成、家庭幸福，而有的人却是一无所有、抱怨不断呢？这其中的区别就在于能力的大小，但能力并不是上学读书能够学来的，需要经过社会的考验来培养。

和学校相比，社会更大、更严酷、更能锻炼人。马云自己就是通过社会大学的锻造变得更加强大的。所以，作为企业的管理者，他在对员工的管理上并不会将学习成绩的好坏放在考核的第一位，而是会要求员工在社会这所大学中的成绩一定是优异的。只有在社会这所大学中不断学习进步，人才会变得成熟起来，慢慢经历了风雨的打击之后，才能知道怎样去获取成功。

只有全力以赴，才能将事业做到极致。无论是努力创业的李嘉诚，还是注重“社会大学”的马云，他们都是在自己的工作领域中付出了百分之两百的努力，他们能够认识到自己工作的价值，同时也能够激发出身体内蕴含的无限潜能。要知道，每个人都有着自己所不了解的潜能，如果给自己定一个高标准，脚踏实地地激励自己奋力拼搏，那么做得肯定比自己预期的要好得多。

只要一息尚存，就有继续作战的本钱

万一真的失败了，也不必怨恨，可以慢慢寻找东山再起的机会。只要一息尚存，仍有做最后决战的本钱。

——李嘉诚

伏尔泰曾说：“要在这个世界上获得成功，就必须坚持到底，剑至死都不能离手。”每个人都想获得成功，但是获取成功的道路是充满荆棘的，遇到困难时选择放弃是最简单的方法，但是却让我们很难再有成就，而在绝境中不轻言放弃，自强不息地努力拼搏，虽然过程充满艰辛，却终能看到成功的曙光。

在当今社会中，很多人总是以成败论英雄，认为结果最重要。很多商人为了避免失败，便不敢创新，不敢向前走，一直停留在自己创业时的小范围内经营生意。他们害怕一旦失败了，就难以翻身。所以，他们也就安心挣一点儿小钱，而放弃了更广阔的天空。真正成功的商人可不会这么想。李嘉诚就是这样一个在探索之路上不会停止的人，他认为失败就是一种锻炼，只要有成功的经营思路，那么，东山再起便不是难事。

所以，李嘉诚总是能登上一个又一个高峰。在成为塑胶大王后，他又成为地产大亨。他投资的产业涉及面非常广，他从不惧怕失败，他认为停滞不前才是最可怕的，只要坚定不移地走自己的道路，即便遇到了困难和挫折，那也只是暂时的。只要坚持下去，光明总会到来。

在刚开始创业的时候，李嘉诚凭借之前积累的人脉和自身的诚信经商，发了几笔小财，但好景不长，过度地扩大生产规模导致了资金链的断裂，工厂经营陷入了困境，产品无法正常出厂，原料商不断上门催债。那段时间，李嘉诚忙着应付各种状况，十分疲惫，眼看就要支撑不下去了。

原本信心满满、想要大干一场的李嘉诚没有料到，自己创业会遇到这么大的瓶颈。1950 年到 1955 年这几年间，是李嘉诚创业史上最为艰难的时期，不过再怎么艰难，李嘉诚也没有想过退缩，关闭工厂。他咬着牙坚持着，寻求塑胶厂翻身的出路。在焦头烂额的那段时间里，李嘉诚始终保持冷静的头脑，分析国际经济形势的变化，分析市场走向。他看到自己所生产的产品在市场中已经趋于饱和状态，他需要寻求更有竞争力的产品。最终，李嘉诚寻找到了企业转轨的出路，长江塑胶厂迎来了新的生机。

其实，每个人的人生都不可能一帆风顺，成功者都是在挫折中壮大的。所以，面对困难，我们要有越挫越勇的精神。局面越是棘手，越要努力尝试，越严重的挫折，越要坚持下去，加倍努力，加快前进的步伐，这样，成功就会慢慢地向你走来。

在一座深山里住着一名樵夫，他终日以砍柴为生。因为他非常勤劳，所以仅仅用了几年的时间，他就在山里盖好了两间气派的木屋子。

一天，樵夫出去卖柴，等他回来后，发现山里燃起了熊熊大火，许多人都在忙着救火，等到大火被扑灭后，樵夫发疯似的跑到自己的房子前，发现它们已经变成了灰烬。

樵夫找来一根棍子，在灰烬中不断翻找，人们都以为他受到了刺激，变得精神失常了。过了一会儿，樵夫从灰烬中翻出一把斧头，笑着对围观的人们说："只要有这把斧头，我就可以再造一间更坚固耐用的房子。"

在这个世界上，绝境常常不邀而至。其实绝境并不可怕，可怕的是面临绝境后，屈服于现实，失去了东山再起的力量和勇气。生活中从来没有真正的绝境，有的只是绝望的思维，只要心存希望，就一定能够收获成功。

史玉柱算是中国创业者中的传奇人物，他因创业而拥有了自己的第一桶金后，很快因为投资不慎，资产大缩水。但史玉柱并没有被挫折打倒，在经过努力奋斗之后，他又开始创业。在1993年，史玉柱进军了保健品市场，通过大规模的宣传，史玉柱创办的公司不到两年就实现了销售额上亿元的目标，而史玉柱成了一个非常成功的商人，他走到哪里都受到人们的追捧。

但好景不长，到了1995年，全国的保健品市场陷入了全面低潮的阶段，史玉柱的公司也受到了影响。在1996年，史玉柱推出了"巨不肥"产品，本想指望这个产品大卖，但没想到销售得极为惨淡，这令史玉柱的公司陷入了资金周转困难的境地。而雪上加霜的事情是巨人大厦的建设资金不够了，史玉柱的公司在苦苦支撑了一段时间之后，终于无法坚持下去，宣告破产。1998 年，史玉柱的公司负债 2.5 亿，昔日的明星商人史玉柱瞬间成为最穷、最失败的人。

但史玉柱并没有被打垮，他仔细分析了自己破产的原因，他认为自己的失败不是因为营销的问题，也不是因为产品思路的问题，而是因为产品的质量。保健品市场太过广泛，想要在保健品市场上站住脚，就一定要做出一款适合自己的产品。为了东山再起，史玉柱思考再三，试验了很多回，于是便有了“脑白金”的出现。

史玉柱在一败涂地之后，再度创业，很多人并不看好，甚至连史玉柱自己也不敢百分之百地确定自己能够胜利。但在顽强的意志下，史玉柱的第二次创业取得了成功，脑白金在保健品市场中一枝独秀。

没有人能够确定自己一定会成功，也没有人保证自己会一辈子不经历失败。失败并不可怕，可怕的是被失败击垮。李嘉诚不惧怕失败，他认为只要坚持自己的信念，那么总有一天会好起来的。不管是对史玉柱来说，还是对李嘉诚来说，只要敢于坚持，不怕失败的苦楚，那么就一定可以走到胜利的彼岸。

不敢于冒险就永远不会成功

因害怕失败而不敢放手一搏，永远不会成功。

——李嘉诚

在哈佛，有这样一句名言：“世上到处充满了生机与机遇，敢于冒险必有所获。”的确，机遇总是伴随着风险而来。害怕风险的人，永远不会懂得拼搏的乐趣，也不会有出头的机会。只有那些不畏风险、迎难而上的人，才会在竞争中走向顶峰。

塑胶花生意为李嘉诚赚取了人生的第一桶金，在稳固了香港市场后，李嘉诚开始积极开拓海外市场。在成功开拓了欧洲市场之后，他把目光又转向了北美地区。

因为李嘉诚在北美地区先期进行了强大的宣传攻势，所以很快就有一家销售网络遍布美国、加拿大，堪称是北美地区最大的贸易公司找到李嘉诚的公司，想要商谈合作事宜。这让李嘉诚感到很兴奋，因为这是一个进入北美市场的绝佳机会。

这家公司派了代表到李嘉诚的公司进行考察，在临行前用电话告知李嘉诚，除了要考察他的公司，还想让李嘉诚陪同参观一下其他几家生产塑胶花的大型厂家。李嘉诚当然明白对方的意图，他们想要考察整个香港地区的塑胶花市场，然后从中挑选优质的厂家进行合作。这让李嘉诚感到十分为难，他知道凭着自己工厂现有的规模，是不可能让来自先进工业国的外商感到满意的。

几经思考之后，李嘉诚召开了一次公司高层会议，并在会议上做了一个决定，就是要在一周内，也就是外商到来之前，把自家厂子的塑胶花生产规模扩大到令外商满意的程度。

当时，李嘉诚正在筹建一所工业大厦，原本想等到大厦建成后留出两套厂房自己用。但是现在时间不等人，为了能够迅速扩大生产规模，李嘉诚不得不把旧的厂房退掉，然后重新租赁厂房。由于资金不足，李嘉诚还将筹建工业大厦的地产证拿出来抵押给银行，以换取贷款。

新的厂房租好后，李嘉诚还面临新设备的购买、安装、调试，新员工的招聘以及上岗培训等一系列困难。为了克服这些困难，李嘉诚和全体员工一起忘我地工作，在奋战了六个昼夜之后，终于保证了新工厂的正常运转。

可以说，李嘉诚如果不扩大生产规模，那么他获得外商认可，从而进入北美市场的机会就等于零，但是扩大生产规模，也未必能够获得外商的认可，他只有百分之五十的胜算。而就因为这百分之五十的机会，李嘉诚在外商还没有到来、谈判还没有启动之前就决定放手一搏，可谓是一步险棋。

不过，让李嘉诚欣慰的是，当外商来到李嘉诚的新厂房，看到生产规模以及样品之后，立刻决定不再考察其他塑胶花生产厂家，马上与李嘉诚签订了合同，因为他觉得李嘉诚的工厂完全可以和欧美同类的大厂家相媲美。从那以后，李嘉诚每年都能够从北美市场获利数百万美元，并通过与他合作的这家贸易公司，将加拿大帝国商业银行变成自己的合作伙伴，为其进军海外市场架起了一座桥梁。

从李嘉诚扩大生产规模这件事上可以看出，世上没有万无一失的成功之路，一个人要想在波涛汹涌的商海中自由遨游，就必须要有背水一战的勇气，具有冒险的精神。永远循规蹈矩、做事犹豫不决的人最终只会一事无成。

曾经有一个心理学家做过这样一个实验：他把 10 个人安排在一间黑暗的房间里，并引导着这 10 个人排成一队从房间的一头走到了另外一头。

然后，心理学家打开了房间里的电灯，当这10个人看到屋子里的景象时，全吓得说不出话来。原来这间屋子的地面是一个大水池，里边养着十多条鳄鱼，水池上边搭建着一块窄窄的木板，刚才他们就是从木板上穿过去的。

心理学家对这10个人说："你们现在谁还愿意从木板的这头走向另一头，通过的奖励1000元。"没有人回答，因为大家谁都不愿意因为奖金而送死。

这时，心理学家用脚踩向水池，然后又在大家的惊呼声中收回了脚。10个人这才发现，原来水池上边安装了玻璃，只是刚才由于害怕，他们没有注意到。

"安装了玻璃的，即使从木板上掉下去也很安全，这次谁愿意通过呢？"心理学家刚说完，就有9个人站了出来。

心理学家有些奇怪地问没站出来的那个人："你还有什么顾虑吗？"

"我站到玻璃上，玻璃不会碎吧？"那个人问。

就像故事中的人一样，很多人宁愿在稀里糊涂中冒险，却不愿意在机遇来临的时候冒险抓住它。风险并不可怕，但你要因为畏惧风险而裹足不前，那么你就永远不会收获成功。

一次，一个人和一名水手聊天，这个人问水手："大海中充满了未知的危险，你为什么还要选择做一名水手？"

水手说："因为我们一家人都热爱大海，我们都生来就喜欢冒险，我的父亲和祖父都是水手，他们都死在了海里。"

"天啊，如果我是你，我永远也不会到海里去。"这个人说。

“那么你的父亲和祖父死在什么地方呢？”水手问。

“他们都死在床上。”

“天啊，如果我是你，我永远不会在床上睡觉。”水手嘲笑地说。

在某些时候，利润与风险是共存的，财富总是对有勇气的人青睐有加。所以要想得到财富，就必须有战无不胜、勇往直前的气势，能够在冒险中抓住机会。犹豫畏缩，总是想“万一失败了怎么办”的人，只会在追逐财富的道路上永远原地踏步，眼睁睁地看着机会从身边溜走。要知道，在成功者的字典里，“冒险”与“成功”具有同样的含金量。但是我们也应该记住一点，冒险不等于盲目行动，盲目地冒险会把你带到万劫不复的深渊。我们这里所说的冒险是一种不打无准备之战的睿智表现。

眼光放在世界大市场的是大商人

眼睛仅仅盯着自己小口袋的是小商人，眼光放在世界大市场的是大商人。同样是商人，眼光不同，境界不同，结果也不同。

——李嘉诚

在从事了多年制造业、地产业之后，从2000年开始，李嘉诚便扩展了业务范围，不再仅仅局限于塑胶花和地产业，而是进军到IT行业以及其他多个行业领域里。面对经济全球化的日益加深，李嘉诚认为目光应当放得更大一些、更远一些。香港虽然经济发达，但毕竟施展的空间有限，对于积累了庞大财富的李嘉诚来说，这个舞台实在不够大。

李嘉诚认为只有将业务拓展到国际上去，勇敢接受全球经济化的挑战，才能继续发展长江实业。跨国投资，不但可以拓宽业务渠道，更能为长江实业提供安全的保障。在向国外投资的进程中，李嘉诚首先看中的目标是加拿大。1977 年，李嘉诚在加拿大温哥华购置物业。到了 1981 年，他又斥资 6 亿多港元收购了位于加拿大多伦多的希尔顿酒店。1986 年，全球石油价格走低，石油股票也很低迷，李嘉诚却看到了石油工业的潜力，由加拿大帝国商业银行作为中介，李氏家族及和黄通过合营公司 Union Faith，投资了 32 亿港元，买下了加拿大赫斯基石油公司 52% 的股权，这家公司在加拿大西部拥有大片的油田和天然气开发权，还有一个大炼油厂以及 343 家加油站，这笔交易不但轰动了加拿大，在香港工商界也引起了很大的轰动。

有一次，李嘉诚在加拿大一家中餐馆吃饭的时候，饭馆的老板送给李嘉诚一瓶红酒，李嘉诚问他为什么要送自己酒，老板告诉李嘉诚：“刚才为您服务的是一位博士生，他说要送您一瓶红酒，怕您不接受，就委托我送来。”那位博士生走过来，激动地对李嘉诚说：“我们在加拿大的中国人听说您要收购赫斯基的事情，非常兴奋，以后中国人不单单是在加拿大开餐馆了，还能来这里做大事，这是我们的骄傲。”

这件事对李嘉诚的触动很大，日后每谈到这件事，他就非常感慨：“这些海外华人对我说的话我都铭记在心，其后那家石油公司的业务发展不理想，国际投资者希望从我们这里收购，但当我一想起这件事，便舍不得卖掉它。”李嘉诚不但没有卖掉赫斯基，还不断增购它的股权，到1991年，李嘉诚个人在赫斯基拥有的股权达到了46%，和黄与嘉宏一共拥有49%的股份。至此，他们的投资额达到80亿港元，一共占有了赫斯基石油公司95%的股份。

李嘉诚不断加大对加拿大的投资数额，激活了经济疲软的加拿大，成为加拿大的投资英雄。一些加拿大的商务官员和商人为了便于和李嘉诚接触，甚至把自己的办公室搬到了长江实业总部所在的华人街。根据那时的新闻报道，一位加拿大商务官员对李嘉诚简直是着迷了，他将一幅李嘉诚的肖像（杂志封面）挂在了办事处，只要一提到李嘉诚，他就会竖起大拇指称赞。在加拿大的投资，不但为李嘉诚开拓了国际市场，更为他赢得了好名声。

除了在加拿大投资，李嘉诚也开始在美国进行投资。1981年，李嘉诚在美国的休斯顿投资了2亿多港元收购商业大厦。之后的数年间，他不断在美国进行投资，收购物业。在1990年，李嘉诚在接受《纽约时报》的采访时说道："目前集团在海外的投资占总投资10%至15%，但这以后，也许会增加到30%至40%，这也不值得奇怪。"

李嘉诚的目光总是放得很长远，他的视野很开阔，并不会满足于眼前的一亩三分地。在李嘉诚的人生中，他的舞台不会只限于某一地，他很清楚在什么时候做出什么决定，而且一旦决定就全身心投入去做。美国《财富》杂志曾这样描述过李嘉诚："在太平洋上空的一班航机上，坐在阁下旁边那位风尘仆仆的华人绅士可能正赶赴纽约或伦敦收购你的公司。"

在一次媒体的采访中，李嘉诚曾对全球化做出了这样的诠释："'全球化'是国与国的资金、科技及资讯互相结合，会对当地文化、地域、传统及民生产生拉力。全球化要面对的是不同层次的全球性竞争。例如，面对开发中国家，必须与其低廉的劳工竞争；面对发达国家，又必须与其教育水平、贸易、税制及市场竞争。全球化不是一蹴而就的，新经济不会只是短暂的现象，而是一个持久的方向。”在一些企业家眼中，事业的发展一般还是在本土较为稳妥。但是，在这个世界经济一体化的时代，若眼光只局限于本土，舞台未免太小了，成功的企业家都会将自己的企业打造成跨国集团，加入到更大的经济竞争格局中去。

早在 1995 年，华为创始人任正非就清楚地认识到全球化是不可避免的事情，因为国内通信骨干网络已经基本铺设完成，国内电信基础设施大规模的投入期也即将过去。到时候，国内的市场很难支撑华为这么大规模的企业再继续良性地发展。想要寻求新的突破，维持企业的运作，华为就必须寻找新的发展空间，国际市场就是华为要踏足的新舞台。

国际化是任正非奋斗多年的目标，他希望华为能够走出国门，站在世界的市场舞台中央。于是，从 1996 年开始，华为就开始了国际化的布局。为了开拓国际市场，华为在 8 年的时间里相继投入了 100 亿人民币。之所以这样大手笔地投入，是因为任正非知道，必须要开拓出国际市场，不然华为就会活不下去。

据统计，在华为 2012 年全年的销售收入中，高达 66% 的收入来自于海外市场。华为逐渐得到了许多世界一流运营商的认可，它从一家很小的通信产品代理商成长为国内首屈一指、国际声誉日隆的电信设备供应商，成为一个真正的国际化品牌，在国际化的道路上越走越远。

对中国很多企业来说，从国内市场迈入国际市场是必须要走的道路，这条道路走得会非常辛苦和艰难，途中会遇到各种各样的困难。但成功青睐于有准备的挑战者，历史也总是被敢于挑战并善于取胜的人改写的。

主动求索机遇的人收获更大

做生意主要有三种方式：一是创新，二是改进，三是跟风。创新吃的就是“一招鲜”，虽然不易，一旦使出来，却费力少而收获大；改进是在别人的基础上做得更好，虽不易造成轰动，后劲儿却很足；跟风是跟在别人后面亦步亦趋，这样做起来较容易，风险也较小，但跟吃别人的残羹冷饭差不多，收获有限。

——李嘉诚

一个成功的企业家往往具备审时度势的能力，他知道在什么时候出手，在什么时候放弃。在投资的过程中，最失败的投资方式就是跟风，一个没有独立眼光的商人，永远成不了大气候。真正精明的商人能够反其道而行，走别人不敢走的路，虽然会有风险，但是带来的收益是巨大的。李嘉诚就是这样的人，在没有找到合适的机会时，他会把持资金、稳中求进，但是一旦机会来临，他就会进行灾难式投资，采取人弃我取的投资策略，为自己的财富帝国添砖加瓦。

20 世纪 60 年代中后期，香港的房地产业仍然十分疲软，没有回升的态势。李嘉诚在这个行业已经投入许多资金，却没有获得多少收益。许多先前将资金投入房地产业的人都因为信心不足，纷纷抽回资金，改投其他行业。一时间，香港的很多地皮都开始低价抛售。

这时，李嘉诚并没有跟风抛售自己手中的地产。相反，他经过深思熟虑之后，决定继续将大部分资金投入到房地产业，甚至公开宣称："你们大拍卖！我来大收购！以后，你们有追悔莫及的那一天！"就这样，李嘉诚用手中剩余的资金以极其低廉的价格收购了一块儿又一块儿地皮，并且大兴土木，在上边建起了一栋栋高楼大厦，大厦落成后用来出租以回笼资金。

事实证明，李嘉诚的这种灾难式投资是正确的。从 70 年代开始，香港的房地产业开始回暖，这也导致香港的地皮和房价持续攀升。李嘉诚将手中的部分地皮和大楼高价抛售，获得了成倍的利润，而他也成为这次房地产灾难中最大的赢家。

李嘉诚曾这样说过："放弃机遇的人并不知道自己放弃的是机遇，而求索机遇的人恰恰知道机遇或许就要降临。好景时，我们绝不过分乐观；不好景时，我们也不过度悲观。这一直是我们集团投资的原则。在衰退期间，我们总会大量投资。我们主要的衡量标准是从长远角度看该项资产是否有赢利潜力，而不是该项资产当时是否便宜，或者是否有人对它感兴趣。"

风险投资是一种策略，也是一种智慧，如果一个项目 100% 的人都看好它，认为有利可图，那么你最好不要再参与进去；如果只有 50% 的人看好它，那么你可以尝试一下，但是你必须要付出比他人多出百倍的努力；如果只有1%的人看好它，那么你完全可以放心地参与进去，不久的将来，你或许会大赚一笔。

第二次世界大战爆发后，很多城市因为战争而变成废墟，人们流离失所，无家可归，自保都成问题，就更别说想着如何赚钱了。

有两个年轻人看到战区的人民因为忙于逃难，又不忍心白白浪费辛苦赚来的家产，因此纷纷低价抛售。其中一个年轻人从中看到了商机，他认为战争终有结束的那一天，到时候人们必然会回到正常的生活轨道上来，这个时候低价买入难民们抛售的家产，等到战争结束后再高价卖出，必然会让自己大赚一笔。

他把自己的想法和另外一个年轻人说了，但是他的同伴却认为，一旦买入这些家产，运输会成为难题，如果在运输过程中碰到敌军，不但这些物品会被没收，恐怕连生命都会丢掉。因此他拒绝了同伴联合收购的建议，跑到安全地区避难去了。

第一个年轻人没有因为同伴的退缩而改变主意，他一方面大量收购人们抛售的物品，另一方面冒着风险将这些物品运到安全地区保存好。几年后，战争终于结束，当人们开始重建家园的时候，这个年轻人立刻抛售手中的物品，大赚了一笔，成为一个富翁，而他的同伴仍然只是一个碌碌无为的普通人。

《围炉夜话》中指出："为人循矩度，而不见精神，则登场之傀儡也；做事守章程，而不知权变，则依样之葫芦也。"经商的道理有时候很简单，就是敢于抓住别人不敢去抓的机会，敢于走别人不敢走的路。真正有创新精神的人往往"不按常规出牌"，他们善于突破常规思维，当别人一窝蜂似的朝着一个方向涌去，他们却敢于打破常规，在似乎无路的地方开辟一条道路，最终收获不同寻常的成功。

在美国经济大萧条时期，许多工厂和商店都纷纷倒闭，为了能够弥补损失，这些工厂和商店不得不低价卖出自己的商品，以期能够收回成本。一位商人得知消息之后，立刻开始拿出全部的积蓄，用来购买货物，他的妻子埋怨他这么做会得不偿失，他却对妻子的话置若罔闻。

没过多久，美国政府开始采取措施稳定物价，并且大力支持厂商复业。这时由于货物奇缺，导致物价飞涨，这名商人马上拿出囤积的货物开始变卖，最终获利颇丰。

在这个世界上，每个人都能够成为商人，但能够成为一代企业大家的并不多。很多人经商总是跟风，认为跟随大流总没错，但这样的经商方式并不能让企业走得长远。与其跟在大多数人的身后亦步亦趋，还不如培养自己的眼光和胆量，因为经商的过程就是一个低价买入、高价卖出的过程。在别人都赚得盆满钵满时，不要眼红；看到被大家冷眼忽视的机会，要仔细研究，反其道而行之，具有思辨的精神。只有这样，才能帮助我们更快地到达成功的彼岸。

看准目标，不半途而废

这一秒不放弃，下一秒就会有希望。人都是逼出来的，相信自己，时世造英雄，穷者则思变，人只有有压力，才会有动力。

——李嘉诚

德国诗人席勒曾说："只有恒心才能使你达到目的。"具备恒心是实现目标必备的要素之一，一个人在确定了奋斗目标以后，如果能够持之以恒，始终如一地为实现目标而奋斗，那么这一目标就可以实现。相反，一个没有恒心的人，无论他立下多么宏大的目标，最终都会庸碌一生。

来到五金厂做推销员后，李嘉诚每天需要完成一定数额的销售任务，如果不能完成，轻则扣罚薪水，重则当场解雇。李嘉诚面临一个严峻的问题，就是他面对的消费者大多是香港的下层贫民，这些人有了小铁桶以后，很少会再换新的，即使是有意向购买的，也会和李嘉诚讨价还价，把价钱压得很低，往往李嘉诚费尽口舌谈成一笔买卖，结果核算完成本才发现自己一分钱没赚。面临可能随时被"炒鱿鱼"的境况，李嘉诚那段时间每天都如坐针毡，但是他并没有退缩，他立志要在五金厂站稳脚跟，做几单大生意。

几经思索之后，李嘉诚开始把销售目标锁定在香港的几家大酒店。但是经过调查他发现，尽管这些酒店的客房都需要这种小铁桶，但是他们都会向一些大的五金厂采购，像李嘉诚所供职的这种小五金厂，这些大酒店根本不屑一顾。

但是李嘉诚并没有气馁，他来到一家大酒店，尝试着说服了老板的秘书，并最终见到了老板，但是还没有等李嘉诚说明来意，老板就不客气地打断他，并说："年轻人，你不要再白费口舌了，我们的酒店是从固定的大厂进货的，你们这种小厂我们根本不考虑。"

遭到拒绝的李嘉诚只能礼貌地向老板致意，然后转身想要离开。就在这时，一个念头闪现在他的脑海里，他马上转身对老板说："还要打扰您一下，您能告诉我您是从哪家厂进货的吗？”当听到老板说出那家厂的名字后，李嘉诚很高兴，因为他知道虽然这家厂规模很大，但是产品却不怎么好，因为他们厂的小铁桶全部是用五金厂不用的边角余料加工制成的。于是他马上把这一情况告诉了老板，并再次礼貌地告辞。

老板经调查后发现情况果然如李嘉诚所说的那样，而且他也得知李嘉诚所供职的五金厂虽小，但生产的小铁桶却全部使用上好的材料制成，并且价格要比大厂低很多。没过多久，酒店老板就从李嘉诚那里订购了一大批小铁桶。

李嘉诚始终坚信只要自己努力，那就一定会收获成功的。在香港，迷恋风水被认为是商界人士的常事，一个人生意做得越大越小心翼翼，动不动就请个风水大师来观风水，做一些重要决定时总喜欢选一个“好日子”，但李嘉诚却不相信这些，他只相信事在人为。

1955年，李嘉诚首次开始扩张业务，他成立了一家中型工厂。订单拿到了，新机器也购置了，只差厂房没有确定。恰巧这时，士美菲路有一家商场倒闭了，厂房大小和李嘉诚预想的很适合，他决定租下这个厂房。这时，有一个人告诉他说：“李先生，你很努力，也很有勇气，但是，我得提醒你，这条路风水不好，做生意的没有一家是赚了钱后离开的。很多老板都是怀着雄心而至，却怀着失望离去。你没见这附近的厂子都没精打采的吗？恐怕不久就要关门大吉了。你还年轻，损失点儿订金就算了，赶紧换个地儿去吧。”

李嘉诚非常感激这位好心人的提醒，可是他觉得订单已经接了，机器也买好了，如果就此作罢，将会失信于人，企业刚成立就失信于人，这样恐怕不好。李嘉诚决心要留下来，并且要做好。

李嘉诚的企业搬进去后，他用心经营，时刻保持一颗冷静的头脑，在稳健中求发展，果然发展得很好。士美菲路的风水果然不好，邻居家的厂子真的纷纷倒闭了，李嘉诚将他们的厂房也租了下来。可是，奇怪的是，李嘉诚的企业开工一个月，就赚到了足够两年用的经营资金。李嘉诚也很感慨，他说："风水真的很奇妙，真的存在好与坏的问题，关键是看遇到什么样的人。风水会随人而动的，一方水土养一方人，一方努力的人也成就一方好风水。"

对于李嘉诚来说，做好生意是首位，风水的好坏不过是见仁见智，信则有，不信则无。对于李嘉诚来说，努力才是第一位的。正如他所说："风水这个东西，你要信也可以，但是最终还是事在人为，重要的是自我充实，做好自己的工作，相信很多本来认为不可能的事情可以转变为可能。眼光放大放远，发展中不忘记稳健，这是我做人的哲学。"

同李嘉诚一样，马云也认为一个人只有始终不忘记自己追寻的目标，那么他最终就一定会收获成功。他曾说过："很多年轻人是晚上想着千条路，早上起来走原路。中国人创业的关键不是自己有出色的想法、理想、梦想，而是自己是不是愿意为此付出一切代价，全力以赴地去做它，证明它是对的。所以，人一旦看准了方向，找准了出路，就要毫不犹豫地付诸行动。毕竟机会难得，稍纵即逝。"

1864 年 9 月 3 日这天，在瑞典首都斯德哥尔摩的市郊，巨大的爆炸声打破了城市的宁静，惊恐中的人们纷纷赶往事发现场，发现原本屹立在这里的一座工厂只剩下残垣断壁。在熊熊大火的旁边站着一位大难不死的年轻人，他就是后来闻名于世的弗莱德·诺贝尔。

在这场灾难中，不仅诺贝尔辛苦创建的硝化甘油炸药实验工厂化为了灰烬，而且他4个亲密的助手以及小弟弟都在爆炸中丧生。

事故发生后，人们都像躲避瘟神一样躲避着诺贝尔，没有人愿意将土地租给他作为厂房。但是诺贝尔并没有退缩，他从没放弃过自己的梦想，而是努力接近自己的目标，他将所有设备搬到一艘巨大的平底驳船上，继续着自己的试验。

经过刻苦的试验和研究，诺贝尔终于在1866年制造出一种液体炸药。随着当时许多欧洲国家工业化进程的加快，人们也逐渐需要用炸药来开矿山、凿隧道……一时间，诺贝尔的炸药成了抢手货，诺贝尔的财富也与日俱增。

但是好景不长，由于这种炸药在受到震动和摩擦后很容易自动引爆，导致很多重大事故在全球范围内出现，人们又开始对诺贝尔避之唯恐不及，甚至许多国家开始禁止进口他研制的炸药。

面对挫折，诺贝尔并没有一蹶不振，他身上所具有的毅力和恒心使他义无反顾、永不退缩。他开始研制一种安全的炸药，在经过了多次与死神擦肩而过的试验后，诺贝尔终于研制出了威力强大、安全性良好的胶质炸药。1887年，诺贝尔又发明了无烟炸药，这就是我们现在使用的炸药。

牛顿曾说过：“胜利者往往是从坚持最后5分钟的时间中得来成功的。”李嘉诚和诺贝尔的成功经历告诉我们，恒心是实现目标过程中不可缺少的条件，恒心与目标结合之后，便会形成百折不挠的巨大力量，引领我们走向成功。

第三章

稳健：

用正确的方式对正确的时机进行分析

发展中不忘稳健，稳健中不忘发展

儒家精神最简单地来讲就是“过犹不及”，这是孔子讲的。还有老子讲的“知止不败”，这两个哲学观点是非常有用的。你过度地扩张，容易出毛病；你过度地保守，就不容易跟人家竞争。任何企业，任何一个行业，过度扩张都是不好的，所以知道什么时候应该停止，知道什么时候应该扩张，这都是很重要的。怎样从小型企业到中型企业，怎样从中型企业到大型企业，步步为营，这是一门学问。

——李嘉诚

俗话说“小心驶得万年船”，一个成功的企业家在经营企业的过程中，必然不会被眼前的利益蒙蔽双眼，急功近利地采取冒进的行为，使自己陷入危机之中。相反，他们会脚踏实地、稳扎稳打地一步步迈向成功的彼岸。李嘉诚就是这样一个人，在经营企业时，他始终坚持稳健发展这一原则。

地产行业是一大块儿肥肉，商人们都想尝一口，因此竞争也就十分激烈。当时，房地产虽然还算不上是特别热的时候，但已经成行成市，很多房地产高手在进行市场运作，李嘉诚正是在这样一个竞争十分激烈的背景下投身房地产业的。作为一个新入行者，李嘉诚十分冷静。

当时有很多地产大亨都已经做出了不菲的成绩，比如祖籍广东番禺的霍英东，他在1954年首创卖楼花的销售高招令很多商人佩服。所谓的卖楼花，就是一反原来地产商整栋售楼或者是据以出租的做法，而是在楼房还没有盖起来之前，就将楼里的房子一个单元一个单元地分别出售，得到预付款之后再动土兴建其他楼盘。

那时银行的按揭制度已经日趋完善，购房者只要付得起楼价的10%或者20%的首付，那么就可以向银行按揭，将自己所要购买的房子抵押给银行，在未来的日子里按照约定每月还贷款和利息就可以了。霍英东这种卖楼方式可以加快楼房的销售，加快资金的回笼，是个不错的销售办法，一时之间，众多地产商纷纷效仿。

但李嘉诚却并不认为这个办法是十分保险的，他认为过多地依赖银行未必是件好事。如果售楼花的话，地产商将和银行一荣俱荣、一损俱损。受制于银行，这是李嘉诚不愿意的。虽说高风险高收益，可是，李嘉诚还是决定稳中求进，资金再少也绝不卖楼花或按揭建房，尽量做到不在银行抵押贷款，以免客户挤兑，使企业声誉受损，进入险境。

总之，李嘉诚的投资原则就是谨慎入市，稳健发展。他兴建收租物业，尽管资金回笼缓慢，也没有卖楼花那样获利丰厚，但是却让他获得了稳定的租金收入。物业增值，时间越长，越能显现出来。1961年6月，香港廖创兴银行出现了被挤兑现象。廖创兴银行是由潮籍银行家廖宝珊创建的，为了快速发展房地产业，廖宝珊孤注一掷，几乎将所有存户的存款掏空，投入了房地产开发，这次挤兑竟然将有着“西环地产之王”之称的廖宝珊逼得脑溢血猝死。这证实了李嘉诚的经营理念是正确的。

后来，在 1965 年 1 月，明德银号又因为投机房地产业而发生了被挤兑现象，最终宣告破产。这之后全香港的挤兑风潮开始爆发，整个银行业一扫之前的风光无限，变得一片惨淡。广东信托商业银行关闭，就连实力雄厚的恒生银行也是不得不卖出股权给汇丰银行，才避免了破产的灾难。银行自身难保，和银行绑在一起的房地产业自然也好不到哪里去，房地产业一落千丈，房价暴跌，那些投资房地产的商人赔得血本无归，很多地产商、建筑商破产，整个房地产行业一片惨淡。

李嘉诚虽然在那时算不上是地产界的大亨，但他却能始终坚持稳健的步伐，在那次大危机中，李嘉诚的损失几乎可以忽略不计。李嘉诚总是善于从前辈身上吸取教训，在地产业稍经搏击便看到了地产与银行捆绑在一起的风险。他很想赚钱，却也时刻提防着一夜暴富后的朝不保夕。

李嘉诚曾说：“我注重的是进取中不忘稳健，原因是有不少人把积蓄投资到我们公司，我们要对他们负责，所以在策略上讲求稳健，但并非不进取，相反在进取时我们要考虑到风险和公司的承担。”在稳中求胜的大方针下，李嘉诚始终坚持以眼前利益换取长远利益，不能一味地贪心，被眼前的利益套牢，那到将来出现危机的时候再想跑就来不及了。

在这个世界上，“火箭式”成长的“巨婴型”企业大多是短命的，基业长青的根基在于稳健发展，一个企业只要能够走得远，哪怕慢一点儿，终归还是“快”。与李嘉诚一样，“船王”包玉刚也十分重视公司的稳健发展。

刚开始创业的时候，包玉刚在朋友的协助下，东拼西凑了70多万美元，从英国购买了一艘旧货船，从此开始了他的海运生意。

当时的船舶租赁都是采用传统的短期出租方式，也就是每跑一个航程，就同租用船只的人结算一次。这样不但收费标准高，而且船主随时可以提高价格，获取暴利。但是在创业之初，包玉刚并没有急于追求利润，而是独辟蹊径，在经营方式上采用薄利长租，即把船租给资信可靠的用户（为期都在一年以上），租用者按月交纳租金，然后包玉刚凭租约向银行贷款，增购船只，扩大船队。尽管采取这一方式，租金标准要低得多，不能获取暴利，却使包玉刚避免了由于市场动荡产生的种种风险，不但能保证所有船只不会空置蚀息，确保他能够获得长期稳定的收入，还为他赢得了众多客户的信任和合作。

包玉刚稳健的经营方式和良好的商业信誉还使他获得了汇丰银行等金融机构的大力支持。有了资金的支持，包玉刚的船队迅速扩大。到1981年，他已拥有210艘巨型轮船，这让他成为香港工商界举足轻重的实力派人物。

在商界，有许多企业是名副其实的“稳公司”，如华为、娃哈哈等，它们与沈阳飞龙、德隆、PPG这类的“快公司”的最大不同之处就在于它们看似发展缓慢，却能保证持续性地稳健增长。追求稳健而不盲目冒进，能够放弃短期利益以获得长远发展，才是一个成熟企业必须秉持的“王道”。

凡事有准备再去做

我凡事必有充分的准备，然后才去做。一直以来，做生意、处理事情都是如此。例如，天文台说天气很好，但我常常问我自己，如5分钟后宣布有台风，我会怎样。在香港做生意，亦要保持这种心理准备。

——李嘉诚

如果将市场比作一辆疾驰的火车，将商人比作乘客，想在准点的时刻赶上火车，乘客就需要在上车之前做好充足的准备。所以，对于商人来说，交易之前的准备往往比达成一项交易需要更多的时间和精力。李嘉诚曾说："在未下决策之前，我们会多方面搜集材料，认真仔细地分析，重要的决策还要召集高层人士一起商谈。这个过程可能需要一些时间，但只要定下决心，就一往无前，全力以赴。"

作为一名成功的投资者，李嘉诚对投资很有心得，在他的心目中，投资环境是否成熟，是他考虑要不要进行投资的一个重要因素。如果投资的环境不够成熟的话，李嘉诚就会谨慎观望，以免造成"进退两难"的局面。李嘉诚当初选择在内地市场投资，正是因为他觉得内地市场的环境已经成熟了。

20世纪80年代，内地正值改革开放的好时候，许多港商都发现了内地拥有非常广阔的市场空间，因此纷纷对内地进行投资。但李嘉诚一向谨慎，为了确定内地的环境是否真的良好，他专程飞到内地，亲自考察了解这里的投资环境。

在北京、汕头和深圳都转了一圈后，李嘉诚很快就做出了投资的决定。1992年5月1日，李嘉诚在内地注册的第一个联营公司宣布成立，叫作“深圳长和实业有限公司”，投资方是由李嘉诚的长实集团和深圳市政府的深圳投资管理公司以及国家计委属下的中国机电轻纺投资公司联合组成，李嘉诚和内地合作方各占50%的股权，注册资本高达2亿港元。

这家公司运营了一段时间之后，财务报告良好。李嘉诚财团的中期业绩报告出来后，明确指出了投资重点应该向内地转移，报告中称：“内地国民经济的发展具有光明的前景，其增长幅度是任何国家都难以比拟的。”

在这之后，李嘉诚更是加紧了对内地的投资。在1992年10月，以和黄集团为核心的港方财团和深圳财团就深圳盐田港发展权签署了合同。在进行这个项目时，港方财团占了70%的股权，深圳财团占了30%的股权，这个项目的计划是建成和香港货柜码头互补的世界顶级盐田货柜码头，投资50亿人民币。

同时，李嘉诚还和他的老搭档胡应湘一起合作，达成了合作发展广深珠高速公路第二期广州至珠海的协议。这是一项大工程，投资大、风险大、回报慢，但李嘉诚并不介意这一点，他认为虽然回报慢，但这个项目非常具有发展前景，有着长期性和稳定性，非常值得投资。

除了这些投资，李嘉诚还进行了很多大大小小的投资，都是利国利民而且赚钱的投资。李嘉诚通过这些投资既得到了很好的回报，又提升了自己的名誉地位，可以说是名利双收。李嘉诚之所以屡屡投资都能获得成功，取得不菲的成绩，得益于他在投资前总是谨慎认真周详的考察态度，还有他精准毒辣的眼光。

在创业初期，很多经营者都会遇到举棋不定的情况，无法正确判断形势，从而做出错误的决定。李嘉诚却没有犯这样的错误，他靠塑胶花起家，之后慢慢发展，周旋于好几个不同的领域做生意。但每进入一个领域，他都提前做好准备，掌握最准确、最新的资料，不会为了利益，盲目地跟风而去做。

对于自己的投资技巧，李嘉诚曾提出过一个“游泳哲学”的理论，他说：“我的泳术很普通，扒艇也很普通。如果我要到达对岸，我要确信我的能力不是仅可扒到对岸，而是肯定有能力扒回来。等于我游泳去对面沙滩，我不会想着游到对面沙滩休息，我要确保自己游到对面沙滩，立即再游回来也有余力，我才开始游过去。事先，我会常常训练自己，例如记录钟点和里数，充分了解自己。”

李嘉诚就是这样一个凡事都要事先做足准备的人，在进行每一项投资之前，如果没有绝对的把握，李嘉诚是不会贸然行动的。为了得到满意的结果，李嘉诚通常会做出细致周密的规划，正是因为李嘉诚的这种做事理念，才保证了他的生意总能一直稳赚不赔、蒸蒸日上。所以说，每一个成功者的成功都不是轻易得来的，想要成功，就要付出比常人多百倍千倍的努力。

俗话说得好：“不打无准备之仗，方能立于不败之地。”意思是说，要想取得成功，必须做好充分的准备，如果准备不充分，做起事情来十有八九是要吃亏的。在那场泰森与霍利菲尔德的世纪之战中，名声在外的泰森根本没有把霍利菲尔德放在眼中，而外界也几乎一边倒地认为泰森会赢得这场比赛，美国博彩公司甚至开出了 22 赔 1 泰森胜的悬殊赔率，这也更加让泰森认为自己已经稳操胜券。

赛前，自负的泰森没有做任何准备工作，他没有看霍利菲尔德以往的比赛录像，从中寻找对手的弱点，也没有保持充足的睡眠，而是彻夜与朋友狂欢。而此时的霍利菲尔德却认真研究着泰森以往的比赛录像，分析着泰森的技术特点。直到比赛开始后，泰森才惊奇地发现霍利菲尔德对自己的弱点了如指掌，而自己却找不到对方丝毫的漏洞，恼羞成怒的泰森最终做出了惊人的举动，一口咬掉了霍利菲尔德的半只耳朵，在拳坛上留下了不光彩的一幕。

哈佛有一句谚语：每一次失败都因准备不足，每一次成功都和准备得充分有关。只有准备充分，才能取得成功；只有准备充分，才能从容面对挑战；只有准备充分，才不会留下遗憾。

有一个美国小伙子，他的父亲是洛克菲勒集团的一名高管，由于受到父亲的熏陶，他从小就立志做一名优秀的商人。

长大后，这名小伙子考上了麻省理工学院，他没有直接去读贸易专业，而是选择了工科中最基础的专业——机械。因为他知道，在商品贸易中，工业品占了绝大多数，不了解诸如产品性能之类的情况，很难在贸易中获取收益。

大学毕业后，他没有立刻投身商海，而是考入芝加哥大学，攻读为期 3 年的经济学硕士，从而了解经济规律，了解经济学常识，为自己日后能够在商海中立足打下了基础。

硕士毕业以后，他仍然没有从事任何商业活动，而是考取了公务员，去政府部门供职。因为他深知经商必须具备很强的社交能力，而扩展人脉在商业活动中也是非常重要的。

在政府部门工作 5 年后，他辞职下海，到通用公司工作，将自己所学的知识转化为实践经验。又经过两年，他认为自己已经具备了一名成熟商人所拥有的素质，于是辞职开办了自己的公司。经过多年的发展，他的公司从最初的25万美元的资产发展成了现在的2亿美元，他就是美国当代著名的企业家比尔·拉福。

做事前只有真正地重视准备，扎实地把准备工作做到位，才会在机会来临时一气呵成，才不会因为某些环节的准备不足而遭受挫折。当事前准备的习惯成为你身体的一部分时，它就会帮助你取得令人惊讶的成就。

现金流是正数才是王道

现金流、公司负债的百分比是我一贯最注重的环节，是任何公司的重要健康指标。任何发展中的业务，一定要让业绩达致正数的现金流。

——李嘉诚

对于一个成熟的企业来说，控制好现金流是至关重要的，它是一个企业能否规避风险、稳健发展的关键。有很多企业，无论此前做了多少投入，但财务状况一直很差，在需要现金的时候拿不出来，最后企业家只能通过破产或者被收购清偿等方式，把自己辛苦做大的企业拱手送给他人，让人不禁扼腕叹息。

李嘉诚之所以能够成功，就在于其对风险高度戒备，并深知现金储备的力量。他总是时刻确保自己旗下的公司有充足的现金流，在需要资金的时候不必依靠他人。李嘉诚曾说："一家公司即使有盈利，也可以破产，一家公司的现金流是正数的话，便不容易倒闭。"

在经营过程中，如果没有特别好的投资机会，李嘉诚就会继续持有现金，采取观望的态度。而一旦出现特别好的投资机会，他就会立刻进行投资，并最终能大赚一笔。正是因为其战略背后有着强大的财务支撑力，所以李嘉诚一生中几次重大的交易，比如收购和记黄埔、1985 年买下香港电灯等，都是在极短的时间内调动巨额现金完成的，这令任何一个竞标对手都望尘莫及。

在 1997 亚洲金融危机爆发前，李嘉诚就敏锐地觉察到危险，他开始大手笔减持手中的股票，他旗下的公司也多次抛售手中的物业与楼盘，从而回笼了大量现金。随后的金融危机使香港股市和楼市受到重创，两市持续下跌，但是李嘉诚受到的影响却非常小。1998 年香港房地产进入低潮期，李嘉诚在这一时期抓住竞争者减少的机会，成为竞标拿地的大赢家。他用手中现金以低价大举购入土地，用超低的成本建造房产，待香港经济复苏之后再以高价卖掉，从中赚取了巨额利润。

正是因为李嘉诚旗下的公司一直奉行"现金为王"的财务政策，在任何时候都确保能有大量现金，不仅降低了经营风险，同时又把握住了绝佳的投资机会，所以在过去的数十年中，无论全球经济繁荣还是萧条，李嘉诚旗下的公司都能保持盈利，长期屹立不倒。

在日趋激烈的市场竞争中，一个企业能否持续发展，能否在危机来临之际站得住脚，在很大程度上取决于这个企业的现金流。资金的周转速度和财务的能力对企业意义重大，所以，企业想要发展健康，就要有良好的财务状况。

史玉柱二次创业成功后，曾有记者问过他："对于你曾经历过的那次失败，你最大的梦魇是什么？"史玉柱的回答是："就是被追债。现在给我留下的后遗症就是，我一定要留着充足的资金。现在我的账上趴着69亿现金，几乎是网游行业现金储备的总和。我觉得踏实。"经历了那次刻骨铭心的失败之后，史玉柱明白了现金流的重要性，他知道一个企业最怕在现金流上出问题，企业亏损不一定会破产，但现金流一断，企业就会陷入危机，现金流决定着一家企业的生死。

同李嘉诚、史玉柱一样，华为老总任正非对资金也是十分看重的。因为在创业初期，华为一直被资金匮乏这样的问题所困扰，很多机会就在眼前，却无法施展拳脚，严重影响了华为早期的发展。那个时候，为了能让企业渡过难关，任正非还借过高利贷，带头只领一半的工资，甚至不领工资，让财务给自己打个白条。

创业初期对资金的巨大需求让任正非认识到现金流对于一个企业来说意义重大，即便在外有着很多款项，但如果企业的财务账上资金不充足，那也是无济于事的，企业会很快陷入濒临倒闭的困境，所以，任正非在经营华为的过程中，对现金流特别重视。他曾经对同事这样说道："家有粮，心不慌。在深圳，口袋里有钱，心就不慌。在最关键的历史时刻，我们一定要重视现金流对公司的支持。在销售方法和销售模式上，要改变以前的粗放经营模式。我宁肯卖得便宜一些，也一定要拿到现金。这个冬天过去，没有足够现金流支撑的公司，春天就不存在了。这个时候，我们的竞争环境就会有大幅度的改善。由于巨大的财务泡沫对西方公司已产生了打击的影响，所以他们乱了阵脚。这个时候我们做什么呢？乘胜追击，争取更多的市场、更多的机会，这样我们就能活到春天。活到春天，我们存的粮食吃光了，再种。”

因此，一向很有危机意识的任正非在企业的发展过程中，非常重视现金流和回款。华为开拓海外市场的时候，首先遇到的就是海外回款期长、风险大等问题，对于华为这种要将业务开拓到全球多个国家和城市，市场拓展无比迅猛的企业来说，现金流的压力就特别大。所以在2004年前，任正非就非常有预见性地设置了专门负责回款的市场财经部门。为了尽可能减少回款危机，华为一般采取三种方式避免海外贸易的回款风险。第一种：在签订项目合同之前，让对方先预付30%的预付款，抽样产品后再付40%的款项，剩下的30%等到全部交货后付清。第二种：针对一些比较特殊的国家，可以利用政府的协议，比如华为要和一个石油国家有项目合作，华为可以通过中国政府与这个国家建立合作，中国和这个石油国家进行贸易交易，然后华为再从政府那里获得资金。第三种：针对非洲一些国家，利用当地的资源，华为和其他公司合作，这样风险会均摊，不会只让华为一家企业承受风险。

一直维持充裕的现金流是华为在海外市场发展顺利并突飞猛进的基本保障，是华为持续发展壮大的物质保障。

众多成功人士的经验告诉我们，导致许多企业倒闭的原因并不是管理不善，而是财务危机——投资失误导致资金紧张，最后资金链断裂。不论什么时候，确保企业拥有有备无患的现金流并不是一件坏事，这体现出一个商人睿智的经营策略。

对一项业务，要耐心等待做下去

对某一项业务，如果有合适的时机、合适的买家、合适的价格，则果断出售；但如果没有机会，则可以耐心等待，自己做下去。

——李嘉诚

在这个世界上，我们每个人都渴望成功，但是当机遇没有来临之前，我们唯有耐心地等待。有的时候，等待是一种智慧，也是一种艺术。

说起恒昌行，在香港可谓是家喻户晓，它的前身是恒昌企业有限公司，创办于1946年，由三大股东拥有绝对的控股权（何善衡30%、梁球琚25%、何添15%，共计65%）。由于三大股东年事已高，后代又无心涉足商界，所以他们就萌生了将恒昌行出售的想法。

恒昌行的业务范围十分广泛，经营状况非常好，业绩也颇为优良，并且整个集团资产净值高达80多亿港元，因此当恒昌行要出售的消息传出后，一时间竟然无人敢轻易接手。

1991年5月，郑裕彤家族的周大福公司、恒生银行首任已故主席林炳炎家族、北海集团的徐展堂等联合起来，成立备贻公司，提出以254港元/股的价格全面收购恒昌，涉及资金56亿港元。

与此同时，荣智健、李嘉诚也在紧锣密鼓地策划收购，但因为备贻已经占了先机，如果这时贸然出击，备贻必然会加大竞争筹码，这样对双方都会造成损害，因此他们决定暂时按兵不动，等待合适的机会再出手。

没过多久，李嘉诚就等来了好消息，备贻公司出师不利，因为根据市场披露的消息，备贻的三大股东已事先做出三分恒昌的计划：郑裕彤获得恒昌行的物业，林氏家族获得恒昌行的汽车经销代理权，徐展堂则获得恒昌行的粮油代理等业务。

这种瓜分恒昌行的企图显然是恒昌行大股东们所不愿意看到的，因为恒昌行倾注了他们一生的心血，尽管他们是在无奈之下出售自己辛苦一生的成果，但也不希望它被拆分得四分五裂，而是希望它能够永久地保留下来，并且发扬光大。没有了大股东的支持，备贻还没有进入价格谈判阶段，就已经关闭了幕后洽商的后门。

1991年8月初，由荣智健、李嘉诚等组成的新财团GreatStyle公司向恒昌行提出收购建议，作价336元/股（高出备贻82元），涉及资金69.4亿港元。经过一个月的洽商，双方于9月3日达成收购协议。9月22日，香港收购史上最大的一宗交易最终完成，而在这次交易中，李嘉诚仅靠售股就盈利2.3亿港元。

李嘉诚就是这样的一个人，做任何事情都能够沉得住气，静观其变，耐心地等待着最佳时机的到来。

1984年，中英两国代表签订了《中英联合声明》，香港迎来了前所未有的发展机遇。恒生指数回升，地产业又开始见到了阳光，李嘉诚等这个机会已经等了很久了。在当年年底，和黄投资40亿港元兴建商业中心的大型住宅区，地点就选在黄埔船坞旧址。

李嘉诚早在1981年就盯上了这块儿地，当时香港的房地产业发展得还不错，若要建黄埔花园屋村，和黄需补上28亿港元的低价，这对和黄来说是一个较大的负担。而李嘉诚故意拖延与当时香港政府的谈判，一直到 1983 年年底，地产业开始低迷，当时的香港政府以 3.9 亿港元的价格将这块儿土地的商业住宅开发权转给了李嘉诚。李嘉诚以极低的价格获得了开发权，降低了成本，算下来，屋村每平方英尺的成本还不到 100 元。屋村计划还没面世，李嘉诚就赚了一大笔。

1978 年，李嘉诚打算收购和黄的时候，就一直做着精心的准备，随后经过了长达 10 年的漫长等待，但这种漫长的等待并没有消磨李嘉诚的斗志，1988 年收购计划推出后，李嘉诚所获的利润突破百亿元。

一对情侣在咖啡馆争吵后，男人摔门离去，留下女人伤心哭泣。女人心烦意乱地拿勺子搅拌面前的柠檬茶，柠檬片被她戳得不像样子，茶中泛起淡淡的苦涩，女人叫侍者给自己上一杯新的柠檬茶，并特意强调茶里的柠檬要去皮。

片刻后，侍者端上一杯柠檬茶，女人发现茶里的柠檬依然带皮，感到大为光火，她训斥侍者，侍者并不生气，淡定地说道："请您不要着急，柠檬皮经过充分浸泡后，苦味溶解于水中，将会呈现出一种甘甜的味道，但一定要等上一会儿，不要想着在几分钟内就品尝到可口的柠檬茶，那样只会喝到一杯苦茶。"

女人被侍者的话触动了，她问侍者需要多长时间才能把柠檬皮的香味都浸泡出来。侍者告诉她需要 12 个小时。如果想要喝到最可口的柠檬茶，那么就需要耐心地等上 12 个小时。女人心里有所感悟，其实不止是泡柠檬茶，生命中的很多事情，只要肯在前期长时间地等待和忍耐，那么后面会变得顺利许多。

就在女人慢慢感悟柠檬茶的道理时，之前冲动出走的男人抱着一大捧玫瑰花回来了。男人向女人道歉时，女人向他讲了柠檬水的道理。

两个人都平心静气下来，耐心地等待那杯柠檬水泡成最可口的味道。

耐心是成功的磨刀石，学会了等待时机，我们离“成功”也就不远了。只有学会忍耐，我们的生活才会变得更幸福，生命也才会更有价值。

一天，一位方丈带着小徒弟出去化缘。在经过一片树林时，方丈觉得口渴难耐，就告诉徒弟：“我记得前边有一条小溪，你去取一些水来。”

徒弟按照方丈的指点来到小溪前，发现这条小溪简直太小了，甚至连小水沟都不如，再加上有一些车子经过，留下了许多泥沙，水根本不能喝了。

于是徒弟回去告诉方丈：“溪水已经脏了，不能喝了。”

方丈对徒弟说：“你再回去看看。”

等到徒弟回到小溪旁，惊奇地发现，溪水中的泥沙已经顺流而下，溪水变得清澈起来。徒弟兴奋地打好水，快速跑回去对方丈说：“方丈，今天你教会我一个道理，没有什么东西是永恒的，只要有耐心。”

富兰克林曾说过：“有耐心的人无往而不胜。”机会是一种稍纵即逝的东西，而且机会的产生也并非易事。当机会还没有来临时，最好的办法就是等待。学会等待，你就能在意想不到中获得成功。

不把鸡蛋放在同一个篮子里

唯有多元化企业才能避开风暴冲击，新经济是一个持久的方向，企业须有“逢山开路、遇水搭桥”的精神才会成功。

——李嘉诚

在生意场上，许多商人都坚守着“不把所有鸡蛋放在一只篮子里”这一原则。之所以不要把所有的鸡蛋放在一只篮子里，是因为这样做风险很大，如果篮子被打翻了，那么鸡蛋就会全部碎掉，最终一无所有。做企业也是这个道理，如果经营单一化，那么一旦这一行业遭遇巨大的冲击，企业就会在狂风暴雨前轰然倒下，最终满盘皆输。

李嘉诚也十分认同这一原则，因此他倡导企业多元化经营，这样在市场不景气的时候，经营多种业务，还可以分摊风险，共渡难关。

在从事了多年制造业、地产业之后，从2000年开始，李嘉诚扩展了业务范围，不再仅仅局限于塑胶花和地产业，而是进军IT行业。李嘉诚突围出传统的行业并一举成功的典型事例发生在1999年。他成功抛售英国电讯Orange49%股权，获得了220亿美元的高额利润。李嘉诚“低买高卖”的手法运用得极其熟练，他一般选择在市场低迷时投资购买，过了低迷期就高价抛售，赚的是这一高一低之间的差价。

李嘉诚从1999年开始就高度关注全球电信业，寻找新的发财契机。而李嘉诚抛售的英国电讯Orange第二代电话业务，到第三代时总成本要低于140亿美元，而李嘉诚则卖到了317亿美元。

李嘉诚非常看重企业家的思维，他说企业家要懂得何事该为何事不该为，何事可行何事不可行。2000年上半年，李嘉诚做出了很多人认为荒唐的事，就是在第三代电话业务发展态势正好的时候退出了德国、瑞士和法国等之间的电话经营竞标。他认为，第三代电话业务虽然发展得不错，可是，在商家的追捧中，它的竞标价已经超出了能盈利的范围，所以，自己选择退出。

事实证明，李嘉诚的判断是对的，第三代电话业务很快进入低谷。等到大家对该市场不热捧时，李嘉诚又出人意料地回到了这个领域。他以90亿元美金的高价取得了英国和意大利第三代电话的经营权，意图抢占未来第三代移动电话的经营权和市场，这一举动促进了第三代电话业务的良性发展。

在IT行业，李嘉诚再次打了一个漂亮的胜仗。李嘉诚不局限于只做一种生意，他只要嗅到可以盈利的商机，就会放手去做。从最初创业时生产塑胶花开始，到后来挺进房地产行业，再到投资IT行业，李嘉诚所经营的企业已经遍及塑胶、地产、股票、货运码头、通讯、电力等多个行业，这正是“不把所有的鸡蛋放在一个篮子里”的投资法则的具体体现。他没有局限于某一个业务，也证明了他的视野超越了同辈许多企业家。

企业在进行经营的时候，具有很大的风险，一招不慎就可能导致满盘皆输，所以精明的投资者都懂得通过分散经营来降低风险，即将资金分散在不同的投资市场里，最终实现企业的多元化经营。在这方面，传媒大亨默多克是一个成功的典范。

靠报业起家的默多克一直对文字传播情有独钟，但是从1980年开始，他敏锐地发现，自己过去那种把资金全部投入报业的投资方式过于单一，因为在全球信息化的社会中，世界范围的卫星电视将来会成为信息传播的主流，因此他立刻转变投资方向。1983年，默多克首先在伦敦买下一家卫星电视公司69%的股权，接着在美国收购了好莱坞二十世纪福克斯公司的一半股权。1985年，默多克又以15亿美元收购美国第四大电视集团都城媒介公司属下的纽约、洛杉矶、芝加哥、休斯敦、达拉斯和华盛顿 6 家地方电视台，这充分表明了默多克把经营重点从报纸转向电视和电子媒体的决心。

结果证明，默多克的投资思路是正确的。时至今日，默多克所创建的新闻集团的核心业务已经涵盖电影、电视节目的制作和发行，无线电视、卫星电视和有线电视广播，报纸、杂志、书籍出版以及数字广播等多个领域，堪称全世界规模最大、国际化程度最高的综合性传媒公司。默多克之所以成功，是因为他掌握了分散经营的原理。

被称为“飞机大王”的霍华德·休斯是美国少有的几个享有世界声望的富豪之一，他之所以能够收获成功，正是缘于他独特的经营方法——分散经营法。在进行投资时，霍华德·休斯不只限于经营一个企业，而是同时经营多种企业。

霍华德·休斯在经营休斯机床公司的同时，开始向好莱坞的各个公司投资，并因为收益颇丰而取得了一家好莱坞制片公司的全部控股权。与此同时，他的注意力又转移到飞机制造业，进而开设飞机制造厂，随着规模的不断壮大，最终成立世界上有名的航空公司——环球航空公司，他也因此被称为“环球航空公司之父”。

最初对于霍华德·休斯的这种投资方式，很多人认为是不可取的，因为如果资金过于分散，而投资者的时间和精力有限，那么一些企业他们就会无暇顾及，最终会导致它们衰败。

然而，霍华德·休斯却认为，多种企业同时发展，也许有一项事业可能失败，但其他事业得到机会就可能成功，生出“金蛋”，那么这样算下来，总的成功率仍然要高得多，而结果证明，霍华德·休斯的这种做法是成功的。

分散经营的好处在于可以降低风险，这个项目赔钱的话，还有其他的项目在赚钱，从而避免了因为企业经营项目单一及经营不善而导致全盘皆输的危险。分散经营，在每个市场上都有机会，投资者可以轻松地把握各个机会。

当大家一窝蜂进入时，要及时退出

任何一种行业，如有一窝蜂的趋势，过度发展，就会造成摧残。

——李嘉诚

“经商而不沉迷于商业活动。”这才是真正的大智慧者，是有着丰富经商经历的人自在出入于商界的纯熟经验。对于成功的商场人士来说，只有盈利的生意，没有永远的生意。他们懂得物极必反、盛极必衰的道理。

靠着做塑胶花的生意，李嘉诚迎来了事业上第一个高峰期。如果李嘉诚一直靠着塑胶花生意来发展企业，那今时今日我们可能就看不到“李超人”了，李嘉诚可能也不会取得今天这样巨大的成就。李嘉诚靠着塑胶花在商海中站稳了脚跟，并且赢得了“塑胶花大王”的美誉，但是李嘉诚非常明白塑胶花的生意并非长久之计，如果自己始终坚持以其为主打产品，必然会让公司走向破产，想要长久地发展自己的事业，还要另辟蹊径才可以。

塑胶花只是快节奏时代的一种产物而已，只能风行一时，因为塑胶花无法替代真花的美艳和鲜活，人们最终还是会回归自然，喜欢真的鲜花。李嘉诚那时也已经知道，在国外一些地方塑胶花已经不再那么受欢迎，在一些国家和地区，一些家庭已经开始将塑胶花当作垃圾扔掉，人们开始种植鲜花，在家中也摆放鲜花，不再是塑胶花了。

同时，塑胶花的市场已经开始渐渐向南美等中等发达国家拓展了，但是南美等地的国家是利用当地的廉价劳动力生产塑胶花的，这一点在香港是无法办到的，香港的人工工资在逐年上涨，塑胶花属于劳动密集型产业，这样的产业一定不会有长远发展。而且在香港已经出现了几次塑胶花积压的现象，主要原因就是塑胶花生产得太多了，而国际市场出现了萎缩，没有那么多需求了。

虽然塑胶花市场逐渐衰败暂时还没有危及长江实业的发展，但李嘉诚却高度重视这个问题，他意识到整个塑胶花行业会走下坡路，就算眼下长江实业拥有很多大客户，还能挣到钱，而且还不断有人投入到这个行业中来，但这个行业毕竟是“夕阳行业”了。作为这个行业的龙头老大，李嘉诚认为必须要考虑新的出路。日本的著名商人松下幸之助说过：“高明的枪手，他的收枪动作往往比出枪还快。”李嘉诚正是这样的“枪手”，他对于塑胶花行业并没有刻意地收手，而是选择逐渐淡出，一边做着塑胶花的生意，一边寻找着新的发展机会。

1960 年，香港的塑胶花厂家有近 600 家。到 1968 年，短短的 8 年时间，塑胶花厂家已经达到 1900 家。到 1972 年甚至已经接近 3500 家，塑胶花市场已经严重饱和。然而，就在大多数人还为塑胶花生意如何发展而发愁时，李嘉诚已经在新的领域大展拳脚了。李嘉诚非常有智慧，他的经商战略就是要拿得起、放得下。很多商人之所以会被困在生意中，是因为这些商人总是既想要抓住手中的利益，又想要抓住别的利益。李嘉诚不会这样贪心，他收放自如，在经营战略上，他非常明白“月盈必亏”的道理。他也非常欣赏战国时期范蠡的做法，范蠡在辅佐了越王勾践成功复国、自己功成名就之后，没有贪恋高官权位，而是毅然辞官离去，泛舟西湖，过起了闲云野鹤的生活，并通过经商成为著名的商人。而与他同朝为官的文种，却在越国灭吴之后仍滞留在越国为相，最终被勾践所杀。

范蠡的做法被李嘉诚运用得炉火纯青，李嘉诚明白应该如何把握市场，什么时候该进，什么时候该出来。李嘉诚最早进入塑胶花领域，大赚一笔后能够审时度势，抽身退出，无论进退都抢占了先机，让人不得不佩服其高超的经营手法。

老子说：“功遂身退，天之道也。”西汉初年，韩信、张良助刘邦夺得天下，张良功成身退，得以善终；韩信在功成名就时未及时隐退，后来被吕后以“谋反”之名所杀。物极必反、盛极必衰，当一件事物发展到一定阶段，达到顶峰的时候，往往就会向相反的方向发展。这时候，人就应该调整心态，接受失败，而不应该强求成功。这个道理不仅适用于古代的权利之争，也适用于当代的商界竞争。

2000 年，有一个人曾发现 IP 拨号器这个新兴的事物能够为自己带来商机，因为当时整台机器的成本只有 50 多元钱，但是由于是新兴事物，市场价水涨船高，可以卖出 1000 多元的高价。这个人看到机会后立刻行动，花费数万元买来生产调试设备，并招聘了一批技术人员日夜兼程地设计生产，产品一推向市场，自然很受欢迎，他也大赚了一笔。

然而，赚到钱之后，这个人并没有继续扩大生产规模，而是卖掉了设备，解散了员工，然后手握资金寻找下一个机会。因为他清楚由于IP拨号器利润极高，其他竞争对手很快就会纷纷涉足这个领域，自己所占的市场份额会越来越小，并且自己虽然有钱扩大生产规模，但是仍然远不及那些实力雄厚的生产商，一旦他们介入，自己必然会失去市场，一败涂地。与其等待被别人击败，不如自己主动退出，寻找新的商机。

在20世纪90年代，沈阳飞龙可谓是家喻户晓，因为正是这家公司策划了今天中国保健品行业的广告大战，在一系列的“广告歼灭战”中，沈阳飞龙赚取了巨额利润，但是公司的领导并没有见好就收，而是继续停留在这个行业中。没过多久，在沈阳飞龙暴利和销售红火的刺激下，全国一下子冒出了2.8万种保健品，鳖精、鱼油泛滥成灾，在这种保健品市场群雄并起的恶性竞争中，沈阳飞龙逐渐销声匿迹。

有的时候，退是为了更好地进，只有那些能够顺应自然规律的企业，才能够腾出精力，在其他领域再创佳绩。

居安思危，先想失败会怎么样

从前我们中国人有句形容做生意的话：“未买先想卖。”你还没有买进来，就先想怎么卖出去，你应该先想失败会怎么样。因为成功的效果是100%还是50%，差别根本不是太重要，但是如果一个小漏洞不及早修补，可能带给企业极大的损害。所以当一个项目发生亏损问题时，即使所涉金额不大，我也会和有关部门商量来解决问题，所付出的时间和以倍数计的精神都是远远超乎想象的。

——李嘉诚

老话说："防患于未然。"多思虑一些并不是多此一举的事情，很多时候，考虑周全一点儿，能够在关键时刻力挽狂澜，尤其是在竞争激烈的商场中。商海沉浮，更得小心谨慎，不然一个不小心，就会损失巨大。

李嘉诚始终具有居安思危的意识，他曾说过："一只机械手表，只要其中一个齿轮有一点儿毛病，这个表就会停顿。一家公司也是，一个机构只要有一个弱点，就可能失败。了解细节，经常能在事前防御危机的发生。"

当李嘉诚凭着自己的睿智开了塑胶花的先河后，一夜间，香港便冒出许多家塑胶花工厂，李嘉诚由开始的一枝独秀，变成不得不和他人分割天下。

在长江塑胶厂发展的过程中，李嘉诚非常清楚地认识到，按照眼前塑胶花的发展态势，长江塑胶厂很难一直领先。落后就等于利润的降低甚至不保。经过冷静的思考，李嘉诚决定靠扩大生产规模来增加效益。扩大规模，意味着得增添设备、改进工作条件，但是，扩大规模、增加设备需要大量的资金，对于尚不算强的个体企业来说是一个很大的难题。看来，这个路子走不通。

李嘉诚又开始思索新的办法，他想，有没有一种既可以提高效率而又不用大幅度增加规模的办法呢？他去意大利考察市场，研究西方企业的管理模式，发现欧洲的企业管理模式给企业的发展带来的保障不小。李嘉诚感兴趣的西方管理模式就是股份制，这种组织方式有利于融资，又不用承担无限责任，这对于像长江实业这样缺少资金的企业非常有利。

这时，李嘉诚做出了一个重大的决定：改组企业组织结构。为此，他准备分两步走：首先是寻找合伙人组建有限公司；其次，申请上市，引导企业成为公众性的股份有限公司。

这时的李嘉诚对现代管理和资本运营有了初步的概念，这为他后来在股市中大展宏图做了有效准备。

1957 年，长江塑胶厂正式改名为长江工业股份有限公司，李嘉诚兼职董事长和经理，完成了他改组企业的第一步。长江公司的长发也开始分开运营，一处生产塑胶花，一处生产塑胶玩具。西方的管理理念和模式开始在长江公司的管理中见出效益。

李嘉诚就是这样一位危机感很强的人，在他的企业经营中，经常会设想企业可能出现的种种危机。当危机来临时，企业又该如何应对，他会经过周密的思考去找寻最好的解决方法。每天早上阅读当天的全球新闻列表是李嘉诚的习惯，这有助于他能够敏锐地把握全球经济动态，将危机扼杀在摇篮中。

李嘉诚在 1950 年创业，经历了几十年的风风雨雨，经受过无数波折与困难，但他与他的企业都未曾倒下。李嘉诚作为一个成功的企业家，时至今日，他所取得的成就十分辉煌。李嘉诚做的生意已经不仅仅局限于香港，而是遍布全世界。在李嘉诚看来，他能够将生意做得这么大，很大一部分原因是自己总是未雨绸缪，在未成功之前，先考虑失败，从而使他稳步走向成功的道路。

一个人在什么时候最危险？是在处处险象环生，前有悬崖后无退路时，还是在四周处处鸟语花香，非常惬意时？答案当然是后者。比尔·盖茨就曾屡次告诫他的员工，要时刻怀有“距离破产只有18个月”的危机感。海尔集团的CEO张瑞敏也曾说过：“永远战战兢兢，永远如履薄冰，以永远的忧患意识追求永远的活力。”

当华为在2000年以年销售额高达220亿元而位居全国电子百强首位的时候，别人看到的是它辉煌的成绩，但是在任正非的眼中，却只看到失败和危机。他曾在一次内部讲话中说：“10年来我天天思考的都是失败，对成功视而不见，没有什么荣誉感、自豪感，而只有危机感，也许正是这样才存活了10年。我们大家要一起来想怎样才能活下去，才能存活得久一些。失败这一天一定会到来，大家要准备迎接，这是我从不动摇的看法，这是历史规律。”

由此可见，防微杜渐历来是一个企业家获取成功的必备条件之一。在这个世界上，有很多成功人士总能在危机来临之前规避风险，避免损失，并能借此有更好的发展。安于享受只会使自己的财富缩水，而居安思危则会将可能的危险扼杀在襁褓之中。

在草原上，一匹狼安逸地躺在草地上睡觉。这时另一只奔跑的狼从它身边经过，并对它说：“狮子快来了，听说它跑得很快，你怎么还不起来锻炼自己的奔跑速度。”

躺着的狼懒洋洋地说：“狮子和咱们是同盟，又不会伤害咱们，你着什么急？跑你的去吧，我要睡觉了。”

后来，狮子果然来了，尽管它是狼群的同盟，不会伤害它们，但是由于它的出现，草原上的羚羊为了逃命，奔跑的速度逐渐变快，而懒散的狼由于追不上羚羊，不久就饿死了。

在这个世界上，谁都不能避免自己每天会遇到各种各样的威胁和挑战，唯有随时具有一种居安思危的意识，才是真正的生存之道。

从商几十年的李嘉诚，在眼花缭乱、险象环生的商业大战中屡屡获胜，即便是在金融危机时也能够全身而退，正是因为他总是会对失败做出预测，事事都想到了极致。任何一个商家，想要生存、发展、取胜，首先要对形势做出精准的判断，将一切可能发生的情况都考虑到。一个出色的生意人，总是能够在顺境中窥见不良因素，及时将这些因素扼杀在摇篮中。

第四章

战略：

境界不同，结果也就不同

在事业上谋取成功，没有什么绝对的公式

商业投资的风险有很多种，规避风险的正确方式就是要对时机进行准确的分析，因为时机一旦错过，就会满盘皆输。要忌讳人云亦云，被错误的信息所误导而投资失败是很可惜的。

——李嘉诚

想要在商场上笑看风云，光有勇猛的干劲儿和坚毅的性格是不够的，还要有灵活多变的思维和机灵变通的处世方法。李嘉诚在创业成功后，知道塑胶行业的竞争很激烈，香港的塑胶厂已有300多家，他的长江塑胶厂不过是其中之一，并没有什么特别的竞争力。李嘉诚不甘心仅仅维持拥有一个小厂的状态，尤其是在经营了几年之后，李嘉诚越发意识到如果不寻求改变和突破，那么自己的工厂很可能会在竞争中被挤垮，从而倒闭。

不断探索新道路的李嘉诚在1957年时终于看到了一个机会。一天，他像往常那样翻看杂志接受新鲜资讯，忽然被《塑胶》杂志上的一个消息吸引住了：意大利的一个企业率先生产出塑胶花，并大规模

投入生产，准备挺进欧美市场。这家企业的眼光和雄心让李嘉诚预感到塑胶花这个行业将迎来春天，后来经过进一步的分析，他更加确信了自己的预感。因为随着生活节奏的加快，人们对大自然的向往更加强烈，对于工作忙碌而无暇种养娇贵鲜花的上班族来说，塑胶花不失是一个比较好的替代品。李嘉诚由此判断，塑胶花的市场需求很大，所以，抢占这个商机将带来丰厚利润。

于是，在1957年的春天，李嘉诚火速办好了奔赴意大利的旅游签证，亲自前往意大利考察塑胶花的生产技术和流程。李嘉诚知道一般厂家都会对新产品的技术进行保密，除非名正言顺地购买技术专利才能知道核心技术，但这对李嘉诚来说几乎是不可能办到的。当时的长江塑胶厂还只是刚刚起步的小工厂，根本付不起高昂的专利费，而且就算李嘉诚能够拿出这笔钱，厂家也不会轻易出售专利的。一般都要等这项技术充分占领市场，赚了一大笔钱之后，厂家才会考虑出卖专利技术。

虽然看起来是没办法得到这项技术了，但李嘉诚却不甘心就这样回去，他“另辟蹊径”地想到了一个办法。为了能够更加直接地接触塑胶花的生产过程，李嘉诚以工薪不及同类工人一半的待遇进了这家公司打工。李嘉诚在公司做的是勤杂工的工作，在清理废品时，李嘉诚将塑胶花的生产流程都看在了眼里，记在了心里。可是生产流程虽然摸清了，但属于保密的生产技术，李嘉诚还是不得而知。为了知晓技术的关键所在，李嘉诚想出了一个好办法。

每到周末或者休息日的时候，李嘉诚就会邀请几位新认识的同事吃饭聊天，这些人里有些就是厂子里的技术工人。在吃饭过程中，李嘉诚就会向他们请教有关技术方面的问题，谎称自己打算去应聘厂里的技术工人。正所谓“吃人的嘴短”，这些人往往会很耐心地为李嘉诚讲解一番，就这样通过旁敲侧击，李嘉诚慢慢悟到了塑胶花制作的技术要领。

当李嘉诚做好了准备要离开意大利的时候，塑胶花已经开始推向市场。李嘉诚买了各种塑胶花做样品，还跑了很多家花店，了解这些塑胶花的销售情况。回到香港后，李嘉诚立刻开始行动起来，他不动声色地将长江塑胶厂的发展方向改为制作塑胶花，还不惜花重金聘请海外专业的塑胶人才来为自己工作，并全力开拓欧美市场。

这时，一位欧洲的代理商看到了长江塑胶厂生产的产品，并产生了浓厚的兴趣。李嘉诚以最快的速度和代理商达成交易。这样，长江塑胶厂的产品顺利地摆在了欧美很多家商店的柜台里。1958 年，对于李嘉诚来说是个丰收年，一年内的纯利润高达 100 多万港元。从此，塑胶花和李嘉诚的名字紧密地联系在了一起，他因此也被人们称为“塑胶花大王”。

比知识重要的是思维，比思维重要的是悟性。万物有法，需要用心去悟才能真正得法。经营之道也在于悟，在于对市场灵动的悟性。

19 世纪中叶，在美国加州传出发现金矿的好消息，因此许多怀着一夜暴富梦想的淘金者纷纷赶往加州，开始了自己的淘金岁月。

后来成为美国著名实业家的亚默尔当时也在淘金者的队伍中，当他历尽千辛万苦来到加州时，却发现由于人们蜂拥而入，金子已经越来越难淘了。而且由于加州的环境恶劣，水源奇缺，许多人不但没有实现一夜暴富的梦想，反而将性命丢在了这里。

亚默尔在这里待了几天，不仅没有淘到金子，反而被折磨得半死。就在他萌生退意的时候，突然听到周围淘金者因为缺少水源而抱怨不断。他灵机一动，放弃了自己的淘金梦，而是将手中挖金矿的工具变成挖水渠的工具，从远方将河水引入水池，用细纱过滤，使其成为能够饮用的水，然后将水装进桶里，挑到山谷卖给那些淘金者。

就这样，当许多淘金者大都空手而归时，亚默尔却凭着这种无本买卖赚取了数千美金。

经营者想要在行业之中处于领先地位，一定要开动脑筋。成功没有什么固定的方式，只要脑筋灵活，总能找到通往成功的道路。牛根生曾说过：“不管螺丝怎么设计，正向拧不开的时候，反向必定拧得开。山重水复，此路不通的时候，换换位、换换心、换换向，往往豁然开朗，柳暗花明。”的确，在这个世界上，任何问题都有多个思考角度。当我们遇到难题时，没必要一条路走到底，直至走到死胡同。有时候，换个角度，就能看到不同的天空，为前路带来意想不到的转机。正如在鱼的眼中，水就如同我们身边的空气；而在人们的眼中，水只是清澈透亮的物品，站在不同角度，就会看到不同的世界。

一名农夫买下了佛罗里达州的一片土地，等到他开垦时才发现自己上当了，因为这片土地的土质非常差，不仅不能种植任何农作物，还遍布着许多响尾蛇。

在度过了颓废的几天之后，他重新振作起来，决定好好利用这块儿恶劣的土地大量饲养响尾蛇。他开始生产响尾蛇肉罐头，把响尾蛇皮以很高的价钱卖出去做女人的鞋子和皮衣，并且还将响尾蛇的毒液提取出来作为血清销售。慢慢地，他的生意变得越来越好。

后来，这名农夫又突发奇想，在这片土地上盖起了农庄，并命名为响尾蛇农场，每年吸引了成千上万的观光客来此参观。

后来，人们为了纪念他，将这个村子改名为佛罗里达州响尾蛇村，这名农夫最终靠着这片贫瘠的土地名利双收。

面对同一个问题，面对同样的市场竞争，多用心思考，找到一个与众不同的思路，就会出现截然不同的结果，从而在与人竞争的过程中赢得主动、打开局面、获得成功。人生不是只有一条出路，有时候，看着是一条死胡同，可没准儿换个角度去看，就能发现另有出路通向康庄大道。

以商会友，以友促商

对人诚恳，做事负责，多结善缘，自然多得人的帮助。淡泊明志，随遇而安，不作非分之想，心境安泰，必少许多失意之苦。

——李嘉诚

“借法”是聪明人都会采用的做法。一个人的能力有限，如果只靠自己单打独斗，会非常辛苦，取得的效果也很有限。李嘉诚很精通“借法”，1979 年 10 月，中国国际信托投资公司在香港设立了分公司，董事长荣毅仁邀请李嘉诚出任中信的董事，李嘉诚欣然接受了，但李嘉诚并没有参与中信多少工作，更像是名誉上的董事。

荣毅仁的儿子荣智健在1978年移居香港，在1986年，荣智健加入香港中信集团。工作了一段时间之后，他成为香港中信的董事总经理。荣智健是个非常有理想的青年，他不满足于接手父辈打拼下来的江山，想要自己创业，凭借自己的实力做出成绩，创造出一片属于自己的天地来。

看到荣智健有这样的雄心壮志，李嘉诚自然是十分支持的，两家的关系本来就很不错，年轻人有想做事情的想法，身为长辈的李嘉诚自然要帮一帮。李嘉诚和荣智健都看好借壳上市，觉得这是条不错的路。借壳上市是股市术语，一家公司想要上市的话，从原则上讲需要有5年以上的经营实绩，办正规的手续在交易所上市，这个过程是非常漫长和耗费精力财力的。所以，一些急于上市的公司就通过收购他人的小型上市公司，来达到自己的上市目的，这就是借壳上市。

这些小型的上市公司因为资产很少，营业额也不高，收购它们的买家不需要动用大额的资金，所以这些小型的上市公司就被比喻为“空壳”。李嘉诚和荣智健在市场上多方寻找，权衡再三之后，终于决定选择泰富发展这个小公司。

由李嘉诚的英籍高参杜辉廉担任主席的百富勤，成为中信的财务顾问以及收购代表。1990年1月，百富勤向泰富主席曹光彪以12港元一股的价格购买了泰富股份，并以同样的价格向小股东全面收购。泰富市值725亿港元，是当时股市的“蚊型股”，中信没有付现金收购，而是通过一系列复杂的换股以及物业作价的步骤来完成的，从一定程度上来讲，也是保护了泰富。

这一次的“借壳”进行得非常缜密低调，而且对双方都有好处，是一次互惠互利的公平交易。到1991年6月，泰富改组集资后，股权分配给中信49%、郭鹤年20%、李嘉诚5%、曹光彪5%。泰富正式改名为中信泰富，荣智健担任董事长。虽然李嘉诚在促成这件事上起了很大的作用，但从最后的股权分配结果来看，李嘉诚占的股权并不多，可见他做这件事情并不是为了打算让自己获利。

李嘉诚不过是凭借自己的商业地位和商业头脑来帮助荣智健，李嘉诚觉得获利多少并不重要，重要的是能够通过这件事情多交一个朋友。通过李嘉诚的这一次帮助，中信在香港发展的势头十分强劲，迅速崛起，而李嘉诚与中信交好，也为日后的合作打下了良好的基础。

全力帮助中信借壳上市，但最后获利很少，李嘉诚做过很多类似这样的事情，这就是李嘉诚的一贯作风。李嘉诚不会只看重眼前的一单生意，而是更看重日后的长远发展。在生意往来中，既要做成生意，又要和对方交朋友。那些非常成功的生意人总是生意旺、朋友多，这二者之间是可以相互促进的。所以就会有人提出这样的观点：以商会友，以友促商，相互发展。

作为一名成功的商人，不但要有精明的头脑，还需要有为人处世的智慧。李嘉诚在商场上之所以能够成功，更多的是取决于他做人的成功。在商场里摸爬滚打，人脉决定着财源。一个商人，只有做到广结善缘，才能左右逢源，才能上不得罪达官，下不失信于客户，中不遭同行挤兑。只有如此，财源才能滚滚不断，生意才能越做越大，越做越长久。

一个人在急匆匆赶夜路的时候，看到另外一个人远远走来，手里提着一个灯笼，微弱的灯光照亮了前方的道路。这位赶路的人非常感激地走到这位提灯笼的行人面前，对他感谢道："谢谢您的灯笼，照亮了前方的道路，不然我很可能就撞到您了。"那位行人微笑着说不用谢。这时，这个人才发现这位提灯笼的行人竟然是一个盲人。

这个人非常惊讶地问道："您是一位盲人，为什么走夜路还要提灯笼呢，这不是多此一举吗？"那位盲人晃了晃手中的灯笼说："如果没有这盏灯笼，你不是就撞到我了吗？我提灯笼不是为我自己照亮，而是为行走的路人照亮。"

这位盲人虽然自己看不到路，走夜路根本不用提灯笼，但是他还是为别的行人着想，让他们能够在漆黑的夜色中看到一抹亮光，从而不会撞到自己，或者不会被脚下的物体绊倒。盲人这种一心为他人着想的态度，在李嘉诚的身上也有体现。李嘉诚在与人交往时，从不会考虑自己是不是会吃亏，他总是先为对方着想。

人们在步入社会后，总是急于扩大社交圈，希望能够接触不同的人，发展自己的社会资源，以确保自己在激烈的市场竞争中处于不败之地。但越是心急，越是将社交当作让自己赚取利益的一种途径，反倒越是无法拓展生意圈子。其实，做不做得成生意不是主要的，重要的是能交到朋友。在李嘉诚看来，生意是做不完的，但朋友要比生意更重要。

有两个人在一处鱼塘垂钓，他们的技术都很好，没过多久，他们就都钓了满满一桶鱼。两个人的钓鱼技术让其他垂钓者羡慕不已，于是纷纷上前请教。一个钓鱼高手害怕别人学会自己的技术，钓到更多的鱼，于是对求教的人爱答不理；而另一位则对求教的人有问必答，甚至向他们手把手地传授起自己的垂钓经验。

就这样，一直到傍晚，这名垂钓高手才有时间休息一下。此时，另一个垂钓高手已经又钓满了一桶鱼，准备回家了。就在那名热心的垂钓高手也准备拎着之前的那桶鱼回家时，向他求教过的人们纷纷围了上来，把他的另外一只桶装满了鱼。就这样，他在同样收获两桶鱼的同时，还收获了一群新朋友。

这个故事给了我们这样的启示：当你帮助别人获得成功——钓到大鱼之后，自然会在助人为乐之余得到回馈。在经营生意时，也是如此，如果一味想要将全部利益据为己有，那最终可能会失去一切；但如果能够懂得让利，有钱大家一起赚，那自己只会赚得更多，将生意做得更大。

将商业意识渗透进举手投足中

精明的商家可以将商业意识渗透到生活中的每一件事中去，甚至是一举手一投足。充满商业细胞的商人，赚钱可以是无处不在、无时不在。

——李嘉诚

机会来了，并不是所有人都能够看到，能抓住机会的人就更少了。那些获得成功的人并不是天生就对机会有敏锐的觉察力，他们也是在人生的不断磨炼中打造出了一双“慧眼”。李嘉诚之所以能够在商场如鱼得水，很大一部分原因是他总是时刻不忘关注市场的大环境，他在埋头工作的同时，也总是对外部环境的变化观察入微。

李嘉诚靠着塑胶业发家后，并没有一直在塑胶业发展，而是不断发展新的出路。在李嘉诚看来，世间万物都有盛衰的定律，商场自然也不会例外，只有不断看到市场变化发展的大趋势，然后随着趋势改变自己，才能立于不败之地。

有一次，李嘉诚独自开车去郊外兜风。他看到农民在耕种，建筑工人在施工地盖房子，忽然心中涌起了一个念头，在未来的香港，房地产业也许会是一个热门行业。回去之后，李嘉诚便迅速投入调查之中，通过进一步的考察，李嘉诚更加认定了自己的这个看法。在1951年，香港的人口不到200万，但是到了1960年，香港人口总数就接近300万，这样快速增长，自然会提高住宅需求量。除了住宅的需求，再加上经济的发展，写字楼、商铺的需求量也是很大的。

那段时间，香港总是在闹房荒，房屋的增加量跟不上需求量。在经过了充足的调查和准备之后，李嘉诚决定转行做一名地产商人，挺进房地产业。1958年，李嘉诚在十分繁华的工业区北角购地，兴建了一栋12层的工业大厦，就这样正式揭开了进军房地产的序幕。到了1960年，李嘉诚又在新兴工业区柴湾兴建了工业大厦。这两栋大厦的总面积一共有12万平方英尺，通过兴建这两栋大厦，李嘉诚进军地产业的事业正式开始了。

在随后的日子里，李嘉诚在地产业的生意做得风生水起。如果没有当初的远见卓识，李嘉诚自然无法在地产业崭露头角，并最终成为行业的龙头老大。怀有一颗强烈进取心的李嘉诚，看到了香港在工商业迅猛发展的过程中，对房产的需求会越来越大，所以他没有错失机会，迅速将投资重心转移到了房地产上。

没有商机是许多创业者感到苦恼的事情，他们觉得好的机会都被别人抢先一步夺走了，自己蓄满了力量，就是无法得到发展事业的机会。其实，机会对于每个人来说都是平等的，区别就在于你是不是有眼光去发现这个机会。可以说有商业头脑，浑身充满了商业细胞的商人，对他们来说赚钱可以是无处不在的，他们随时随地都能发现商机。李嘉诚就是这样的商人，他曾说："一个人能够成功，有时要看他对事物的感受能力。随时留意身边有没有生意可做，才会抓住时机把握升浪起点。着手越快越好，遇到不寻常的事发生时立即想到赚钱，这是生意人应该具备的素质。"

有一个商人到国外出差，当他在当地的跳蚤市场闲逛的时候，发现当地有一种东西很稀奇，也很便宜。那是一种生长在当地海滩上的普通小虾，让人惊奇的是这种虾自幼生长在石头缝里，最后成长为无法出来的雌雄虾，终其一生待在石头里。

商人买了一些拿回去送给亲朋好友，大家都爱不释手，甚至有朋友还主动上门向他讨要。于是商人在他所在的城市四处寻找，却始终没有发现有这种东西出售。

此时商人灵机一动，马上飞到上次出差的地方，进口了一大批雌雄虾运回国内，将它们精美包装后，命名为"偕老同穴"向外出售。许多新婚夫妇为了讨个彩头，纷纷前来购买，雌雄虾的价格自然也翻了数十倍，商人因此大赚了一笔。

正如李嘉诚所说的那样："精明的商人只有嗅觉敏锐，才能将商业情报的作用发挥到极致，那种感觉迟钝、闭门自锁的公司老板常常会无所作为。”机遇总是不动声色地掩藏在生活中的细微之处，只要有一颗敏锐的心，总会看到商机的存在，果断地去把握，就把握了成功，也把握了财富。

1875年的一天，美国实业家亚默尔在浏览当天报纸时，发现了一条短讯，是关于墨西哥发现了疑似瘟疫的病例的消息。普通人也许只是把它当成一条普通的短讯浏览，但是亚默尔却从中发现了商机。他立刻联想到如果墨西哥真的发生了瘟疫，那么病毒很有可能会从加利福尼亚州和得克萨斯州的边境传入，而这两个州又是美国肉食供应的主要基地。一旦发生瘟疫，肉价一定会猛涨。

有了这个想法后，亚默尔立刻飞往墨西哥，确定了当地确实发生了瘟疫后，他立刻拿出全部资金用来购买两个州的牲畜，把它们及时运到美国东部。

正如亚默尔所预料的那样，没过多久，从墨西哥传入的瘟疫很快蔓延到了美国西部的几个州。为了防止瘟疫扩散，美国政府对这几个州实行了禁运措施，导致美国国内市场肉类奇缺，价格暴涨。亚默尔这时将收购来的牲畜推向市场，在短短几个月的时间里就赚取了数百万美元。

很多人抱怨环境不好，抓不到机遇，实际上是他们没有静下心来认真地去找寻机会。在当今这个飞速发展的社会，想要经营好一家企业，一定要多思考，多问些“为什么”。只有勤于思考，才能在追问“为什么”的过程中找到事物的本质规律，才能在茫茫社会中发现做生意的绝佳机会。

长线投资会令经营更上一层楼

我们历来只做长线投资。如果出售一部分业务可以改善我们的战略地位，我们会考虑这一步骤。除了考虑获取合理的利润以外，更重要的是在取得利润之后，能否在相同的经营领域中让我们的投资更上一层楼。

——李嘉诚

经商可分为短线和长线两种投资策略，在利润面前，很多商人都只注重眼前的小利益，而忽略了长远的利益。李嘉诚却非常擅长进行长线投资，在生意场中，李嘉诚使用“放长线钓大鱼”的策略，使长江实业集团长期雄踞于香港企业王位。

水泥是建筑行业必须用到的重要材料，但是曾经有一段时间，在香港只有一家名为青州水泥公司的生产厂家。由于这个工厂设备陈旧，所以生产出来的水泥制品质量也十分差，许多开发商不得不舍近求远，从内地甚至国外运进水泥。有的时候由于种种原因，会出现工程已经开工很久了，水泥还没有运到的不利情况，导致工期延误。李嘉诚看准时机，毅然决定把这家水泥公司收购下来，然后把所有生产设备都更新换代，这样生产出来的水泥制品不仅保质保量，还能为自己公司的建筑工程所使用，省下了一大笔开销。

水泥厂原来是在郊区办厂，对居民的生活没有什么影响，但是随着香港经济的发展，外来人口逐渐增多，十多年过去后，水泥厂周边已经建起了许多社区，这给居民的生活环境带来了严重的污染。李嘉诚抓住时机，一方面要求香港政府为自己在远郊拨地，以方便自己搬迁水泥厂，从而解决污染问题；另一方面申请补地价，在水泥厂的旧址上建设住宅区。香港政府同意了李嘉诚的请求，就这样，水泥厂原来占用的那一大块儿价值低廉的地皮，在改变用途之后，为李嘉诚带来了大量的财富。

20世纪80年代，李嘉诚又开始专注于海外收购，他想要在欧洲、美洲、亚洲和非洲建立自己的“通信产业王国”。1986年，李嘉诚斥资6亿港元购入英国皮尔逊公司接近9%的股权。在1987年，李嘉诚又投资了3.72亿美元，买下了英国电报无线电公司5%的股权。在1989年，李嘉诚和马世民计划周详，他们成功收购了英国Quadrant公司的蜂窝式移动电话业务，使其成为和黄拓展欧美电信市场的一个据点。

同样是在1989年，李嘉诚注资5亿美元收购Orange，发展电信事业。李嘉诚用巨资收购了一家英国的电信公司，在英国推出的CT2电信服务，取名为RABBIT，开始冲击英国的电信市场。但很可惜的是RABBIT的技术相对比较落后，和同时期的电信服务技术相比逊色不少，所以吸引不了更多的客户。在市场竞争中，RABBIT最终以失败告终，长期的亏损还令和黄背上了巨额的债务。

在投资初期，由于长期处于亏损状态，李嘉诚受到业内外的不断批评，甚至有人认为李嘉诚在英国的这项业务会将他的整个公司拖垮。但是李嘉诚坚持己见，不愿意放弃这项业务，他始终认为凭着自己对未来趋势的正确分析和把握，这项业务会给自己带来巨大的收益。李嘉诚没有因为这次的失败而止步，到1994年，他领导的和黄集团再次将英国的电信业务重新包装，改名为Orange，推出了GSM移动电话服务业务。这一次李嘉诚依旧是大手笔，投资了84亿港元。开始的时候，人们也不看好这一次的投资，但没想到的是，它逐渐被客户所接受，手提电话的销售也很不错。

1996年4月，Orange在英国上市，成为金融时报指数100成分股，打破了最快成为成分股的记录。不仅如此，Orange还为和黄带来了巨额的收益。Orange的股价也连续蹿升，比刚上市的时候提高了六成多。到了1997年，Orange成为英国第三大移动电话商。

结果正如李嘉诚所料，个人通信网络逐渐被消费者们所接受，到1998年，李嘉诚出售Orange4.3%的股份，套现54亿港元，加上当年被并购后交易所得的200亿港元现金、220亿港元票据以及650亿港元的德国电信公司股票，仅仅过去10年，李嘉诚在这项不被人看好的业务上的收益已超过当初投资的10倍。

出售Orange取得了巨大的成功，大家都非常想知道李嘉诚成功的秘诀是什么。在记者招待会上，李嘉诚淡定地回答："电信业务是未来集团的发展重点，我已经知道5年后的和黄要做什么了。"

李嘉诚以超凡的投资眼光，经营了一项非常具有升值空间的业务，几年的时间便获得了惊人的回报。通过出售Orange，李嘉诚也一跃成为当年全球富豪排行榜上的第10位，成为世界前10位富豪排名榜上唯一的华人。一位投资分析家是这样评价李嘉诚的："李嘉诚是一个高瞻远瞩的成功商人，会对行业未来发展订出一个长期的策略和计划。"

对于李嘉诚"放长线钓大鱼"的经营策略，他的儿子李泽钜深有感触。他谈到，做生意的时间规划是5年、10年，不是1年、2年，长实有些项目也是7年才有收成。

现在大多数的投资者都有一个不好的习惯，就是总想着怎样才能把钱快速地赚到口袋里，不考虑长远的利益，这种只顾眼前微小的利益而忽视了长远利益的心态就是典型的“一鸟在手，胜过百鸟在林”。

这样的投资者永远只是热衷于短线投资，比如他们买了股票，不会长期将股票拿在手里等着它们升值，而是只要觉得价格好，哪怕上午才买进，下午就会卖出。对他们来说，只要赚了钱就行了，不用考虑那么长远。

其实，很多成功的投资大师，他们的投资大多是长线持有，看得长远的。例如，股神巴菲特从不在乎那点儿蝇头小利，总是将一只股票持有几年甚至几十年，期间冷静地分析市场动态，把握机会，这样放长线钓大鱼，往往是获利最丰的。

李嘉诚的成功告诉我们，一个成功的企业家应该把目光放长远一点儿，而不是只注重眼前的利益，他应该明白投资是一种过程，长线投资所经历的每一件事都是过程的一部分，而不是结果。明白了这个道理，他就一定会取得成功。那些热衷于短线投资的人永远只能做个朝不保夕的投机者，而着眼于未来的人才是胜利的投资者。

经营企业需要灵活机变

很多人常常有一个误解，以为我们公司快速扩展是和垄断市场有关，其实我个人和公司跟一般小公司一样，都要在不断的竞争中成长。

当我整理公司的发展资料时，发现最明显的是我们在参与不同行业的时候，市场内已有很强、很有实力的竞争对手，担当了主导角色，究竟“老二如何变成第一”？或者更准确地说，“老三、老四、老五如何变成第一、第二”？

——李嘉诚

利用从国外学习回来的新技术和自己成熟的经营手法，李嘉诚的塑胶厂营业额不断大幅度提升，事业蒸蒸日上。但正所谓树大招风，经过发展，李嘉诚创办的塑胶厂在获取成功、引起人们关注的同时，也引起了同行的妒忌。有一些竞争者竟然为了搞垮李嘉诚，雇用一些社会人员到李嘉诚的工厂进行捣乱，对他破旧的厂房拍照，并扬言要把这些照片卖给报社，让大家看看李嘉诚的产品是在这样破旧的工厂里生产出来的。面对挑衅，工人们全都义愤填膺，有的要去抢夺相机，有的要赶跑这些拍照者。李嘉诚却阻止了工人们，他平静地对工人们说：“今天把他们赶跑了，抢下了他们的相机，也没什么用，明天他们还会来，他们不达目的是不会罢休的。”

虽然李嘉诚表现得很淡定，但是他深知如果这件事处理不好，对于自己的公司将会是一场大灾难。所以几天之后，当报纸上出现“且看李嘉诚破旧的塑胶厂”的负面新闻后，李嘉诚决定主动出击，将危机化为生机。李嘉诚思考一番之后，决定充分利用这一次的“免费宣传”，为自己的工厂扩大影响力。

李嘉诚背上一袋自己工厂所生产的塑胶花，并且拿着那张报道工厂负面新闻的报纸开始拜访客户。每到一处，他都会不厌其烦地对客户说，因为长江塑胶厂现在正处于创业阶段，资金短缺，所以厂房显得十分破旧，但是他们并没有因为厂房破旧就降低产品的质量，他们生产的塑胶花是十分精美的，并且有些是在欧美市场都没有见过的品种。听了李嘉诚诚恳的话语，再看看李嘉诚展示的精美的塑胶花，客户们都被李嘉诚的坦诚所感动，不仅没有因为他的厂房破旧而与他终止合作，反而在参观了他的厂房后，都与他签订了大笔的订单。

面对不正当竞争，李嘉诚并没有采取同样的措施进行反击，最终弄得两败俱伤，而是将对方对自己的恶意诋毁当成是一次实惠的广告，借助这一次的势头，令长江塑胶厂的订单大增，让很多客户对长江塑胶厂的信誉感到很满意。在经营生意的过程中，经营者需要有这样化解危机的智慧，遇到困难时要懂得变通，懂得使用灵活机变的经营手段，使事业一帆风顺。

在新中国成立以前，上海有一种名为“金鼠牌”的香烟很受中下层市民的欢迎，但是在上层社会却一直打不开市场，生产厂家华成烟草公司的老总很为这件事感到头疼。

后来，华成烟草公司的员工在一家照相馆的橱窗里发现一张非常美丽的女人的照片。经过观察，他们发现人们路过这家照相馆时，都会放缓步伐看一眼这张照片，然后再匆匆地赶路。受到启发的华成烟草公司很快便将这一美女照片印在了烟盒上，并取名为“美丽牌”香烟，投放到市场，果然很受欢迎。

然而，随着香烟销量的打开，法院的传票也随之而来。原来照片上的美女是法租界里一位官员的姨太太，她将华成烟草公司告上法庭。华成烟草公司当然不会放弃这次难得的炒作机会，因此他们想尽办法拖延判决书下来的时间，虽然华成公司最终输了这场官司，但赢得了关注度，销售了大量的产品。

在这个世界上，转换思路很重要，尤其是在经商过程中，有时换一换思路，就能带来意想不到的收获。

一位犹太人走进纽约的一家银行，来到贷款柜台前要求借钱。工作人员问他借多少，这位犹太人说借 1 美元。工作人员有些吃惊，再次确认了一遍，犹太人坚定地说自己就借 1 美元。工作人员便说可以办理，要求他出示担保。这位犹太人拿出一堆股票、国债放到了柜台上。

办理好后，工作人员告诉这名犹太人，他这些担保的总价值是 50 万美元，他借的这 1 美元一年的利息是 6%，当他还钱时，这些担保就一并归还他。犹太人道谢之后准备离开，一直在旁边默默观察的经理忍不住上前询问犹太人为什么只借 1 美元。犹太人告诉经理他来这家银行之前，还去了好几家银行，但他们的保险箱的租金实在太贵了，所以，他就想到了这个办法，一年只需要支付 6 美分，就能妥善保管好自己的财产了。

这位精明的犹太人不愿支付高昂的保险柜租金，便想出了借 1 美元的办法，然后将自己的财产进行担保抵押，这样既安全又很省钱，一举两得。同样是寄存财产，只要脑子转一转，就可以想到更好的办法，这就是犹太人经营生意的精明之处。

一个人正在家里看球赛，年幼的儿子却吵着让爸爸陪他玩，不胜其烦的爸爸将一本杂志的封底撕碎，然后对儿子说："你先将这上面的世界地图拼好，我就陪你玩。"

儿子拿着碎片去了卧室，父亲本以为可以安静地看球赛了，可是还没看 20 分钟，儿子就兴奋地冲出来对父亲说："爸爸，我拼好了。"

父亲以为孩子在说谎，可是到了卧室后，发现儿子竟然真的拼好了，他好奇地问儿子是怎样做到的，儿子说："世界地图的背面是一个人的头像。我反过来拼，只要这个人是正确的，世界就完整了。"

同样的道理，人们想要在经营中多多获利，就要转换思路去思考问题，善于转换思路的人，常常能获得更多成功的机会。

知己知彼，切忌为情所动

商业投资应该冷静客观，禁忌为情所动而破坏心态的平衡。

——李嘉诚

1977 年，随着香港经济的好转，当时的香港开始大规模修建公共工程，其中最大的工程当属地铁工程，整个工程计划用 8 年时间完成，总投资高达 200 多亿港元。当时的资金来源主要是由港府提供担保获得银行的各类长期贷款，地铁公司通过证券市场售股集资，地铁公司与地产公司联合发展车站上盖物业的利润充股。

在建的地铁线路中，中环站和金钟站是最让众多地产商眼馋的，因为这两个站点是地铁先期建设的线路中最重要也是客流量最大的停靠站，谁承建了这两站，谁就可以在上边建成地铁全线盈利最丰厚的物业。这样一个赚钱的机会，颇具经商头脑的李嘉诚自然不会放过。

由于很多大地产商、建筑商都纷纷争夺这两站的建设权，所以产生了“狼多肉少”的局面，大家都纷纷施展各种手段进行较量。当时才是一家中型企业的长实，如何才能在这场角逐中脱颖而出呢？这是李嘉诚时刻思考的问题。

经过大量的调查，李嘉诚列出了置地、太古、金门等几个英资大地产商、建筑商，认为这些企业将会对自己造成威胁。而在当时的香港商业界，有一句话非常流行，叫作“撼山易，撼置地难”，所以李嘉诚的企业参与投标，就必须把置地作为头号对手，而以当时长实的实力来看，无疑是“以卵击石”。

但是李嘉诚并没有畏惧，他认为正因为置地财大气粗，自然会认为自己势在必得，而不去研究合作方，也不会去迎合合作方，这正是它的薄弱环节，那么自己为什么不在这方面做一做文章呢？

经过调查后，李嘉诚得知，当时的香港地铁公司是一家直属港府的公办公司。而在香港，公办公司的一切消费并不是全部由政府承担，除了少许的政府允许的专利和优惠外，地铁公司的资金筹集、设计施工、营运经营都得进行市场化运作。

用作修建中环、金钟两站的地皮，香港政府估价 2.5 亿港元，然后以估价的原价卖给地铁公司。但是在购地支付问题上，地铁公司与香港政府产生了分歧，地铁公司希望用部分现金、部分地铁股票支付购地款，但是香港政府坚持要全部用现金支付。

李嘉诚认为，地铁公司之所以希望按他们的方式支付购地款，说明地铁公司目前现金严重匮乏，而地铁公司以高息贷款支付地皮，现在急需现金回流以偿还贷款，并指望获得更大的盈利。

因此，在投标书上，李嘉诚列出了两个吸引人的条件，一是由长实一方提供现金作为建筑费，这样就满足了地铁公司急需现金的心态；二是在两站上建设综合性商业大厦，建成后全部出售，所获利润由地铁公司与长实分享，并打破对半开的惯例，地铁公司占51%，长江实业占49%。

竞标的结果自然可想而知，长实最终打败置地，上演了一出“以小搏大”的好戏，而李嘉诚经过这次投标的成功，也带领着公司走上了一个新的台阶。

李嘉诚就是这样一个深知“知己知彼，百战不殆”的人。在一次采访中，一位记者曾问李嘉诚：“在建北京东方广场的时候，您甚至对建东方广场的每一块儿大理石都亲自过问。从管理长江这么大的企业，到今天在全球52个国家里有超过20万员工在工作，您是如何处理经营中的微观与宏观、细节与大局这样一个关系的？”

李嘉诚笑着回答：“在世界各地，单以金钱来计，东方广场不算最大，还有很多比它更大的地产项目。这些项目从来都是我的同事负责去看地盘，有很多比东方广场更大的地产项目，我还从来没有去看过，甚至有的项目从开始到完工我都没有去过。但是，我每个礼拜都要跟他们开会。东方广场为什么值得我留意？第一个原因，东方广场的规模在亚洲来讲是最大的，它有70多万平方米，加上停车场等加起来应该是80多万平方米。这在全世界来讲，也算是一个较大的建筑。另外，因为自己是一个中国人，它也是我最瞩目的建筑，所以我决定和其他的合作伙伴一起，一定要把东方广场做到最好。

“东方广场是一件感情多于商业的作品。至于宏观和微观层面，按照我个人的经验，当你每决定一件大事的时候，你一定要去看看你的业务在今天或者未来的前景怎么样，你的竞争对手会怎么样，这是宏观层面。然后到了决定实施的时候，每天你要做的事就一定要非常微观，就是非常仔细地看看你做的事有什么问题、有哪些漏洞，世界又发生了什么新变化。如果竞争对手接近了你一点点，又向前迈进了一点点，那你就要微调一下，这就是微观层面。'价廉物美、物超所值'，就是说你无论做什么事、生产什么样的产品，你的东西都要做到最好、最超值，同时你的成本也要非常低，这样的话你才会成功。"

《孙子·谋攻篇》中说："知己知彼，百战不殆。"意思是说在军事战争中，不仅要了解自己，还要了解敌人，这样才能战无不胜。这一智慧被古今中外的军事家所推崇。其实，这一决策制胜方略同样适用于社会生活的各个领域，尤其是经济领域。事实上，许多成功的企业家都是极为善于运用这一谋略的。

与李嘉诚一样，股神巴菲特在投资时也非常注重研究投资对象，他曾说过："我会让自己沉浸于想象之中：如果我刚刚继承了这家公司，而且它将是我们家庭永远持有的唯一财产，那么，我将如何管理这家公司？我应该考虑哪些因素的影响？我需要担心什么？谁是我的竞争对手？谁是我的客户？我将走出办公室与客户谈话，我会从这些谈话中发现，这家企业与其他企业相比，具有什么样的优势与劣势。如果你进行了这样的分析，你可能会比管理层更深刻地了解这家公司。"

有一次，股神巴菲特要收购一家公司，当这家公司的负责人和巴菲特谈判时，这位负责人惊奇地发现，巴菲特竟然比自己还了解公司。

还有一次，巴菲特与一位保险行业的专家闲聊。当这位专家对巴菲特发表了一些他对保险行业的看法后，巴菲特竟然也提出了一些自己的看法，这位专家一听，说："我再也不在巴菲特先生面前高谈阔论了，他比我对保险行业的了解深刻得多。"直到后来，这位专家才知道，巴菲特管理着好几家保险公司，有着比他更多的实际经验。

在这个竞争日益激烈的商业社会，无论你是街头小贩还是行业巨头，要想在生意场上游刃有余，要想在事业上取得令人瞩目的成就，那么就要在衡量自己的同时审视对手，对对手的情况了如指掌，只有这样才能运筹帷幄、百战百胜。

第五章

纳才：

优化组合，人尽其才

摆脱平庸管理，摆脱人才困境

知人善任。大多数人都会有部分的长处、部分的短处，就好像大象食量以斗计，蚁一小勺便足够。各尽所能，各得所需，以量才而用为原则。这就是说一个公司需要员工共同努力才能完成发展公司的大业，就如在战场，每个战斗单位都有其作用，而主帅未必对每一种武器的操作都比士兵纯熟，但最重要是首领要十分清楚每种武器及每个部队所能发挥的作用。主帅只有明白整个局面，才能进行出色的统筹和指挥下属，使他们充分发挥最大的长处以取得最好的效果。

——李嘉诚

在管理学中，有一条著名的定理——没有平庸的人，只有平庸的管理，能够把每一个员工放在适合的岗位上，让他们发挥自身最大的潜能，实现人力资源的有效利用，是一名管理者的领导能力和驾驭能力的高度体现。在这方面，李嘉诚有着自己独特的方法。

在创业之初，李嘉诚非常需要那些能够忠心耿耿、埋头苦干的人才，而李嘉诚自己也能够身先士卒。在工厂里，他经常不分昼夜地设计图纸、生产制品，甚至还带着产品走街串巷地进行推销，为员工们做榜样。

来自上海的盛颂声和来自潮州的周千和自李嘉诚创业之初，就一直跟随在他的身边，可谓是兢兢业业、劳苦功高，算得上是公司的元老。

回忆起当初的艰辛，周千和说道："那时，大家的薪酬都不高，才百来港纸（港元）上下，条件之艰苦，不是现在的青年仔所能想象的。李先生跟我们一样埋头搏命做，大家都没什么话说的。有人会讲，李先生是老板，他是为自己苦做，打工的就不是。话不可这么讲，李先生宁可自己少得利，也要照顾大家的利益，把我们当自家人。"

对于这样忠诚的一批人，李嘉诚当然十分器重，但是当他的企业发展到一定规模时，他敏锐地意识到，自己的企业开始要面临"人才困境"了。建厂之初跟随自己的这批人，文化水平普遍都很低，大多数人只有小学文化程度，这样的人自然难以担任技术管理职务，这也就导致工厂在技术管理方面人员奇缺。李嘉诚认为，这些曾和他一起出生入死打天下的元老虽然经验丰富，但是他们的知识结构和专业水平已经达不到目前企业的发展要求了，并且他们还缺乏闯劲儿，方法易流于保守。如果自己仅靠这样一支队伍来扩大发展，最终的结果无疑是死路一条。

李嘉诚曾说过："创业之初，忠心苦干的左右手可以帮助富豪'起家'，但元老重臣并不都能跟得上形势。到了某一个阶段，倘若企业家要在事业上再往前跨进一步，便难免要对外招揽人才，一方面以补元老们胸襟见识上的不足，另一方面是利用有专业知识的人才，推动企业进一步发展。”于是，在发现问题之后，李嘉诚果断地面向社会进行招聘，起用了一批年轻有为的专业人员，为自己的企业注入了新鲜的血液。

对于那些老成持重、经验丰富的元老，李嘉诚也没有放弃，在进行新老交替的基础上，他制定了若干用人措施，诸如开办夜校培训在职文化水平低的员工，送有培养前途的年轻人出国深造，并且他还以身作则，专门请了家庭教师传授知识，并自学英语。这些措施深得新老员工们的喜爱，由于都能在合适的岗位上发挥作用，所以他们更加喜欢自己的企业。

在李嘉诚庞大的商业帝国中，只要是人才，就能够在企业中有用武之地。可以说，李嘉诚在用人方面的确称得上是慧眼识才的伯乐。

在现代社会，“人尽其才，物尽其用”是企业管理的一种较高的境界。在企业中，如果一个管理者能够选择适合自己企业发展的人才，并让每个人才各尽其责，发挥最大的能动作用，企业就能得到长足的发展。否则，轻则使企业发展受阻，严重的甚至会使企业分崩离析。

在动物王国中，狮王为了开疆拓土，准备和邻国进行战争。在出征前，狮王为每名动物安排了职务，大象负责运输食物，狼群负责充当先锋……在安排毛驴和兔子时，其他动物都纷纷建议不要带它们出征，给出的理由是毛驴反应太慢，而兔子太胆小，一旦开战后就会逃跑，这样会动摇军心。

狮王听了动物们的话，摇摇头说：“毛驴可以充当司号员，它们的叫声会让敌人闻风丧胆，而兔子奔跑迅速，可以担当联络的任务。”

就这样，狮王将每个动物都安排在了合适的位置，在战场上它们都发挥了最大的能动作用，狮王取得了战争的胜利。

对于一个管理者来说，就应该向狮王一样，不但能吸纳人才，还能善于用人，发现每个人的优点和长处，将他们放在合适的岗位上。在一个企业中，有的人适合推销，有的人适合理财，有的人适合管理，只有通过优化组合，把各种有能力的人放在适合他们的职位上，他们才能生存成长，发挥出他们的最大能动力，与企业获得完美双赢。

比尔·盖茨曾说过："没有最好的人才，只有最适合的人选。"在比尔·盖茨创业初期，需要招聘一名秘书来协助自己，在众多的应聘者中，他没有选择那些高学历、有丰富经验的人，而是选择了一名不仅没有高学历，而且还是4个孩子母亲的人。她虽然已经42岁，但是只从事过短期的文秘工作和一些后勤工作，大部分时间她都是在家里操持家务。

旁人对比尔·盖茨的选择感到很不解，但是比尔·盖茨却认为，公司属于创业初期，年轻的自己缺乏内务管理的经验，而42岁的她有着多年操持家务的经历，正好可以弥补这一缺陷。而且作为4个孩子的母亲，她必然会有一种异常浓重的家庭观念，这种家庭观念一旦在工作中发挥出来，对公司以后的发展是有好处的。

果然，这名妇女到岗之后，尽心尽力地做好每一项工作。由于比尔·盖茨远离家庭，并且有时候要连续通宵工作，所以她负责比尔·盖茨在办公室的饮食起居，从而减少了比尔·盖茨的种种不适感，确保了他能够全身心地投入到工作中。

她以一个成熟女性特有的缜密与周到，把微软当成一个大家庭，将公司的每一名员工都当成是家庭的一员，对他们关怀备至。她把每一项工作都看作是一项家务，认真尽职地去完成。微软里里外外都被她打理得井井有条，她也赢得了比尔·盖茨的器重和微软员工的尊重，她就是在微软公司的发展过程中一直起着关键作用的女秘书——露宝！

法国著名企业家皮尔·卡丹曾经说："用人上一加一不等于二，搞不好等于零。"如果在用人中组合不当，就会失去整体优势；安排得宜，才能形成最佳配置。在这方面，李嘉诚以其洞明世事的眼光，使老员工得以保留，新员工得以补充，不仅解决了"人才困境"这个难题，而且将企业的发展推向一个新的高度，彰显出一个成功企业家的大智慧。

中西合璧，包容人才

在我公司服务多年的行政人员，有的已工作了很多年，有些更长达 30 年，什么国籍都有。无论是什么国籍，只要在工作上有表现，对公司忠诚，有归属感，经过一段时间的努力和考验，就能成为公司的核心成员。

——李嘉诚

李嘉诚十分重视在企业管理中注入中国传统儒家思想，同时也积极吸收西方的先进管理制度。他曾说："我看过很多富有哲理的书，儒家有一部分思想可以用，但不是全部。我认为要像西方那样，有制度，比较进取，用两种方式来做，而不是全盘西化或者全盘儒家。儒家有它的长处，也有它的短处，儒家思想在进取方面是不够的。”

正是带着这样的思想，李嘉诚在引进人才方面，能够做到不拘一格。他广泛召集世界各地的人才为自己效力，只要是对公司的发展有帮助的人才，李嘉诚都会尽力地招进。

长实集团旗下的公司分布在全球50多个国家，一共有20多万名员工，其中就有为数众多的外国人。在李嘉诚的公司里，实行的是职业经理人制度，这些职业经理人，特别是那些外国职业经理人把西方先进的管理经验带进公司，帮助李嘉诚将公司朝更加稳固强大的方向发展。

外界有一段时间曾质疑李嘉诚雇用洋人做员工是否带有炫耀之意，对于这样的质疑，李嘉诚予以回应说：“我并没有想通过雇用外国人来表现华人的经济实力和华人社会地位的提高，我只是想，集团的利益和工作确确实实需要他们。”

从20世纪80年代初期进军海外市场，到80年代中期，李嘉诚已经控股了数家英资企业，这让李嘉诚旗下企业中的外国人骤然增多，该如何管理他们呢？李嘉诚采取的方法是“以夷制夷”，也就是任命外国人担任主管，来管理企业中其他的外国人。由于身份相似，不仅有利于管理者熟悉业务，也有利于他们和被管理者进行有效的沟通，同时还有利于集团开拓海外市场和进行海外投资。

李嘉诚曾说：“在我心目中，不管你是什么样的肤色，不管你是什么样的国籍，只要你对公司有贡献、忠诚、肯做事、有归属感，即有长期的打算，我就会帮你慢慢地经过一个时期而成为核心成员，这是我公司一向的政策。”

长实董事局副主席麦里思是英国人，毕业于著名的剑桥大学经济系，他是一位优秀的经济管理专家，曾任新加坡虎豹公司总裁，后来因为业务的原因结识了李嘉诚，并最终接受李嘉诚的邀请加盟长实，负责长实与香港洋行及境外财团的业务往来。

在李嘉诚的外国人阵容里，英国人马世民是值得一提的，他原本效力于怡和财团，这家公司是李嘉诚的竞争对手，后来他又辞职创业，开办了一家工程公司，与李嘉诚有着直接的业务冲突。但是李嘉诚并没有计较这些，相反，因为欣赏马世民的学识与才干，李嘉诚想方设法将其网罗到自己的旗下。为了达到目的，李嘉诚在 1984 年收购了马世民的公司，随后将其提升为和记黄埔的总经理，负责和记黄埔属下的货柜码头、电信及零售贸易等业务。不久，李嘉诚又任命马世民为嘉宏国际和港灯董事局主席。对于李嘉诚的知遇之恩和信任，马世民自然十分感激，他勤恳工作，在和黄做出了许多丰功伟绩。

由此可见，李嘉诚以博大的胸怀包容引进外国人，采取“以夷制夷”的策略，可谓是大获成功，硕果累累。

俗话说“宰相肚里能撑船”，在现代企业中，一个优秀的企业家必须具有容纳不同人才的胸怀，只有这样，才能推动企业快速发展，实现全球化。李嘉诚曾说：“要有同理心，能易地而处，敞开心胸去体会来自世界各地不同文化、不同种族的人的所思所想，才可以超越种族、性别、年龄、文化及其他隔膜。不单要努力提升自己，更要致力于建立社会共同的尊严，否则我们在全球化的进程中要想彼此和谐相处，就是遥不可及的希望。”

在现实生活中，很多企业家虽然非常勤奋，能力很强，但他们却不能像李嘉诚一样心胸开阔，他们不能包容人才，反而导致人才流失，这就为他们的企业发展带来了很大的阻碍。

张春是一家IT公司的老板，他年轻有为，在短短几年时间内就将公司发展得很不错。为了能够让公司拥有更好的前景，张春招聘了一批大有可为的高管，这批高管确实很能干，在他们的带动下，公司的业绩屡屡提升。

但张春此时却觉得有点儿担忧，他怕这些高管在熟悉了业务之后，带走自己的客户资源，他对高管中一位名叫麦克的美国人尤其不放心。麦克曾经在外企工作，能力很强，而且麦克多次表示，自己将来也是要创业的。

张春担心麦克会抢走自己的客户，每当麦克提出新的建议或者新的发展方案时，张春总是想办法打压，他希望能够压制麦克的发展势头，不让他在公司的势力过大。没过几个月，麦克就觉察出张春对自己的不满和猜忌，便主动辞职了。

本来，麦克走了，张春可以松一口气，但是他发现随着麦克的辞职，公司流失了一大批刚拓展的新客户。原来这批客户是麦克拓展的海外客户，还没有发展成熟，麦克就辞职了，这批客户自然也就无人去接洽，便没能继续与公司合作。

张春不能包容，不仅让他损失了巨大的利益，还伤害了公司员工的心，员工们会认为自己的团队领导不够信任自己，会觉得在公司待得没有意思。

作为企业领导，维护团队建设首先要做的就是拥有一颗包容开放的心，能够接纳不同的员工，尤其是能力超群的员工。要将这些员工的心拉到自己这里来，让他们一心一意为公司出力，而不是用猜忌和防范将这些员工的心越赶越远。

管理者应学会大胆授权

一个企业要发展，一定要有好的文化氛围。小企业的管理者要争取每样事情亲自处理，所谓“力不到，不为财”。至于大型企业，则一定要有组织。

——李嘉诚

沃尔玛创始人山姆·沃尔顿曾说过：“一名优秀的经理，最重要的一点就是懂得授权和放权。”一个管理者如何对待权力，反映了他的管理理念是先进还是落后，有一些管理者总是事必躬亲，把权力紧紧地掌握在自己的手中，束缚了下属的手脚和思想，导致他们工作效率低下，影响企业的发展。而有些管理者能够与下属分享权力，充分授权，使下属感到被重视，向心力变得更强，潜能也得到发挥，工作效率突飞猛进，企业的效益自然也就倍增。所以，一个优秀的企业家应该充分地信任员工，大胆放权，将自己手中的权力分配给下属，为他们提供一个施展自己才华的舞台。

李嘉诚对山姆·沃尔顿的观点十分认同，他认为在纷繁多变的现代社会中，当一家企业做大之后，优秀的管理者不可能独揽一切，他应该将手中的权力下放，使每一个级别的员工都能够各尽其责，而他只需要做出示范即可，不需要每件事情都去过问。那些事必躬亲的管理者最终会累人累己，使公司的运营变得一团糟。

有一次，李嘉诚到汕头大学出席一个活动，在路上他接到分公司经理打来的电话，说有一笔生意需要他签字。经理说完后，李嘉诚直接说："这样的事情你自己看着办，可以签也可以不签，以后不要再来问我。"挂断电话后，这位经理好半天没有缓过神来，因为这是一笔上亿元的生意，李嘉诚竟然让自己做决定。但等他想明白之后，又非常钦佩李嘉诚这种充分信任员工的胸襟，因为在他以前任职的公司里，没有一个管理者会如此大胆地授权。

在日常管理中，李嘉诚将公司的业务分成几个区域，交给追随自己多年并且能力出众的几个人管理，并让他们不要事事都来问他，除非是特别重大、特别紧急的事情。通过这种方式，李嘉诚能够从公司忙乱的业务中抽身出来，用更多的时间来思考公司以后的发展方向和投资方向。李嘉诚的经历告诉我们：要想成为优秀的管理者，就应该学会放下，只有懂得无为而治的管理者，才是伟大的管理者。这种无为不是无所作为和放任不管，而是大胆授权、充分信任和尊重你的员工。无为而治看似无为，其实却彰显出李嘉诚博大的胸怀，而他的企业也必然成为真正伟大的企业。

授权是一门重要的领导艺术，同时也是管理者让下属信服、提高企业效益的重要途径。如何做一个好的管理者，很有讲究。管理学大师史蒂芬·柯维认为："现代社会许多大小公司的老板、部门主管早已被信息、电信、文件、会议掩盖得透不过气来，几乎任何一项请求报告都需要他们审阅，予以批示，签字画押，他们经常被搞得头昏眼花，根本无法对公司重大决策做出思考，在董事会议上他们很可能是最无精打采的一类人。难道这就是所谓的管理者吗？有必要要求他们过目每一份文件吗？细到内务部门发文稿这类小事都有可能摆上他们的办公桌，而又为等待他的批阅，这项工作也许会拖到下个礼拜，直到老板自己没有稿笺可用的时候，他才会想起叫来内务主管训斥一顿。而积满灰尘的报告会使局面变得非常尴尬、不愉快。”

在我们的身边，经常可以看到史蒂芬·柯维所说的那种管理者，他勤勤恳恳、日理万机，不论大事小情，都要过问一番，然后由他做出决定。他认为这样公司就会变得井井有条，但结果往往事与愿违，他的公司变得越来越杂乱无章。因为一个人的精力毕竟有限，想要把所有的事情都做好，那是不可能的。

有一对做生意的夫妻，他们创办了一家专门生产运动鞋的企业。在创业之初，他们每天兢兢业业地工作，甚至在创业后的一年内没有休息过一天，但是当企业逐渐做大之后，夫妻俩仍然事必躬亲，不敢有丝毫的放松。他们身兼总经理、销售经理、财务经理等多个职务，日常工作中的大事小事都要亲自过问，唯恐出了差错影响公司的业绩。但是恰恰事与愿违，他们越是这样做，公司的业绩越是逐渐下滑，而且员工们也非常不满，因为他们不论做什么事都会受到老板的指点，他们感到自己受到了束缚，并且不被老板所信任。

与他们相反，美的创始人何享健堪称最潇洒的企业家，他酷爱打高尔夫球，除了周六、日要打球，周一至周五也总有一两天在绿茵场上度过。他之所以这么清闲，是因为他采取有效约束、充分放权的管理模式来管理企业，培养了一支忠诚度强、能够不断创造高绩效的职业经理人队伍。在工作中，他习惯于提出具体的思路，至于其他细节方面的问题，就由下属独自去完成，他不会过多地过问。这也确保了他有充足的时间来考虑战略层次的问题，从而带领着美的集团不断攀上高峰。

正如韩非子所说："下君尽己之能，中君尽人之力，上君尽人之智。"现代社会错综复杂，一个领导者即使有三头六臂，也不可能事必躬亲，独揽一切。管理者要成为"上君"，就必须对下属进行合理的授权，只有这样，才能激发下属的工作热情，赢得下属的信任和支持。当然，充分授权并不是意味着对下属不闻不问，任其"胡作非为"，而是让员工主动承担责任，各尽其责，因此，授权是否合理是区分管理者才能高低的重要标志。

借用外脑，形成双赢

任何人都有其优势和擅长的一面，同时也不可避免地存在着不足的一面。当别人的长处恰好能弥补你的不足，你的长处又恰恰是对方所不具备或不擅长的时候，你们就有了形成优势互补合作的机会。可以想见，当双方将自己的优点尽量发挥出来的时候，将会给合作带来怎样积极有利的影响。这样有效的合作无疑能够使双方共谋发展，形成双赢。

——李嘉诚

战国时期著名思想家荀子曾说过这样一段话："假舆马者，非利足也，而致千里；假舟楫者，非能水也，而绝江河。君子生非异也，善假于物也。"意思是说借助马匹的人，不一定是跑得快的人，却可以行千里路；借助船桨的人，不一定是会游泳的人，却可以横渡江河。君子与别人不一样的地方，是擅长借助身边的事物。

荀子的这段话可谓是至理名言，形象地说明了善于借用其他事物来提升自己能力的重要性。特别是在全球化迅速发展的今天，不管一个人多么有才华，能力多么强，他的智慧和才能也是会有一定局限性的，唯有借助他人的能力和智慧，取长补短，为己所用，才能收获成功。成功的企业家大多都是善于借用"外脑"，把他人的智慧拿来为己所用，李嘉诚就是其中一个。在长实集团的发展过程中，李嘉诚就像古代的孟尝君一样，十分重视拉拢外面的"客卿"，通过他们的出谋划策来壮大集团。

李业广既是"胡关李罗"律师行的股东之一，又持有英联邦的会计师执照，在业界的名气很盛。有人曾说李业广是李嘉诚的专用律师，李嘉诚的解释是："哪有，我可没有那么大的本事，能让李业广为我自己所用。"

李嘉诚也不是自谦，李业广确实在香港颇有名气，他身兼 20 多家香港上市公司的董事，相当于兼任着香港上市公司 1/4 的董事。此外，他还是香港许多有钱人的高级参谋。有着这样身份的李业广，虽然不是见钱眼开之人，但是一般的大亨还真难请到他。不过，他却在长江上市时就做了首届董事会董事；长江做大后，他做了长江旗下所有上市公司的董事，就凭这一点，足见李嘉诚会用人，并懂合作之道。

李嘉诚比较务实，他不会玩虚张声势的伎俩。虽然他的名气比李业广大，但他也不拉拢名人给自己当董事，他看中的是李业广的才华。两李合作之后，为长江实业制订了很多扩张计划。

李业广向来为人低调，一般都在幕后为李嘉诚卖力。直到1991年，李业广做了香港证券联合交易所主席，他才名声大噪。在李业广之前做香港证券联合交易所董事局主席的都是香港的知名人士，如金银会创始人胡汉辉、股坛的大人物李福照、慎生银行的主席利国伟。

李业广做“联所”董事的消息一传出，各大报纸关于李业广的消息铺天盖地。在介绍他时是这样说的：“胡关李罗”律师行合伙人，长江实业集团多家上市公司的董事。由此可以看出，公众对李业广对长江的贡献极为认可。

证券专家杜辉廉是一位出身于伦敦证券经济行的英国人。20世纪70年代，杜辉廉作为惟高达证券公司的代表来到香港，并与李嘉诚相识相交。1994年，惟高达被万国宝通银行收购，杜辉廉便留在了万国宝通银行的证券部。

李嘉诚在初涉股海的时候，多次请教杜辉廉，杜辉廉也多次经手长江实业和李嘉诚家族的股票买卖，被外界称为“李嘉诚的股市经济”。

后来，尽管身兼两家上市公司主席的职务，但杜辉廉一直在给长江实业做顾问。1990年底，李嘉诚的每一次合作，都向杜辉廉进行了专业咨询。曾有一次，当被《明报》的记者问到自己的智囊团有多少人时，李嘉诚说了实话：“数也数不清，比如你们集团的广告公司就是。”

钢铁大王卡内基曾经预先写好自己的墓志铭："长眠于此地的人懂得在他的事业过程中起用比他自己更优秀的人。"在当今社会，个人的力量及智慧总是沧海一粟，聪明人都是通过别人的力量去达成自己的目标。借助别人的智慧解决问题，往往能够收到事半功倍的效果。

南宋嘉熙年间，江西一带山民发生暴乱，当时吉州万安的县令是黄炳，为了抵抗叛军，他调集了大批人马，严阵以待。

一天清晨，黄炳接到线报，说叛军即将杀到。黄炳立刻命巡尉调兵迎敌，巡尉有些迟疑地说："士兵们还没有吃早饭，哪有力气打仗，可是现在做饭已经来不及了。"黄炳笑了笑，说："不用着急，你们尽管列阵迎敌，早饭一会儿就到。"

当巡尉领兵出发后，黄炳立刻命令剩下的差役抬着木桶，在县城里走来走去，边走边大声呼喊："知县大人买饭来了。"县城里的百姓此时刚好都在做早饭，听说知县大人竟然要买饭，都出来询问情况，当差役将事情缘由说清楚后，百姓立刻回到家中将刚烧好的饭端出来卖给差役。

就这样，盛着饭的木桶源源不断地送到军中，士兵们既吃饱了肚子，又不耽误列阵迎敌，最终打了一场胜仗。

在当今社会，一个管理者是否优秀不是看你有多么大的能力，因为一个人的力量毕竟是有限的，而是看你是否会借用他人的力量。"借"是一种生活的智慧，是一种人生的谋略，学会巧借他人的力量和智慧，必定能像黄炳一样事半功倍，轻松获得成功。

作为一家以科研为基础的全球性企业，杜邦公司在很早以前就专门组织了一批训练有素的专家，在美国成立了第一个具有战略价值的经济研究室。这些专家的主要工作就是研究全美和世界的经济发展现状以及发展趋势，调查与杜邦公司产品有关的市场动向，对与杜邦公司事业利益相联系的经济动向进行分析和预测，从而为杜邦公司经营战略的调整提供理论依据。这个经济研究室成立至今，已经为杜邦公司做出了一系列正确决策，凭借着这些专家，杜邦公司迅速成为世界排名第二的大化工公司。

在当今社会，很多人都想成为成功者，但是在前行的过程中，许多人都因为自身原因早早缴械投降，因为他们并没有看到，也不会利用身边的资源。放弃可以借用的头脑和智慧，恰好证明自己没有头脑和智慧。从别人身上吸取智慧的营养补充自己，这比从别人身上获取金钱更为实惠。

知人善用的前提是任人唯贤

我老是在说一句话，亲人并不一定就是亲信。一个人你要跟他相处，日子久了，你觉得他的思路跟你一样是正面的，那你就应该可以信任他；你交给他的每一项重要工作，他都会做，这个人就可以做你的亲信。

——李嘉诚

春秋时期齐国著名政治家管仲说过："不知贤者，害霸；知贤者不用，害霸；用而不任，害霸；任而复以小人参之，害霸。"这句话概括了领导者在用人时应注意的四点，即知、用、任、信。在当今社会，这句话仍然有现实的指导意义。知人善用的前提是任人唯贤，如果一个领导者对任何外人都不信任，总是任人唯亲，那么这个企业必然不会走得长久。

李嘉诚的长实可谓是一家庞大的“商业帝国”，而创业人李嘉诚是这个“帝国”名副其实的“君主”，但是在整个集团内部，丝毫看不出家族作风的影子，李嘉诚也完全没有按照家族式管理方法来掌控整个“帝国”。

当年李嘉诚的父亲李云经带着一家人来到香港，曾投奔李嘉诚的舅舅庄静庵，希望能够找到一份谋生的饭碗。当时从事手表生意的庄静庵却并没有安排李云经到自己的企业里上班，只在生活上给予李云经一家必要的帮助。

许多年后，李嘉诚回忆起这段经历时，并没有怨恨舅舅，他十分理解舅舅当时的做法，他说：“我旗下的企业有20多万员工，别说安排一个亲戚，就是安排成百上千人也不成问题。但是，让熟人、亲戚在企业里工作，却要慎之又慎。”

李嘉诚一贯秉承的是任人唯贤的原则，他经常说：“唯亲是用，必损事业。”任人唯亲，是中国传统家族式管理的习惯做法，这无疑是对外来员工不信任，必然会打击他们的工作积极性。20世纪80年代，有很多潮州老家的侄辈亲友向李嘉诚提出要到他的公司工作，结果都遭到李嘉诚的婉拒。在公司里，即使有李嘉诚的老乡，也没有得到他特别的照顾，所有员工都是靠实力说话。有能力，你就会得到重用和升职；没有能力，那么你就踏踏实实地做好本职工作，不要再想着擢升了。

在李嘉诚组建的“智囊团”中，既有彰显出勃勃生机的年轻有为的年轻人，也有作风严谨、善于谋划分析的外国人。只要是人才，李嘉诚会毫不犹豫地将他们纳入旗下。李嘉诚曾说：“我做生意，不靠投机取巧，而靠自己的一帮有才能的人。”正因为李嘉诚唯才是举而不任人唯亲，才让他在揽尽天下英才的同时又保持了团队的稳定与团结，赢得了股东和职员的信赖和支持，让长实集团在激烈的市场竞争中站稳了脚跟。而李嘉诚也从一个打工仔成为知名的富豪，他的企业也从一个破烂不堪的小厂成为庞大的跨国集团公司。

诸葛亮曾说过：“治国之道，务在举贤。”其实，治理国家和治理企业大同小异，在人事任免问题上，作为领导者一定要光明磊落，襟怀坦荡，千万不能任人唯亲，搞小圈子，否则必然会失去大多数，而一旦失去大多数，那么失败也就是理所当然的了。

当今的90后可能没有听过王安这个名字，但是在20世纪80年代，王安却是美国计算机领域中的翘楚，可谓是家喻户晓。他创办的电脑公司，在鼎盛时期的1986年，年收入高达30亿美元，可与当时的IBM分庭抗争。

但是，在公司辉煌发展的同时，王安却犯了一个严重的错误，就是任命自己的儿子王烈出任公司的总裁。作为指定的接班人，如果王烈才能出众，也还说得过去，但他恰恰是一个缺乏管理能力的人，加上他不是十分了解公司的业务，上任没多久，一些追随王安多年的高层管理人员就愤然离去，导致公司元气大伤。在王烈上任的一年时间里，公司竟亏损4.24亿美元，在这之后公司每况愈下，逐渐失去了市场和客户，不得不于 1992 年申请破产。一个曾经辉煌灿烂的电脑帝国就这样以黯淡无奈的方式倒塌了。

与王安属于同行业的柳传志十分注重吸取王安的经验教训，在联想的制度里，有一条就是领导的子女不能进公司。柳传志的一个儿子毕业于北京邮电大学计算机专业，可谓是科班出身，但是他也没能进到联想集团。因为柳传志深知，任人唯亲导致公司土崩瓦解的事例数不胜数，他不能重蹈覆辙。

在现代社会，成功的家族企业，大多数家族成员都只占有股份，而不在企业内部担任高管，高层管理人员则全部是外聘的有才华、有能力的人员，只有这样，企业才能更理智、更好地发展。如果一个企业管理者在进行团队建设时不能做到能者上、庸者下，那么必然会严重危害企业的发展。

说起项羽失败的原因，我们都能说出很多理由，他过于残暴，火烧了阿房宫；他过于幼稚，在鸿门宴上放走了刘邦……其实，仔细研究史料，我们不难发现，导致他最终失败的根本原因就是任人唯亲。

刘邦非常重视人才，在他的集团中，有张良、萧何、韩信等诸多人才，可谓是人才济济。而在项羽的集团中，他重用的是自己的亲戚项伯，这是一个吃里扒外的小人。鸿门宴前，他给张良通风报信；鸿门宴上，他以剑护卫刘邦。对于没有任何才能的曹咎和司马欣，项羽也以出于报恩的理由，委以重用，结果导致成皋失守，军事上陷入被动。唯一有才华的范增，也因为受到他的猜忌，负气出走。

所以说，能否做到知人善任、任人唯贤，是检验企业管理者胸怀和智慧的重要标准。聪明的管理者可以把贤人变亲人，愚蠢的管理者则会把贤人变“闲人”，你想成为哪种管理者？这需要你自己做出选择。

大胆起用年轻人

在激烈的竞争环境中，个人能力比任何其他资产都更为重要。真正的人才都有自己的一片天地，当然这片天地是靠自己闯出来的。在知识经济时代，企业竞争的核心就是人才竞争，人力资本将成为知识经济时代最重要的资源。

——李嘉诚

“我劝天公重抖擞，不拘一格降人才”，这是近代著名文学家龚自珍所写的诗句，用来抒发求才若渴的慨叹。在现代企业中，人才对于一个企业的成败起着至关重要的作用。如果一个企业家想要拓展事业，就必须不断招揽新的人才，大胆起用年轻人，因为只有年轻化，才能使企业有干劲儿、有创造力，充满活力。

在事业小有成就之后，为了能够使长实集团发展壮大，李嘉诚决定起用有才能的年轻人，为企业输入新鲜的血液。从 20 世纪 80 年代中期开始，李嘉诚旗下企业的管理层基本上实现了新老交替，各部门负责人大都是 30 岁到 40 岁的少壮派。

在这些少壮派中，最引人瞩目的当属霍建宁。霍建宁毕业于著名的香港大学，大学毕业后，他又赴美深造。1979 年学成归来，被李嘉诚招至旗下，出任长实会计主任。在工作期间，霍建宁仍然没有放弃学业，他利用业余时间进修，考取了英联邦澳洲的特许会计师资格证。

对于霍建宁的才学，李嘉诚是非常赏识的，1987就提升他为董事、副总经理，当时的霍建宁才35岁，如此年轻就担任香港最大集团的要职，在当时是非常罕见的。

对于那些动辄涉及数十亿资金的项目，如长实集团的重大投资安排、股票发行、银行贷款等业务，李嘉诚都交给霍建宁策划和决策，而最终霍建宁也没有辜负李嘉诚的期望，这些项目都是盈利多、亏损少，为长实集团带来了巨大的收益，因此霍建宁也被外界媒体盛赞为一个“全身充满赚钱细胞的人”。

而与霍建宁并称为长实集团“三驾马车”的周年茂和洪小莲，也是在很年轻的时候就被李嘉诚委以重任。周年茂外表看起来很像一个文弱书生，但是工作起来却颇有大将风范，指挥若定，调度有方，因此深得李嘉诚的赏识。1985年，周年茂被李嘉诚委任为长实董事副总经理时，才30出头。在这期间，周年茂负责长实集团的地产发展，具体策划，落实了荼果岭丽港、蓝田汇景花园、鸭脷洲、海怡半岛等大型住宅屋村的发展规划，顺利地实施了李嘉诚的计划。

由秘书成长起来的长实董事洪小莲，在其全面负责长实公司楼宇销售时，也才不到40岁。她总是能够将大小事务打点得非常妥当，因此李嘉诚对她的工作能力赞不绝口。李嘉诚不拘一格，敢于重用年轻人，使长实集团充满了活力，长实集团在20世纪80年代也得以飞速发展，不断壮大。

在社会上，总能听到年轻人抱怨老板不愿接受一个没有经验的新人，使自己陷入没有经验找不到工作，找不到工作就更没有经验的怪圈中。很多人上大学时不好好学习，没有积累经验，而企业又不愿意做义务教员，这是企业不喜爱年轻人的根本原因。但是仅仅通过一两个案例，并不能说明所有年轻人都是学习不好、动手能力差的人。对于那些专业知识过硬、基础扎实、实践能力强、具备良好的职业素养的年轻人，老板们应该转变思路，给他们一个施展才华的机会。其实，对年轻人委以重任，让他们充分发挥自己的才智、热情和创造力，从某种意义上来说也是给企业一个机会，因为年轻人具有独特的思想和积极向上的朝气，会为企业带来难得的新气象，确保企业常盛、常新，不断发展。

在这一点上，马云就做得非常好。对于人才，他可谓是来者不拒，在一次校园招聘会上，阿里巴巴要招聘 50 名员工，马云对记者这样说："50 人的名额是我们人力资源部门定出来的，我还觉得太少。只要是人才，我们都要，有 200 人我也要。"

1932 年，受到美国经济大萧条的影响，凯迪拉克汽车连年亏损，通用汽车公司的董事会召开会议，准备让凯迪拉克公司停产。就在董事会进行讨论的时候，凯迪拉克公司里一位名叫尼古拉斯·德雷斯塔特的年轻工程师闯进会议室，请求大家给他 10 分钟时间，让他提出一个可以在一年半内让凯迪拉克起死回生的方案。时任通用汽车总裁的阿尔弗雷德·斯隆答应了他的这个请求，当德雷斯塔特讲完他的方案后，斯隆当即决定任命他为凯迪拉克公司的主管。在德雷斯塔特的领导下，凯迪拉克最终起死回生，1934 年销量上涨到 11468 辆；1941

年，产品销量达到60037辆；1962年，这一高利润车型的销售量接近160000辆。德雷斯塔特不仅拯救了凯迪拉克公司，而且让它成为通用汽车公司的摇钱树。

在很多情况下，领导者都不会像斯隆那样刚毅果断地做出决策，他们往往重视“资历”胜于重视“能力”，总认为“姜是老的辣”，总是担心年轻人办事不牢靠，办砸了自己得担责任。确实，一个人的资历是由多年的工作经验积累而来的。资历高的人，一般思想成熟，比起年轻人在技术、管理等方面的经验比较丰富。但是，资历只是反映过去的工作经历，不能说明以后的发展。而且，在某些时候，一些人的资历高仅仅是因为其工作时间长，其工作能力却并不突出。

相对于这些人，年轻人精力充沛，吃苦耐劳，朝气蓬勃，最积极，最有生气，乐于学习，善于探索，勇于创新，接受信息和更新知识的能力强，对新事物最敏锐，没有保守思想。据统计，诺贝尔奖从1901年开始颁发到1983年，在获得物理学、化学、生理学和医学奖的330多人中，其中1/3是35岁以下的年轻人。

所以说，一个优秀的企业家要敢于大胆起用年轻人。如果过分重视资历，无论什么重任都是资历高者优先，就会导致年轻有为的人才在不显眼的岗位上白白浪费青春，从而打击人才的积极性，影响其才能的发挥，降低企业的工作效率。人才长期受到压制，就会另择高枝，“以资择人”的标准也会令其他有能力者望而却步，另谋他途。如果一个企业的人才不断外流，又没有新的人才补充，就如同人体失血而没有新鲜血液补充一样，必然是缺少活力的，长此下去，就会衰败。

集思广益，排除百密一疏的可能

决定大事的时候，我就算百分之一百地清楚，也一样召集一些人，汇合所有人的资讯一齐研究。因为始终应该集思广益，排除百密一疏的可能。这样，当我得到他们的意见后，看错的机会就会微乎其微。这样，当所有人的意见都差不多的时候，那就绝少有出错的机会了。

——李嘉诚

在古希腊流传着一句非常富有哲理的话："上帝对每一个人都很公平，他赐予我们的都是一条舌头、两只耳朵，所以我们从别人那儿听到的话，可能比我们说出的话多两倍。"这句话告诉我们在日常生活中，应该做到少说话、多倾听。作为一个管理者，更应该做到这一点。学会倾听，积极采纳他人正确的意见，是一个优秀管理者所具备的重要素养。

李嘉诚认为，身为一家企业的管理者，不仅需要招揽各种人才，在面对问题时，还要能够集思广益，吸取大家的意见。在李嘉诚的管理过程中，他时时刻刻记着这一点。作为一个成功的管理者，李嘉诚十分注意广开言路，他非常善于听取别人的意见。李嘉诚说："要成为一个成功的领导者，不但要努力，更要听取别人的意见。"

随着生意越做越大，李嘉诚身上的担子也越来越重，光靠他一个人的智慧，肯定不能管理好这么大的集团，因此他一直强调集思广益的重要性。在李嘉诚的身边有一个智囊团，里边有各式各样的人，他们无疑都是精英中的精英，公司的每一项决策，李嘉诚都会召集智囊团进行商议，然后再做出决定。

在公司迁册的问题上，李嘉诚坚持留在香港，但是当时和黄的行政董事李察新坚持要迁册，李嘉诚和他的意见出现了重大的分歧。这一次李嘉诚并没有采纳李察新的意见，而是坚持了自己的看法，留在了香港。这并不是说李嘉诚顽固，不听别人的意见，而是李嘉诚有他自己的原则，触犯了他的原则的事情，他是坚决不干的。为了这件事，李察新还辞了职，李察新认为当时股市动乱，香港工商界出现了迁册风潮，长江实业也应当随大流迁册，否则可能会出现问题。

李嘉诚坚持己见，在李察新走后，他找来了马世民接替李察新的职务。1986 年，马世民提出立足香港、跨国投资的策略，李嘉诚是非常支持的，于是便有了和黄、长江实业以及李嘉诚私人大笔投资海外的举动，在当时引起了世界瞩目。李嘉诚是一个有主见、有思想的管理者，他不会在带领团队时全然听取下属的意见，他会在分析利弊之后，将好的意见吸收接纳，不好的意见排除在外。

李嘉诚不仅善于倾听内部员工的意见，对于外人的意见，他也能够虚心接受。李嘉诚出售位于新界的别墅楼盘时，香港《明报》旗下的广告公司是其代理。有一次，广告公司派人到现场进行考察，发现别墅已经全部建好，只是周边的道路还没有修好。当时正下着小雨，导致道路非常泥泞，广告公司的人没走多久，鞋子、裤脚上就沾满了泥土。于是见到李嘉诚后，广告公司的人建议李嘉诚最好能把周边的路修好，然后再对外出售。

听完对方的意见后，李嘉诚说："你的建议非常好，我马上吩咐人去落实。”很快，别墅周边的道路修好了，而且四周还种满了郁郁葱葱的树木，结果销售情况非常好。从那以后，每当李嘉诚再建高档别墅，都会首先把周围的环境治理好。

还有一次，李嘉诚花费巨资购买了大坑虎豹别墅的部分地皮，准备在这里兴建一座大厦。可是在兴建过程中，很多游客都提出反对意见，认为大厦与整个别墅风格不统一。在经过了仔细的权衡之后，李嘉诚决定停止改造，保留别墅花园的原来面貌。

李嘉诚的所作所为正是体现了一个成功管理者的智慧。成功的管理者不会一味地显露自己的才华，而是善于倾听别人的意见，借别人的智慧来赚钱。正如李嘉诚说的那样：“你自己应该知识面广，同时一定要虚心，听听专家的意见。我常常是这样，假如一个项目我认为不好的话，我还是非常虚心地听。有的时候，可能90%是你认为不好的，但他讲的10%是你不知道的。那么，这个10%可能就是成败的关键。当然，自己作为一家公司的最后决策者，一定要对行业有相当深的了解，不然的话，你的判断力一定会出错。今天跟从前有一个不同，传统行业如果出错，错不了多少，但是今天的决定错了可就错得非常离谱。”

孔子曾经说过：“三人行，必有我师。”每个人的身上都有可以借鉴学习的地方，一个成功的管理者只有善于倾听，善于运用大家的智慧，博览众家之长，才不至于因为目光短浅而做出盲目的举动。尤其在现代企业管理界，很多优秀的管理者都要有认真听取员工对工作的看法、积极采纳员工提出的合理化建议的习惯。

在西方兴起淘金热的那个时代，有一个人也曾远赴美洲淘金，当他花费数周时间，终于在自己所圈的土地上发现金矿时，他立刻赶回去通知了自己的家人。然后一家人凑钱买了机器，回到矿区继续工作。

随着地钻越钻越深，矿脉突然不见了。他们费尽力气，却始终没有找到矿脉，只能无奈地将机器低价卖给了另外一个淘金者，心灰意冷地回到家乡。

接手的人刚开始也没有找到矿脉，但是他并没有灰心，而是求助于一名采矿工程师，虚心听取他的意见。那名工程师来到矿区查看了一番，指出真正的大矿脉就在距离上一个人放弃的地点仅一米远的地方。接手者按工程师所说的位置进行挖掘，果然挖到了金矿。在放弃前，虚心听取他人的意见，让这个人大赚了一笔。

俗话说："兼听则明，偏信则暗。"一个管理者只有虚怀若谷，能够倾听采纳各方面不同的意见，才能全面客观地了解事物，做出正确的决策，带动企业向前发展；而那些一听到反面意见就大皱眉头，甚至对提出意见的员工打击报复的领导者，势必会人心向背，失去下属的信赖和拥戴，企业也就无从谈及发展。

寻找接班人很重要

我跟一个有五代历史的欧洲家族吃过饭，他们十分有修养、有礼貌。中国有句老话"富不过三代"，但今天的教育、组织不同，事业可以继续，相信这句话以后会得到修正，正如这个欧洲家族今天的事业比过去任何一代都好。

——李嘉诚

美国哈佛大学人才专家罗克尔曾说过："对于管理者来说，最大的重任就是寻找继任者。"一个企业想要不断发扬光大，除了引进人才之外，培养接班人也是一项非常重要的任务。李嘉诚认为如果继任者的能力和知识退化，必然会给企业带来危机，因此李嘉诚十分注重培养孩子们的能力。

对于李泽钜和李泽楷，李嘉诚是寄予厚望的，这一点从给他们起的名字上就能够看出来。李嘉诚曾经解释说："'泽'是按家族字辈排，而起名'钜'和'楷'是希望他们做到'巨大'和成为'楷模'。"

在生活中，李嘉诚始终坚持做事先做人，他与人为善，谦虚谨慎，乐于助人，低调节俭，诚实守信。李嘉诚深知一个成功商人必定是一个会做人的人，所以他并没有急于教孩子如何经商，如何成为商界的佼佼者，而是从最基本的做人的道理教起。从小李泽钜和李泽楷就接受父亲这样的教育——不要贪图小利，要多为别人着想，要诚实守信，先要真正做一个好人、做一个正直的人，然后才是做一个成功的人。

每逢星期天，李嘉诚就会带着两兄弟乘游轮出海，当然并不是带着他们游山玩水，而是将中国古代哲学思想讲给他们听。李嘉诚说："他们一定要听我讲话，我带着书本，是文言文的那种，解释给他们听，问他们问题。我想，到今天他们也未必看得懂文言文，但那些是中国人最宝贵的经验和做人宗旨。"而事实也是这样，时间一长，可能那些文言文两兄弟并不了解多少，但那些传统的做人准则却已经牢牢地印刻在他们的心中。

两兄弟还不满10岁的时候，李嘉诚就安排他们"出席"公司董事会议，把这一项内容当成是他们的课外作业。两个小孩子根本听不懂大人们开会在说些什么，但李嘉诚就是不许他们离席，李嘉诚这样做，是希望两个儿子从小就明白做生意不是容易好玩的事情，挣钱也不是那么简单的事情。李嘉诚曾说："带他们到公司开会，不是教他们做生意，而是让他们知道，做任何事情都不是一蹴而就的，要花许多心血，开许多会议，靠很多人的努力。"同时，李嘉诚还让自己的重臣霍建宁充当"太傅"的角色，肩负着培育两兄弟的责任。

由于小时候家庭条件不好，李嘉诚没有读过多少书，但他深知读书的重要性。在两兄弟很小的时候，李嘉诚就相继把他们送到国外去读大学预备学校。为了培养他们自强的能力，李嘉诚并没有给两兄弟留下过多的零花钱，大部分费用都需要他们利用业余时间打工来赚取。李嘉诚并不是吝啬，而是想让儿子通过打工来提前接触社会，学会如何与不同的人打交道。李泽楷为了赚零花钱就曾在高尔夫球场当过球童，后来李泽楷提起那段打工经历，说正是因为做过球童，不但锻炼了体力，培养了自己吃苦耐劳的精神，更培养了自己与人交往的能力，尤其是如何与上流社会的人打交道的能力。

当两个儿子学成归来，想要进入父亲的公司大展拳脚的时候，李嘉诚却拒绝了，他对两个儿子说："我的公司不需要你们，我希望你们先去打自己的江山，让实践证明你们有资格到我的公司来任职。"

就这样，两兄弟再次离开香港，来到加拿大进行打拼。他们白手起家，表现出惊人的胆识和灵敏的商业头脑。经过努力拼搏，他们完成了一系列大项目，如加拿大世界博览会旧址的发展规划、策划收购美国哥顿公司"垃圾债券"等，两个儿子的成就让李嘉诚感到十分自豪。李嘉诚曾说："即使我不在，凭着他们个人的才干和胆识，都足以各自独立生活，并且养家糊口，撑起家业。”

当两兄弟逐渐成熟起来，并渐渐获得“小超人”的称呼时，他们对外界说的最多的就是：“父亲从小对我们的培养教育是最值得我们感谢的。我们从父亲那里学到的不仅仅是怎样成为一个出色的商人、一个赚钱的商人，而更为重要的是我们学会了怎样做一个正直的商人。”

在李嘉诚的成功教育下，他的两个儿子成长得非常健康，能力也都很强。他们虽然是富家子弟，但却没有一点儿富家子弟纨绔的习性，反而非常有韧性，也很能应对各种突发状况，不但令李嘉诚的事业后继有人，还为社会做出了很多贡献。

俗话说“富不过三代”，这是中国自古以来就存在的一个奇特现象。许多曾经显赫一时的富贵人家，没有经过三代，财富大厦就轰然倒塌。其实这并非是中国特色，放眼全球，葡萄牙有“富裕农民——贵族儿子——穷孙子”的说法；西班牙也有“酒店老板，儿子富人，孙子讨饭”的说法；德国则用三个词“创造、继承、毁灭”来代表三代人的命运。

电视剧《乔家大院》中与乔家始祖乔贵发一起在包头合伙经商的秦氏，在发迹之后，立即就在家乡置地造房，大兴土木，过上不思进取、奢华的生活，最终坐吃山空，以至于入不敷出，很快就走向衰落，仅仅到了子辈，就迅速结束了他们的富翁美梦。而乔家由于殷勤经营，家风严谨，生意日益兴旺，而且还将与秦家共同经营的所有店业全部收入囊中。尽管后来由于外来资本侵略等一些因素影响，乔家苦心经营的商业大厦最终也轰然倒塌，但是他们的子孙在离开商场之后，在其他领域依然还是佼佼者。

“世界三大败家子”之一若热·贵诺的父亲爱德华多·贵诺从一穷二白起家，经过多年的苦心经营，最终将自己的家族变成巴西最富裕的家族之一。等他死后，将20多亿美元资金交给儿子，却没有想到儿子从此不思经营，过上了花天酒地的生活，并在死后留下了“幸福生活的秘诀是在死的时候身上不留一分钱，但我计算错误，过早地把钱花光了”这样恐怖的败家子言论。

创业艰难，守业更难，正因为有这些先例，李嘉诚才十分重视对子女的教育，他认为一个人能否成就大事，关键就在于平时的磨砺。只要从平时抓起，从一点一滴抓起，把基本功练扎实，那么子女们日后必然会有所作为。

第六章

竞争：

竞争不等于斗争

选择优秀的对手

我们要和对手比较，知道自己的优点与缺点。尤其，我们更要看到对手的长处。人们经常花很多时间去发现对手的缺点，其实看对手的长处更为重要。

——李嘉诚

价值规律决定着做生意一定会遇到对手，但选择对手的权力却在企业家的手里，这考验着企业家的战略眼光。

一般来说，企业家喜欢选择和自己实力差不多的人做对手，而李嘉诚则更愿意选择强者作为对手，因为强劲的对手是一个人前进的推动力，是他成功的催化剂。这就好比一个优秀的运动员，往往在与比自己强的对手同场比赛时才能发挥出潜力一样，强劲的对手往往更能激发李嘉诚的斗志。

从创业之初开始，李嘉诚就一直研究着香港的老牌英资企业的种种动向，并将它们视为最大的潜在对手，因此与它们有过多次交锋。

20 世纪 60 年代后期，香港经济起飞，地价开始跃升。李嘉诚自然不会放弃这个赚钱的机会，他也开始涉足地产行业，并大量收购土地。在这期间，他就曾与英资怡和财团控制下的置地公司为了争夺地铁中环站和金钟站的地面建筑展开了激烈的竞争。而最终的结果是，李嘉诚的长江实业战胜了实力雄厚的置地公司。这个“小蛇吞大象”的经典战役一时间被人们津津乐道。

1978年，李嘉诚又把目光对准了另一家老牌英资公司青州英坭，很快在股市上收购了青州英坭25%的股票，并出任该公司的董事。紧接着李嘉诚集中火力，对英资四大洋行之一的和记黄埔穷追不舍，在股市上大量吸纳和记黄埔的股票，并最终在1979年以6.93亿港元的价格，从汇丰银行手中接管了它，从而在香港经济格局历史性的改变中留下了壮丽的篇章。

尽管李嘉诚与这些老牌英资企业屡屡交锋，并都大获全胜，但是它们并没有因此与李嘉诚结为不共戴天的仇人。相反在每一次战役之后，他们都能握手言和，并联手发展一些项目。选择优秀的对手进行竞争，并最终与它们结成合作伙伴，李嘉诚创造了一个“只有对手而没有敌人”的奇迹。

优秀的竞争对手是一笔财富，企业要对这样的竞争对手给予足够的重视。就如同一枚硬币，企业是这一面，那么对手就是另外一面，二者不可分割，而好的对手更是可遇而不可求。因此尊重对手，尊重彼此之间的游戏规则，就是尊重自己、壮大自己。

阿里巴巴创始人马云曾就这一问题说过如下的话：“阿里巴巴没对手是很痛苦的，到处找，这个也是，那个也是，弄得自己很累。但是淘宝有对手，淘宝的对手是eBay，我们认为是伟大的eBay。你打拳碰到泰森，可能会认为很倒霉，其实，你能够找到世界一流的对手，我认为是一件很好的事。如果你打球碰到乔丹，那是一辈子幸运的事，所以我觉得淘宝能够向 eBay 这样的对手学习，那是一种福气。”

同李嘉诚、马云一样，华为的创始人任正非一贯主张向优秀的企业学习，即使它是自己的竞争对手。

作为华为同城的竞争对手中兴通讯，曾经在很多领域与华为直接交手，甚至有的时候会争得你死我活。但是任正非看得更多的是中兴通讯的优势以及华为的劣势，他曾仔细分析过中兴通讯的优缺点，并号召所有华为人多向对手学习，以完善自己。任正非曾说：“中兴公司与我们同处深圳，朝夕相处，文化比较相近。中兴在‘做实’这个方面值得我们基层员工好好学习。华为在‘做势’方面比较擅长，但在‘做实’方面没有像中兴那样一环扣一环，工作成效没有它高。”

正是因为任正非能够虚心向优秀企业学习，才提升了华为的竞争力，使得华为能够始终保持稳定的发展势头和旺盛的活力。

著名数学家华罗庚曾说过：“下棋找高手，弄斧到班门。”他认为一个人只有勇于找高手“过招儿”，才能提升自己的能力。所以当他在乡镇自学时，就敢于质疑当时知名的数学家苏家驹的理论，也正是因为具有这种敢于向高手挑战的精神，才让他登上了数学殿堂的最高层。

优秀的竞争对手能够让你发挥出巨大的潜能，创造出惊人的成绩。而如果你与一个弱者纠缠不清，就会浪费自己的很多资源，降低人们对你的期望，并无意中提升了对方的层次。

一名动物学家在对生活在非洲大草原奥兰治河两岸的羚羊群进行研究的时候，发现了一个奇特的现象，东岸羚羊群的繁殖能力和奔跑速度都远远超过西岸的羚羊群。为了了解产生这一现象的原因，这名动物学家在东西两岸各捉了10只羚羊，然后把它们分别送到对岸。结果，运到东岸的10只一年后繁殖到14只，运到西岸的10只剩下3只，那7只全被狼吃了。

最终，动物学家得出结论，正因为在东岸生活着一个狼群，所以为了能够活命，东岸的羚羊群才繁衍壮大；而西岸的羚羊群因为缺少狼群之类的天敌，所以它们才变得越来越弱小。

竞争是挑战，但更是进步的过程，竞争并不只意味着你死我活的对抗，更意味着多了一个学习的参照者和督促者。善于向竞争对手学习或者向一切优秀者学习，不仅可以取长补短、完善自我，而且还能够最大限度地发挥自己的优势和长处，最终超越竞争对手，走向成功。

优势互补才能双赢

谈到和别人合作，大多数老板的思维是：和他合作我有什么好处？一旦你形成了这种和别人合作就必须占别人便宜的思维，那么你就永远都做不大，因为没有人愿意和小心眼的人来往。而真正正确的思维方式是：和他合作我能带给他什么好处？

——李嘉诚

在当今这个激烈竞争的商业社会中，商人们已经逐渐意识到“孤胆英雄”并不是明智之举，这样做费时费力，结果也并非如意。一个成功的企业家不能孤立自己，而应增强与外界的联系，尝试着与别人进行合作。商人之间互相合作，更加有助于竞争，联合起来，双方从对抗到合作，从无序到有序，从短暂的存在到永久的矗立，竞争力自然也就增强了，企业也能够持续地发展。

李嘉诚深刻明白“合则两利，分则两害”这一道理，因此在他多年的经商生涯中，总是尝试着与他人甚至竞争对手进行合作，以实现双赢。而在牵手同仁堂药业这件事上，就体现了他的目光独到。李嘉诚巧妙地运用了优势互补这一原理，从而使自己的企业与同仁堂最终实现了双赢。

1998 年，在经受了亚洲金融危机的考验后，香港特别行政区政府为了带领香港走出经济困局，开始将经济发展的重点放在高科技和高增产值上。而李嘉诚自然不会放过这个机会，他非常看好香港特别行政区政府提出的一个重要发展计划——将香港建设成为“国际中医药中心”。

多年来，李嘉诚的投资遍布电力、地产、塑胶等多个行业，但是却一直没有涉足医药行业，李嘉诚认为这正是长实的不足。因此为了弥补这一缺憾，李嘉诚决定在这种大好的形势下，进军医药行业。

但是与内地相比，香港在中医药方面基础相对薄弱，李嘉诚的资金虽然雄厚，但是缺少技术方面的支持，因此他决定在内地寻找可以合作的中药企业，以实现两家在资源和资金方面的优势互补。最终，李嘉诚选择了同仁堂集团作为合作对象。

作为中药产业的“领头羊”，同仁堂集团对李嘉诚是有足够吸引力的。同仁堂是一家拥有 300 多年历史的老字号企业，在当时每年能够生产中成药 1 万多吨，已取得生产批准文号的中成药品种近千个，常年生产的品种400多个，并能生产24个剂型产品，每年在国内市场的销售额高达上亿元。但就是这样一个老字号企业，外销能力却非常差，根据2003年前三个季度的统计，同仁堂集团的药品在中国销售了6.76亿港元，在海外仅仅销售了2900万港元，这显然与同仁堂树立的“站稳亚洲，迈进欧洲，渗透美洲，开辟大洋洲”这一目标相差甚远。

急于开拓海外市场的同仁堂集团与李嘉诚几经接触，最终在2003年12月4日正式达成合作意向，共同合资成立了一家新公司——北京同仁堂和记医药投资有限公司，同仁堂集团与李氏旗下和记同样占股49%，余下2%的股权另由同仁堂选定的小企业出资占有。

一个是拥有丰富技术的中药老字号，一个是拥有资本优势的香港首富，李嘉诚实现了自己涉足医药行业的夙愿，而同仁堂则凭借着李嘉诚这棵拥有丰富国际经验的大树，加快了海外扩张的步伐，从此走上了国际化的大舞台。因此，两者的合作堪称为完美的“梦幻组合”。

我们耳熟能详的“联吴抗曹”就是诸葛亮在《隆中对》中提出的对策。诸葛亮根据当时的客观形势，知道与东吴合作抗击曹操的重要性，因此向刘备提出了合理的建议，并通过实施“联吴抗曹”的政策，稳固了蜀国的形势。在当今社会，“单枪匹马”奋战在商场上的企业已经变得很少，更多的企业则是通过与其他企业形成战略联盟来提高自身的竞争力。因此，作为企业管理者，想要成就一番大事业，就应该明白舍弃合作无法取得成功的道理，只有善于通过合作的方式来弥补自己企业的不足，增强自己的力量，才能使企业在原有的基础上再上一层楼。

苏泊尔是中国炊具和厨房小家电中的卓越品牌，而金龙鱼则是世界最大的小包装油生产商之一，由于双方都是行业领袖，假如它们能够强强联合，不仅会使各自品牌的冲击力增强，而且还都能从中收获巨大利益。两者都倡导新的健康烹调观念，这也成为它们合作的基础。

2003年12月25日至2004年1月25日，两家企业在全国36个城市共800家卖场展开了“好油好锅，引领健康食尚”的推广活动。在活动期间，顾客凡是购买一瓶金龙鱼二代调和油或色拉油，就能够领取红运双联刮卡一张，刮开即有机会赢得新年大奖，奖品涵盖了苏泊尔高中低档各种厨房用具。同时，凭红运双联刮卡购买108元以下苏泊尔炊具，可折抵现金5元；购买108元以上苏泊尔炊具，还可获赠900ml金龙鱼第二代调和油一瓶。另外，苏泊尔和金龙鱼还联合编撰了“新健康食谱”的小册子送给顾客，并举办健康烹调讲座，告诉大家怎样选择健康的油和锅。

由于举行活动的时间正值新年前后，家家都要采购年货，因此人们参与活动的热情十分高涨。活动期间乃至结束后，不仅苏泊尔锅、金龙鱼油的销售量大幅上涨，而且其健康品牌的形象也深入人心。这次的合作，可以说是他们两家各取所需、双赢互利的结果。

美国石油大王洛克菲勒曾说：“合作，在那些妄自尊大的人眼里，它或许是件软弱或可耻的事情，但在我看来，合作永远是聪明的选择，前提是对我有利。”商界通过结盟合作而互相强大的例子数不胜数。在强手如林的时代，想要单打独斗就站稳脚跟是很困难的。团队协作、努力合作几乎是所有成功企业在经营过程中都会选择的一个办法。

商场中的一个战略就是相互给予、彼此互利，同样大的一块儿蛋糕，分的人越多，每个人分到的就越少，人们就会因此去争抢食物。但是如果我们能够联手制作蛋糕，那么，蛋糕做得越大，我们就越不会为眼下分到的蛋糕小而感到不平了。因为我们知道，蛋糕还在不断做大。而且，只要把蛋糕做大了，根本不用发愁分不到蛋糕。

在现代社会，如果真想要成就一番事业，就必须发扬合作精神，合作能够取得持续性的成功。因为缺乏合作精神而导致失败破产的企业，比因为其他原因而失败的公司的总和还要多。拿破仑·希尔说在他经商的多年间，就亲眼见证了各式各样因为不懂合作而宣告失败的企业。因为无论是企业还是个人，能力都是有限的，都需要通过与他人合作来巩固自己在这个社会中的地位，并提高自身能力。这个时代需要的是能够互相包容的人，而不是独行侠。

不让对方知道自己底牌

做生意的过程既是钱与钱的交易过程，也是心理与心理的斗争过程。就像打牌的人，永远不想让对方知道自己的底牌一样，做生意的人是绝对不会把自己的底牌亮出来让人看的。

——李嘉诚

庄子曾说过："鱼不可脱于渊，国之利器不可以示人。"意思是说鱼不可脱离深渊，否则很容易死亡，而国家的有利武器（治国方略、重大决策、军事机密等）不可以轻易拿出来夸示于人，保持一种秘密状态，可在日后发生战争时作为杀手锏。这句话告诉我们，善隐的人往往最容易出奇制胜。而在商界，不轻易把自己的底牌告诉别人，才能最终获得商战的主动权。

李嘉诚深知，做生意的过程是斗智斗勇的过程，只有那些善于隐藏自己的商人，才能获取最后的胜利。从开始创业至今，在李嘉诚的经营投资过程中，曾经遇到过无数强大的竞争对手，但李嘉诚总是能够从容应对。身经百战的他不会轻易露出自己的底牌，这样做不仅能够确保心中安稳，而且能够让他在竞争的最后一刻，用对方意料不到的底牌将其彻底击垮，从而稳操胜券。

1979 年 1 月 14 日，香港地铁公司正式宣布，中环邮政总局旧址公开接受招标竞投，而实力雄厚的置地公司竟然在这次投标中马失前蹄，被弱小的长实击败。导致这种现象产生的原因就在于置地公司的张扬让他们的底牌暴露无遗，他们的计划方案被李嘉诚所掌握，而李嘉诚知道自己的实力不如置地，因此他低调行事，韬光养晦，找寻对方弱点制订相应方案，不过分张扬让自己的底牌暴露，最终给予置地致命一击，从而赢得了胜利。

在拍卖地产的现场，当别人疯狂竞价的时候，李嘉诚总是能够做到泰然自若，并在最后的关头获得投资的决胜权。在收购其他企业的时候，他也总是能够在最后的关键时刻，将被收购企业的大部分股权掌握在自己的手中。在李嘉诚数十年的投资过程中，他总是能够在最后关键时候将竞争对手击败，这就是他不轻易露出自己底牌所带来的效果。

李嘉诚的成功告诉我们，只有不让对方知道自己的弱点、自己的底牌，才能牢牢掌握对方的命脉，才能在生意场上永久立于不败之地。

在竞争越来越激烈的今天，过早地亮出自己的底牌，最终的结局只能是坐以待毙，任人宰割。聪明的商人都会为自己留下一张底牌，确保自己能够在与对手的博弈中稳坐泰山，在最后关头亮出致命武器，从而将决定权牢牢地掌握在自己的手中。

相传，上帝在创造世间万物的时候，给予了动物们许多本领，而那时猫的本领要比老虎强得多，于是老虎就拜猫为师，学习本领。

经过一番勤学苦练之后，老虎的本领变得越来越强，最终成为森林之王。因为害怕自己向猫学艺的事情泄露而被其他动物嘲笑，所以老虎决定杀了猫灭口，以绝后患。

一天，老虎找了一个机会，向猫下了毒手。为了逃命，猫四处躲闪，却始终逃脱不掉，情急之下，它一下子蹿到一棵树上，而老虎因为不会爬树，只能在下边无可奈何地咆哮。受到惊吓的猫这时才长舒了一口气，对树下的老虎说：“多亏我留了一手，才没被你吃掉。”

这虽然是一个耳熟能详的故事，但其中蕴涵的哲理仍值得我们借鉴，它提醒我们保留自己的底牌是很有必要的。为什么故事中的猫最终能够逃脱虎口？原因就是它没有亮出自己最后的一张底牌，留了爬树这一招而没有教给老虎。因此，任何时候我们都不能轻易亮出自己的底牌，盲目、匆匆地亮出自己的底牌，常常让自己暴露弱点，让别人掌握自己的把柄，从而使我们陷入被动，成为输家。

五代时期，冯道奉命出使契丹，因其好学能文，受到契丹王的器重，因此在他要离开契丹时，契丹王极力挽留。冯道早已归心似箭，但是又不敢拒绝契丹王的挽留，因此他一面为了博取契丹王的好感，上奏说："辽与后晋有父子关系，事子若事父，这样看来，我现在实际上等于出仕两朝。"另一方面又命令部下购置薪炭，以备寒冬之用，表示他不敢逆旨而就此回国。契丹王体会到冯道进退两难的境地，因而心生怜悯，便允许冯道回国复命。

这时，冯道反而不着急走了，而是滞留在辽地多日。在契丹王几次三番的催促下，冯道才慢慢收拾行李踏上归途。出发后，他沿路停留，以示依依之情，一行人费时一个多月才越过国界。对此，随行人员都疑惑地问冯道："我们都知道大人早已归心似箭，为什么还要故意在这里徘徊多日？"

冯道说："如果我们过早表露出急于回国的意图，匆忙赶路，契丹王要是改变主意，只要命人快马加鞭，一日之内就可追上我们。我假装对辽地依依不舍，就是怕他们猜透我的心思。"

同古代一样，现代生意场上同样也讲究兵不厌诈，所以藏好底牌才能为自己树立起一道有力的屏障，以便在危机时候能够帮助我们转危为安。从创业开始，"股神"巴菲特就一直遵循一个原则，那就是绝不轻易亮出底牌，这个原则后来变得日益重要，因为随着名气越来越大，华尔街的商人不断企图猜测他的最新动向，但是巴菲特在股市的动作却极少被曝光，直到今天，他都尽量让投资行动秘密进行，这也让他赚取了无数财富。

自古以来，凡是成功者都不会轻易让别人看清楚自己的底牌，做到"深藏不露"其实是一个人的阅历和性格的体现，更是做人的一种境界。

在竞争中抓住主动权，才是长远之道

事业上做出一定的成绩后，就要积极前进，寻找新的机会。要有绝对的主动权，否则只能被动挨打。

——李嘉诚

在竞争中抓住主动权，这才是生意长远之道。李嘉诚抢占先机，一举占领了香港塑胶花市场。可是，香港的市场只是他开拓事业的起步，欧美市场的消费量占全球的一半，若想赚大钱，欧美市场是一个巨大的诱惑。李嘉诚期待进军欧美市场，特别是他从《塑胶》杂志上得知香港的塑胶花已在欧美市场的销量很大时，更坚定了决心。

然而，当时洋行垄断着香港的对外贸易，华人商行仅在内地和东南亚占有一定分量。特别是20世纪50年代，西方国家实行贸易垄断政策，香港华人企业的出口被限制在东南亚，根本无法触及遥远而诱人的欧美市场。

若想进军欧美市场，只有一条路可走，就是通过处于垄断地位的香港洋行。香港的塑胶花正是通过洋行进入欧美市场的。洋行在欧美设有分支机构，并有固定客户。起初，李嘉诚也进行过这样的交易，可是他发现这种交易缺乏透明度，香港的华商无法知道自己的塑胶花销往了何地、由谁代理，各种交易间的差价如何，消费者对商品的反馈怎么样，这些问题对于生产商至关重要，不只关系到企业眼前的获利情况，更决定着企业能否根据消费者的需求变化而不断调整，生产出满足消费者心理的产品。

恰好这时，一家洋行提出包销长江公司的全部塑胶花，这对于发愁销路的企业来说简直就是从天上掉下来的馅饼，肯定二话不说就会应诺的。可是，李嘉诚却谢绝了对方的好意，他意识到如果让洋行包销，自己的企业日后在生产产品方面就要听从于洋行，一切按照洋行的条件办，这无疑是将自己生产的主动权交给了对方，自己却成了洋行的一个加工厂，洋行也肯定会从交易中收取差价。而如果自己直接和欧美的客商交易，这中间的差价就是双方的利润，自己也掌握了主动权。

李嘉诚决定抓住主动权，直接和欧美客商联系。不久，他就发现，其实欧美的客商也愿意跳过洋行以节约交易成本和时间。舍弃了和洋行的求近合作，李嘉诚直接派遣销售干将前往欧美主动寻找客商合作。此外，他在香港时刻关注着往来的客商，抓住和每一个前来香港做贸易的商人合作的机会。很多次，李嘉诚直接带着长江企业的产品和他们洽谈，与很多客户顺利签了合同。

功夫不负有心人，通过一段时间的努力，李嘉诚终于将洋行甩掉，自己直接和欧美的商人进行交易，大量的订单纷纷而至，并且对于自己产品在外的销售情况以及消费者对产品的反馈也了如指掌。没有洋行的中间克扣，李嘉诚企业的利润也上去了不少。李嘉诚认为在竞争中主动出击很重要，这样自己很容易掌握主动权，掌握主动权的竞争，自己就不会吃亏。失去主动权的公司早晚会成为别人的附庸，无法独自前行。

《汉书·项籍传》中说："先发制人，后发制于人。"战争中的双方，谁先出手，谁就能占有主动地位，而后出手的那一方，会被先出手的制约住。商场也是如此，在竞争激烈的市场环境下，谁主动出击，谁就能抢先占领市场，后出手的那个，只能望其项背了。

在20世纪初期，英国卜内门公司独霸了我国的碱市场。当时，我国的民族化学工业被冲击得很厉害，可以说是如履薄冰，经营上四处险象环生。如何能够将我国民族化学工业发展下去，成为当时的首要问题。

1918年，我国第一家制碱企业“永利制碱公司”挂牌成立，这家公司的总经理范旭东十分有信心，觉得通过努力，一定能够打破英国人对碱市场的垄断地位，为我国民族企业争得立足之地。但已经占得市场的卜内门公司岂会任由市场被他人夺取，他们不会放任永利公司的发展，所以，利用技术上的优势，他们对制碱技术进行了封锁，不让永利公司的生产技术得到提升。

在范旭东去卜内门公司考察参观时，卜内门公司的负责人对他一点儿也不尊重，还将他带到了锅炉房，对他表示轻视，说中国人根本不配来参观。从卜内门公司回去后，自尊心受到伤害的范旭东发誓，一定要打破英国人的技术封锁。

在此后的8年时间里，他带领技术人员克服了无数困难，终于在1926年独立研制出了优质的“红三角”牌纯碱。产品一经推出，就在市场上受到了广泛的欢迎。这是英国人没有想到的事情，他们十分愤怒。为了阻止范旭东，他们想出了一条计策，很快调集了一大批纯碱，用超低的价格向我国市场进行疯狂倾销，妄图靠着自身强大的经济实力，通过打价格战来挤垮刚刚起步的“红三角”牌纯碱。

这个计策很恶毒，如果永利也降低价格，但公司实力远不如卜内门公司，根本无法与之对抗打价格战；但如果任其这样下去，永利公司积压的产品就会越来越多，好不容易赢来的一点儿市场，就会被英国人再次占领。

横竖都是死，干脆置之死地而后生。范旭东痛下决心，捍卫国内市场，不让英国人占领。一天，他打听来一个消息，得知卜内门公司在日本的纯碱销售量更大，收益也更多。这给了范旭东一个启示，既然英国人可以用低价格的纯碱来占领中国市场，那他也可以用低价格的纯碱去占领日本市场。

打定主意后，范旭东没有声张，他要杀对方一个措手不及。范旭东暗中立刻调集了一批优质的"红三角"牌纯碱，东渡日本，用低价格打击英国人在日本的纯碱销售。这一做法果然有效，他很快抢占了日本的纯碱市场。

还在得意的英国人得知了这个消息后大吃一惊，他们没有想到范旭东会来这一招，狼狈的英国人为了挽救日本市场，急忙应对，但日本市场的纯碱价格已经大跌，卜内门公司再怎么挽救，也难逃惨重损失的现实。而范旭东投入日本市场的纯碱分量很少，损失自然要小得多。

在这一次的竞争中，卜内门公司元气大伤，不得不与范旭东谈判，范旭东规定：永利纯碱公司在中国市场占有55%的份额，而卜内门公司不得超过45%；如果卜内门公司想要在中国市场上进行碱价变动，必须事先征得范旭东的同意。

这份协议签署后，范旭东的能力赢得了英国人的赞赏，而范旭东也使自己的企业得到了极大的发展。在1927年，"红三角"牌纯碱在美国万国博览会上夺得金奖，永利的产品远销国外。

经商就像一场没有硝烟的征战，在激烈的商场竞争中，谁能将主动权控制在手中，谁就能赢得制胜的先机，进而掌控自己的命运，从而无往而不胜。

善待他人，做对手不做敌人

有钱一起赚，大家都受益的同时，也为再次合作与以后的发展铺平了道路，创造出和谐的外部环境与氛围，成为日后发展的助力。

——李嘉诚

在商场上，只有永远的利益，没有永远的朋友，很多商人将这条准则奉为真理。他们认为当利益需要时，对手可以变成合作伙伴；当利益发生冲突时，合作伙伴也会变成势不两立的对手。所以，很多管理者眼中没有朋友，只有利益，他们为了利益可以和对手交朋友；也可以为了利益和朋友翻脸，变成对手。

李嘉诚在香港商界的口碑是非常好的，他不会把朋友变成对手，只会把对手变成朋友。在李嘉诚看来，生意是做不完的，但交到一个真心的朋友是很难的。所以李嘉诚不会为了钱和利益而失去一个朋友，他会和对手一起合作，共同分享利益，做生意上的好伙伴。他和合和实业有限公司主席胡应湘就是这样的好伙伴。

有一次在地拍卖场上，李嘉诚与胡应湘都想拍下九龙湾 24.3 万平方米的一块儿地，于是他们就成了拍卖场上的对手。这块儿地是一块儿“肥肉”，很多企业家也很想要，在1987年11月27日的上午，拍卖场内竞拍激烈。李嘉诚势在必得，他先叫价2.1亿，令很多实力不足的地产商干脆放弃竞拍了。

胡应湘也希望拍到这块儿地，他便大力和李嘉诚竞争，他叫价2.5亿。李嘉诚立刻回应，叫价3亿。胡应湘也立即抬高叫价，眼看叫价就要超过李嘉诚心中的底线了，李嘉诚认为如果叫价超过了自己心中的底线，那就算自己拍下了这块儿地也没什么意义了。于是，李嘉诚派助手去找胡应湘的助手详谈了一番，然后胡应湘便不再叫价了，这块儿地自然被李嘉诚拍下。

胡应湘之所以不再叫价，是因为李嘉诚派助手和他说这块儿地拍下后，会和他一起开发，那胡应湘自然不需要再抬高叫价了。李嘉诚就是这样在商界做生意，他不会为了争一时胜负，而不顾别人的利益。在李嘉诚看来，想要长久地做生意，不能只想着自己赚个盆满钵满，而不管别人的利益，这样做生意的人最终会没有生意可做。正是有着这样的人生态度，他的生意才能越做越大。

在生活中，李嘉诚和李兆基是多年的高尔夫球好友，两个人经常结伴打球，一起出现在俱乐部，关系很好。但在生意场上，同为商人的二人难免会成为竞争对手，李嘉诚和李兆基就曾多次在生意场上交手，其中关于海怡—新港的那场较量最为激烈。

海怡花园是李嘉诚的长实集团修建的一处大型楼盘，新港城是李兆基的集团修建的一处楼盘，这两个楼盘之间仅仅隔了一条马路。开盘之后，比拼自然非常激烈，在刚推出海怡花园的时候，李嘉诚为了赢得好彩头，便减价推出楼盘，效果很好，短短的几天时间内就卖出去800多个单位，大家纷纷跑到海怡花园看房子，导致新港城的看房人员锐减。李兆基也赶紧接招，降低自己的楼盘价格好拉拢顾客。

有了这一次的教训，在1995年，新港城推出新楼盘时，李兆基也来了个先发制人，宣布以先到先得的方式，开售了248个非常便宜的单位，同时还推出了住户只要交一成的房款就可以入住的方案，而且还搞了一个抽奖活动，中奖者可以得到十足的黄金。这些让利营销的方式还不算，李兆基还在装修方面也大搞特价，同时还安排了很多免费巴士接送看房的顾客。

在这样大力的推动下，新港城的顾客自然是络绎不绝。看到李兆基使出了这样的大招，李嘉诚也不着急，他借着长实集团员工的口对外宣布海怡花园比新港城的房子要好很多。长实董事洪小莲出席恒威25周年酒会时，公开对记者说："我们的海怡花园比新港城优胜好多好多。"这番言论一出，立刻引起了轩然大波。看到长实集团这样说，新港城的员工反唇相讥，说自己的楼盘比对面的海怡花园不知道强多少倍。

之后，李嘉诚再发"狠招"，在排队等着新港城发售的人群中打出自己楼盘降价的条幅，这一招令李兆基叫苦不堪。坚持了几天之后，他鸣金收兵，不再和李嘉诚进行争斗，这一次的"楼市大战"以李嘉诚的胜利告终。李嘉诚也没有要步步紧逼的意思，取得了一点儿小优势便见好就收，还是稳定持续地销售海怡花园的房子，和对面的新港城互不相犯。

虽然在生意上吃了亏，但李兆基并没有和李嘉诚闹僵，而李嘉诚也没有因为这一次的商战赢了李兆基就自鸣得意，两个人还是生活中的好朋友、球场上的好搭档。

在生意场中，处处都离不开“竞争”二字，同行之间你追我赶原本是件好事，可以互为压力和动力，带来技术创新以及更多更好的产品，促使优胜劣汰。但如果把竞争看成是一场你死我活的“战争”，在竞争中处处树敌，那就得不偿失了。真正成功的商人，“敌人”反而很少，因为他们懂得如何将竞争对手变成朋友，实现共赢。

在一条街道上，有一家卖油条和豆浆的早点摊已经摆了十多年，因为没有其他人竞争，所以一直处于垄断地位。

后来，街道上又开了一家早点摊，也是卖豆浆和油条，由于这家早点摊的分量更足、味道更好，所以原来早点摊的一半客源被其抢走了，两家早点摊的竞争也越来越激烈。

一开始，两家早点摊都说自己的早点好，干净、卫生。后来，两家店不仅说自己的早点好，还说要比对手的早点更好。当竞争变得越来越激烈的时候，两家甚至打起了价格战，你的油条卖一块五一根，我就卖一块三一根……就这样，今天这家的生意很红火，明天就变成那家的生意很红火，而两家的收入也逐渐减少。

后来，一个经常去两家吃早点的热心人为了调解他们的矛盾，就把两家的老板叫到一起，对他们说：“你们这样恶性竞争不仅伤了和气，而且也影响你们的收入，你们为什么不能够和和气气地把摊子摆在一起，一个人卖油条，一个人卖豆浆，这样从敌人变成朋友，生意有了，大伙也都能够得利。”

两家老板听了这个人的话，一下子醒悟过来，他们真的照这个人的话做了，两人成了好朋友，生意也逐渐变得红火起来。

做生意不要总想着挤垮对方，要想着相互比拼，吸取彼此的经验和教训，共同发展。就像李嘉诚说的那样："绝不同意为了成功而不择手段，刻薄成性，理无久享。当业界同行需要你施以援手，而你又有能力时，鼎力相助才是智者所为。落井下石，踩沉对方，的确可以少一个竞争对手，但切不可忘记，就算你真扼杀了对方，总会有新的竞争对手崛起。一个人是不可能永远独霸一个行业的。而救人于危难之中，不但可以赢得人缘和声誉，你的形象也会成为另外一笔宝贵的财富，让你受用无穷。"

第七章

舍得：

小利不舍，大利不来

不要把目光局限在自己的利益上

顾及对方的利益是最重要的，不能把目光仅仅局限在自己的利益上，两者是相辅相成的，自己舍得让利，让对方得利，最终还是会给自己带来较大的利益。占小便宜的人不会有朋友，这是我小的时候我母亲告诉我的道理，经商也是这样。

——李嘉诚

让别人先获利，这是李嘉诚主张的一种大商人的经商理念。李嘉诚认为商人之间的交往应当本着平等自愿的原则。如果商人一味地追名逐利，不肯放弃手边的任何一点儿利益的话，那这个生意就做不长久。

1978 年，李嘉诚采取分散户头暗购的方式吸纳九龙仓的股票，想通过控制九龙仓入主董事局。而这时，怡和财团察觉到其动态，不甘示弱地展开了反收购，开始在市面上高价大抢散户持有的九龙仓股票。然而在混战中，怡和财团始终运气不佳，屡屡败北，这个在香港经济中占有举足轻重地位的英资财团呈现出被华资财团骑上头的态势，因此在危急关头，怡和财团不得不紧急向汇丰银行求救，当时的汇丰大班沈弼亲自出马斡旋，奉劝李嘉诚放弃收购九龙仓。

此时，李嘉诚得知“香港船王”包玉刚也购入了不少九龙仓的股票，如果自己再坚持参加这场收购大战，势必会造成两虎相争必有一伤的结果，同时为了能够在今后长江实业的发展中得到汇丰银行的支持，于是李嘉诚决定卖一个人情给沈弼，退出收购九龙仓的战争。

随后，李嘉诚密会包玉刚，把手中的1000万股九龙仓股票转让给他，在这一进一出的买卖中，李嘉诚不仅获纯利5800万港元，取得了包玉刚手中持有的另一老牌英资洋行和记黄埔之股票，而且还帮助包玉刚得到了吞噬九龙仓的绝对优势，同时巧妙地回避了与汇丰银行的正面冲突，从而为接下来与包玉刚和汇丰银行的合作打下了坚实而深远的基础。在九龙仓收购战的竞争中，李嘉诚一箭三雕，可谓是最大的赢家。

赢得了汇丰银行信任的李嘉诚迅速与其建立了合作关系，没过多久，李嘉诚的长实就与汇丰银行组成立华豪有限公司，重建位于中区黄金地段的华人行。这次合作不仅让李嘉诚收获颇丰，而且也让他的经济地位在香港更上一层楼。1979年9月25日，李嘉诚更是就收购和黄股份与汇丰银行达成协议，以6.39亿港元收购汇丰银行持有的22.4%和黄股份。

持有九龙仓股票15%～20%的包玉刚得以顺利入主九龙仓，没过多久，他就决定将西环的货仓大厦交给李嘉诚重新设计，创建一座拥有50多万平方米楼面的新型商业大厦。在这次合作中，李嘉诚只需要投入建筑费，而不需要付出占投资总成本的70%～80%地价，并且日后的利润由两家平均分配。

李嘉诚就是这样一个人，他深知一个成功的商人要做强、做大企业，最重要的不是积累金钱，而是要积累人心，因此李嘉诚事事都以考虑别人为先，甚至可以做到千金面前不忘义，从而建立了良好的人缘，让自己受益匪浅。

1999年11月13日，英国沃达丰电讯公司（Vodafone）决定动用超过1万亿港元（1290亿美元）的巨额资金收购德国曼内斯曼公司52.8%的股权，对于这种恶意收购行为，曼内斯曼高层马上做出要坚决抵抗的回应。

当时，李嘉诚拥有10.2%的曼内斯曼股权，因此他也就成为这宗全球最大收购案双方极力争取的人。

同年11月23日晚上，英国一个组织给李嘉诚颁发了“杰出人士奖”，表明了为沃达丰拉票的态度，而且按照沃达丰的出价来算。当时这宗收购案最大的赢家不是收购者和被收购者，而是李嘉诚，因为如果沃达丰收购成功，那么李嘉诚手上的曼内斯曼股份在不到一个月的时间内就额外增值318亿港元。

然而，李嘉诚却不为名利所动，就在获颁“杰出人士奖”的当晚，和黄董事局发表声明，支持曼内斯曼抵抗沃达丰的恶意收购行为。

舍得眼前的小利，才能获得合作伙伴的信任和好评，为企业赢得良好的信誉。良好的信誉将会为企业赢得源源不断的利润，是企业长青的法宝。这个看似简单的道理，却是好多人不明白的。李嘉诚很早就看透了这一点，所以，他结交了无数商界朋友，赢得了广大股东和员工的信赖，同时也为自己赢得了无数的商机。

一个年轻人向一位智者请教经商的成功之道，智者没有侃侃而谈，而是拿出了三块儿大小不一的西瓜，然后问年轻人："这三块儿西瓜如果让你先选，你会选哪一块儿？"

年轻人想了想，拿起最大的一块儿说："我选它。"

智者笑了笑，拿起最小的一块儿西瓜，说："好的，现在咱们吃西瓜吧。"很快，智者就吃完了自己的那块儿，然后拿起剩下的一块儿，笑着对年轻人说："虽然你选的那块儿大，我却比你吃的多。同样，在经商中，只有放弃眼前的利益，才能获取长久的利益。"

在生活中，有很多人不懂得让利，不顾及合作者的利益。在他们的眼中，只有自己的那点儿小利，最终是得了芝麻，失去了西瓜。

狮子和老虎是一对好朋友，有一天它们一起出去打猎。狮子发现一只鹿正在吃草，于是对老虎说："虎兄，咱们快去把那头鹿抓住。"老虎说："不要着急，鹿跑得快，我先悄悄绕到它的后边，堵住它的去路，咱们两面夹击它。"

当老虎绕到鹿的身后时，狮子马上发起了进攻，鹿吓得飞奔起来，眼看就要逃脱狮子的魔爪，这时老虎堵住了它的去路，把它给咬伤了。

面对坐以待毙的猎物，狮子和老虎在分配上产生了分歧，狮子说："是我先发现猎物的，我应该多分一些。"老虎说："如果没有我在后边包抄，你能抓到猎物吗？应该我多分一些。"狮子和老虎越吵越凶，最终相互撕咬起来，等它们累得筋疲力尽想要吃鹿时，却发现受伤的鹿早就跑远了。

所谓"舍得"，有舍才有得，让利是人生的一大智慧和生活艺术。懂得让利，得到的会更多，不懂得让利，失去的不仅仅是利益。

薄利多销，不要在乎眼前小利

我的原则是做长期生意，做大生意，薄利多销。

——李嘉诚

俗话说："三分毛利吃饱饭，七分毛利饿死人。"三分利虽然利润微薄，但因为价格较低，就能够留住顾客，在竞争中占优势，确保企业长盛不衰；七分利虽然利润丰厚，但高价出售会使顾客望而却步，导致产品滞销，资金断流，进而影响企业的下一步发展。

在经商过程中，薄利多销并不是什么"秘密武器"，但它却是最有利的武器，它就像生意场中的一把尚方宝剑，英雄们挥舞着它独步商界，而李嘉诚就很会运用这个武器。

1957 年 10 月 11 日对李嘉诚来说是具有特殊意义的一天，因为这是他要在香港发起塑胶花促销大战的第一天。在这之前，李嘉诚和工厂的工人们为了生产能够同时大批量上市的塑胶花，已经连续加班加点奋战了两个月。李嘉诚之所以要大批量生产塑胶花，是为了在造声势的同时，防止其他同类工厂群起效仿，抢占塑胶花市场。

然而，就在长江厂的塑胶花准备上市的前两天，李嘉诚忽然获悉一个不利的消息：香港最有名气的英资百货公司——莲卡佛国际有限公司已经与意大利的维斯孔蒂塑胶厂签订了首销塑胶花5000束的协议，并且要在 10 月 15 日在该公司所有的连锁店里同时展销。这对于李嘉诚来说无异于是一个晴天霹雳，因为他无法与这个强大的对手抗衡。但李嘉诚并没有惊慌失措，经过仔细分析后他认为，意大利塑胶花因为名贵，所以在进入市场后必然会走高端路线，这也就导致它的定价会很高，很多普通消费者会望而却步。而如果自己走平民路线，虽然利润较低，但是容易在短期内占领香港的塑胶花市场。在进行详细的成本核算之后，李嘉诚最终确定了“低价位，多销点”的市场策略，并马上在香港提前4天进行盛大展销。

正如李嘉诚预想的那样，他生产的塑胶花一经面市，马上显现出它特有的优势，人们纷纷抢购。等到莲卡佛国际有限公司的连锁店也推出意大利的原版塑胶花时，市场已经被李嘉诚占领，再加上其价格比李嘉诚的塑胶花要高出一倍，自然无人问津，

靠薄利迅速占领市场，很多时候会成为一个企业的制胜法宝。我们今天在超市、商场经常看到的新品上市促销的壮观场面，其实也是这一法则在发挥作用。而李嘉诚在塑胶花市场大获成功，也正是源于他当初的“低价位，多销点”这一市场策略，如果他不把价位放低，也许产品刚出厂便会遭到意大利产品的无情冲击。

在生意场上，几乎所有人都知道“薄利多销”的生意经。与李嘉诚重视“薄利多销，互惠互利”的经营理念一样，宏基集团董事长施振荣也很擅长运用这一原理。

施振荣在3岁的时候就失去了父亲，为了补贴家用，他曾卖过鸭蛋和文具。当时的鸭蛋是3元1斤，1斤只能赚取3毛钱，利润微薄，而且鸭蛋容易变质，如果连续几天卖不出去，就会坏掉，这也就造成了经济上的损失。相比之下，文具的利润很高，卖出去10元的文具就能赚取4元的利润，而且也不用担心文具变质坏掉。但是，经过观察，施振荣却发现，虽然鸭蛋的利润微薄，但是最多两天就能周转一次，

而文具虽然利润高，却经常卖不出去，而且由于积压成本，利润早就被利息吃光了，因此卖鸭蛋要远比卖文具赚钱得多。

后来，施振荣在创建宏基集团的时候，就将这种“薄利多销”的经营理念运用到经营中。宏基生产的产品售价要远低于同行，虽然利润低，但由于客户量增加，资金周转快，库存少，经营成本大为降低，实际获利要远远高于其他同行。

“薄利多销”是搞好商业营销的一条重要原则，是人类商业史和经济史上的重要认识和经营实践，许多企业就是利用“薄利多销”这一原理做大做强的。

在美国曾经有一家服装店经常是顾客盈门，这家服装店并没有打什么特别的广告，只是在店门口树立了一个标牌，上边醒目地写着：“每件服装一律 6 美元。”在这家服装店里，包括内衣、内裤、紧身衣甚至毛衣、外衣等等，一律售价 6 美元。虽然这家店赚取的利润少得可怜，但是由于这种独特的销售方式，吸引了无数顾客登门一探究竟。仅仅经过 3 年的发展，这家店已经变成拥有数十家分店的大型连锁企业。

世界最大的零售企业沃尔玛也深谙“薄利多销“这一道理。沃尔玛创始人山姆·沃尔顿在 1962 年创立第一家连锁店时，靠的就是薄利多销来抢占市场。当年，山姆·沃尔顿对其商店的定位是中下阶层，主要经营服装、饮食以及各种日常用品，最重要的是以低于别家商店的价格出售，因而吸引了众多顾客。尽管后来沃尔玛的连锁店越开越多，但“天天低价”的承诺始终没有变，而在沃尔玛的发展过程中，其依靠“薄利多销”这一最有力的武器独霸美国、横扫世界。由此可见，“薄利多销”所带来的人气和效益是非常惊人的。

诚然，要打开市场、拓宽销路，单靠低价闯关是不行的，产品质量、企业信誉、售后服务等多方面因素同样具有很重要的作用。但不可否认的是，同样的产品，谁卖得便宜，谁就卖得多。价格战是一种很重要的竞争手段，采用“薄利多销”策略以提高顾客的购买欲，以刺激产供销环节的周转，挖掘产品的潜在效能，能够使企业立于不败之地。

吃亏有时是一种福气

这么多年来，任何一个国家的人跟我合作之后，从来没有因为一件事情闹得不开心，这一点我是引以为荣的。我喜欢友善交易，这是我的哲学，我曾告诫两子，不要占任何人便宜。

——李嘉诚

俗话说的好：“吃亏是福。”这话是有一定道理的，在经商过程中，如果经营者一味地想要更多的利益，而无视对方的利益的话，只会给合作者留下“损人利己”的不好印象，这样别人就不会继续与你合作下去，这对企业未来的发展是很不利的。而那些在经商中时刻不忘与人共享利益的经营者，到最后总是能赚得很多。

在功成名就之后，有一次李嘉诚曾问他的两个儿子李泽楷和李泽钜：“如果我要入股一家公司，按照协议我可以拿10%的股份，但是凭着我的地位和名望的话，拿 11% 也不算过分，你们说我该拿多少？”

李泽钜给出的回答是拿 11%，这一答案被李嘉诚否决了，李泽楷马上给出了拿 10% 的答案，李嘉诚同样否决了，他说：“我只拿 9%，有些时候我们做事情不能只考虑自己，更要考虑和我们打交道的人，你拿 11% 发不了财，只有拿 9%，财源反而会滚滚而来。”

李嘉诚不只是说说而已，他也确实是这样做的。在 1973 年，中东战争爆发，石油危机迅速席卷了全球。全球经济也受到了波及，香港的塑胶原料全部都依赖进口，因此价格由年初的每磅 6 角 5 分迅速涨成了每磅 4 ～ 5 元，原料价格大涨，令塑胶制造业陷入一片恐慌之中。一些厂家因为没有原料，又无力购买，纷纷陷入了倒闭危机之中。

李嘉诚那时手里有一大批的原料，如果他想要高价出售的话，一定能够大赚一笔，但李嘉诚不愿做这样的商人，他没有在这个危难的时刻选择发财，而是从公司的库存原料中匀出了 1000 多万磅，以低于市场价一半的价格卖给了那些濒于倒闭的塑胶厂，令这些塑胶厂能够“起死回生”。在这一次危难中，李嘉诚救助的企业多达几百家，事后李嘉诚受到了业内外人士的一致称赞。大家也更看到了李嘉诚敦厚可靠的品质，更加愿意和他进行生意上的合作。

在公司方面，李嘉诚也是很懂得舍得之道的，在他成为和黄大股东以后，他为和黄公差考察、待客应酬都是自掏腰包，从不在和黄财务上报账。李嘉诚每年都会放弃上千万元的董事酬金，而把这些钱投入到公司的运营中，这赢得了公司上下众多股东的一致好评。李嘉诚豁达的胸襟让他们更加信任长实系股票，其他投资者受到他们的影响，也纷纷购买公司的股票，长实系股票被抬高，股值大增，作为公司最大的股东，李嘉诚当然是最大的受益者。

李嘉诚凡事都以“仁义”为先，他从小就坚持宁肯自己吃亏，也不愿意让别人吃亏。在李嘉诚刚创业的时候，条件比较艰苦，能够取得一笔订单对厂子来说是生死攸关的大事。当时，一个美籍犹太人马素订购了一批产品，打算将来运到美国销售，但中间出了一点儿问题，马素将合同取消了。本来在这种情况下，李嘉诚是可以索要赔偿的，但李嘉诚却没有这样做，虽然当时他的塑胶厂营业额并不算高，收入紧张，但他也没打算要这笔钱。他对马素说：“日后若有其他生意，我们还可以建立更好的关系。”通过这件事情，马素觉得李嘉诚是一个很不错的合伙人，便不断向美国的客户推荐李嘉诚的企业。就这样，来自美洲的订单源源不断，李嘉诚的生意也越做越大。

“塞翁失马，焉知非福”，李嘉诚对于自己的利益从不会斤斤计较，他认为计较这些眼前的小利并没有太大的用处，真正的大商人要看得更长远一些，有舍才有得。一个成功的经营者，必然要明白只有先付出才能有收获的道理。

能吃亏是做人的一种境界，会吃亏是处事的一种睿智。李嘉诚的故事充分证明，在商战中，最先尝到甜头的人未必到最后也可以品尝硕果，暂时的吃亏不仅能帮助我们实现既得利益，还能够招来更多的合作伙伴，使自己财源滚滚。

在一座城市里，有一座家属院坐落在一条公路的一头，公路的另一头坐落着学校、菜市场和医院。由于家属院只有一个大门，很多人想要走出家属院到公路的另一头，必须要走很多冤枉路。

一天，家属院里开了一家酒楼，由于紧靠着公路，所以老板把其中一间房子的墙砸开了，改成一条家属院通往公路的过道。许多住在家属院的人开始走这条过道，老板没有丝毫的怨言，慢慢大家就成了朋友，家属院的人经常带朋友来酒楼吃饭，有时候没有座位，他们甚至会等上一个小时，只为了能够在这里消费。

后来，老板赚了一大笔钱，决定投资其他项目，就把酒楼卖给了别人。为了能够多赚点儿钱，新老板把原来砸开的墙砌了起来，酒店便多了一个单间，而家属院的人们又不得不绕路到大门口进出。慢慢地，酒楼生意越变越差，一天天衰败下去。

新老板感到很困惑，明明之前的生意非常好，为什么自己接手以后就变差了呢？于是他找到原来的老板，询问原因，原来的老板来到酒楼，看到被砌上的墙，笑着说："你应该牢牢记住：钱是装在别人口袋里的，有时候吃亏是福。"

新老板想了想，终于明白了其中的道理。于是第二天让人把那面墙砸开了，酒楼的生意又逐渐变得好了起来。

对于吃亏，弘一法师从佛法的角度进行了独特的讲解，他曾这样评价君子与小人的区别："我不识何等为君子，但看每事肯吃亏的便是。我不识何等为小人，但看每事好占便宜的便是。"每个人都想成为富翁，做成大生意，但是如果没有"吃亏是福"的豁达胸襟，即使机会摆在你的面前，你也最终会变成一个斤斤计较的小商贩，眼睁睁地看着机会从自己眼前溜走。

有一个人在某地开了一个建材商场，刚开始的时候，生意并不太好。后来他发现当地人都非常节俭，装修房子的时候他们会精打细算，尽量做到不剩材料，争取不花冤枉钱。但是再精确的算法，等到新房装修好以后，也难免会剩下一些材料，留下来没有多大用处，丢掉了又很心疼，这些剩下的材料也就成了“鸡肋”。

得知这一情况后，这个人马上贴出告示：凡是在本商场购买的装饰建材，用剩下的本商场全部打折收回。虽然表面上看这个人是吃亏了，但是他的销售额却翻了好几倍，而他回收废料的资金，在赚取的利润中不过是“九牛一毛”。

在经商过程中，只有那些从不计较个人得失的人，具有大胸襟、大气度的人，才能最终成为企业大家，因为他们知道，一时一事的吃亏或许会给他们带来意想不到的惊喜。

有些生意，利润再高也不做

不义而富且贵，于我如浮云。是我的钱，一块钱掉在地上我都会去捡；不是我的，一千万块钱送到我家门口我都不会要。我赚的钱每一毛钱都可以公开，就是说，不是不明不白赚来的钱。

——李嘉诚

无论是创业之初还是后来的大富大贵，李嘉诚始终坚守不赚黑心钱这一原则。李嘉诚曾说过：“我对自己有一个约束，并非所有赚钱的生意都做。有些生意，给多少钱让我赚，我都不赚……有些生意，已经知道是对人有害，就算社会容许做，我都不做。”李嘉诚的父母从小就教育他要好好做人，端正品行，不能做昧良心的事情，所以，李嘉诚一直为人正直，行事光明磊落。

但并不是所有人都这样，在李嘉诚很小的时候，他就亲身经历了一件黑心商人为了挣钱不顾良心道德的事情。李嘉诚父亲去世后，为了安葬父亲，李嘉诚把母亲和舅父东拼西凑来的安葬费交给两个人，委托他们去寻找合适的墓地。

为了能找到一块儿好的墓地安葬父亲，在看墓地期间，李嘉诚坚持跟着两个人一起去。有一次，当他们来到一块儿埋有他人尸骨的墓地时，李嘉诚无意间听到两个人开始商量如何把这块儿墓地挖开，把尸骨弄走，然后骗李嘉诚把父亲安葬在这里。

听了两个人的话，李嘉诚感到万分震惊，从小就受到良好教育的他万万没有想到，在这个世界上竟然还有这样丧尽天良的人，连死人的尸骨都不放过，而自己的父亲被葬在这样的地方，无疑是鸠占鹊巢，他在天之灵也不会得到安息。深知要不回来退款的李嘉诚不得不做出一个痛心的决定，他告诉这两个人不要挖掘他人的坟墓，已经支付的钱他也不再收回，他另外再筹钱寻找。

这次经历给李嘉诚留下深刻的印象，在以后的经商生涯中，他始终坚持一个原则，那就是不赚取不义之财，并且李嘉诚还时常告诫员工，在生意场上不要占任何人的便宜，绝不要赚“黑心钱”。

李嘉诚曾在巴拿马进行过投资，拥有集装箱码头、飞机场等项目以及大片的土地，带动了当地经济的发展。为了表示感谢，巴拿马政府曾拿出赌场牌照作为酬谢的礼物送给李嘉诚。开赌场可谓是一本万利的买卖，李嘉诚当时在巴拿马有三家旅馆，开在任意一家都可以为他赚取巨额的利益。但就是这样一个赚钱的项目，却被李嘉诚委婉谢绝了，因为他认为自己的旅馆绝对不能开赌场，有些钱他是不会赚的，这是他的原则。

后来在汕头大学的演讲中，李嘉诚谈到做生意应当如何把握机会时，再次谈到了这件事，他说："在一个商业社会，钱当然是赚得越多越好，假使有一项赚钱的事业非常非常吸引人，前景好得不得了，法律也准许，这个事业可以做。但就算是这样的事业，如果我心里还有疑问，我情愿舍弃利益。有个国家的prime minister给了我一个赌场的牌照，这是配合他整个旅游区的牌照。我公司的经理知道我不喜欢赌场的事，就提了一个建议，说这个是无本生意，又肯定有钱赚，可以先将这个牌照租给其他外国人经营，租金1.5亿美金。我看过后马上写了'放弃'二字，绝对不可以经营这个事。

"还有军火，有人劝我：这不是枪，这是一个新的武器。大概只有这么大吧，但是放在这里的话，一平方公里所有的compiter都动不了了。这是最新的，我也不要。这个国家的prime minister到香港来，他说：'整队兵跟着我，向我要牌照，我给你，因为你有发展在这里，你为什么不要？'我的经营理念是：可以赚的钱应该赚，不过要合法合理。可以赚足last penny，可以想办法赚到最后一分钱，但是不能伤天害理。"

当然，在商人的行列里，像李嘉诚这样坚持自己原则的人并不多，大多数商人满脑袋只知道赚钱，不惜在道德上有所亏欠，做出恶劣的事。也有一些企业钻营于道德标准和法律尺度之间的灰色地带，他们伤害到企业本身及整个行业的形象。今天商业社会的进步，不仅要靠个人勇气、勤奋和坚持，更重要的是建立社会所需要的诚实、慷慨，从而创造出一个更公平、更公正的社会。

胡雪岩是中国近代著名的红顶商人、富可敌国的晚清企业家，他涉足多个行业，在风险之中赚取巨额利润，但是他的心中也是有底线的，对于不义之财，他一分也不会赚取。

清朝后期曾暴发过轰轰烈烈的太平天国运动。有一次，太平军的队伍逼近杭州城，当时杭州城的守将是王有龄，因为城内粮草缺乏，士气十分低落。眼见形势十分危急，胡雪岩带领几个人冲出重围，为清军购买粮草。可是当他购足粮草，准备带人杀回杭州城时，却得到杭州失守、王有龄自杀身亡的消息，于是胡雪岩不得不将粮草转运到其他地方。

在转运的过程中，守卫宁波的清军得到消息，希望能够从胡雪岩手中买下粮草，以解燃眉之急。此时胡雪岩如果将这批粮草高价卖出，必然会赚取几倍的利润，但是他并没有趁人之危，而是将粮草借给宁波驻军，并要求他们在重新夺回杭州后，归还所借的粮草。

君子爱财，取之有道。商人的目的是追求利润，这本无可厚非，但是一个人如果盲目地为利益所驱使，那么很可能会在自己不注意的时候，落入别人的陷阱，不仅会给自己的人生留下不光彩的印记，也会使自己陷入困境之中。

曾经连续15年占据全国奶粉销售冠军宝座的石家庄三鹿集团股份有限公司，为了不义之财，丧失最基本的伦理道德，竟然拿婴幼儿的安全健康作为赌注铤而走险，在奶粉中添加三聚氰胺，导致全国多名婴儿出现肾结石。2009年，这个曾无比辉煌的企业被法院宣告破产。从1956年只有32头奶牛和170只奶羊的幸福乳业合作社，发展到品牌价值近150亿元的大型企业集团，三鹿用了整整50年时间，从一个年销售收入亿元的企业走向破产，三鹿却只用了不到一年的时间。

在商业社会中，赚钱是可以的，但是一个违背最基本的商业道德的企业注定是无法长久发展的。一个商人不应该为了赚钱而不择手段，坦坦荡荡地做生意，清清白白地做人，才是一个商人应有的气节。

自己节俭，但要对别人慷慨

只要勤奋，肯去求知，肯去创新，自己节俭，对别人慷慨，对朋友讲义气，再加上自己的努力，迟早会有所成就，生活无忧。

——李嘉诚

在成功学中，有一条“互利法则”，即你给人一份利，别人就会给你一份利。“利益共沾”是聪明商人遵循的法则。李嘉诚也深知这一法则的重要性，因此在市场竞争中，他始终坚持：不独利己，更要利人，不能总把自己的利益摆在别人之上，而是要学会利人法则。

香港《文汇报》曾刊登过李嘉诚的一篇专访，其中一个问题是这样的：“俗话说，商场如战场。经历那么多艰难风雨之后，您为什么还能对朋友甚至商业上的伙伴抱有十分的坦诚和磊落？”

李嘉诚的回答是：“最简单地讲，人要去求生意就比较难，生意跑来找你，你就容易做。”李嘉诚做生意，一向讲的都是“宁亏自己，不亏大家”，和李嘉诚做生意的人都不会吃亏，他们总能赚得很多。李嘉诚照顾生意伙伴，也在工作中照顾企业的员工，李嘉诚对待身边的每个人都是如此良善，他不但对他们很尊重，同时也很顾及他们的利益。

曾担任和记黄埔董事总经理的马世民在离职之前，每年可以在和记黄埔拿到的薪水以及分红共有1000多万港元，这比当时港督彭定康年薪的4倍还要多，而且马世民平时还会有其他的收入。所以，马世民在和记黄埔的收入非常高，这就是李嘉诚慷慨的一个体现。

李嘉诚的得力干将霍建宁在1995年的时候年薪就达到了2100万港元，还不包含股票和分红。对待集团的员工，李嘉诚一样会给他们最好的待遇，让公司业绩百分之百地和员工的待遇挂钩，这样员工会干劲儿十足，更加卖力地工作。

另外，李嘉诚为了体恤下属，增强员工对集团的认同感和归属感，还经常会给他们以低价购入长实系股票的机会，这让员工非常满意。因为买进长实的股票不但能够升值，而且还很安全，会让很多员工觉得未来生活有了保障。马世民就曾经用每股8.19港元的价格购买了160多万股的长实股票，然后以23.84港元每股的价格出售，轻轻松松就净赚了2500多万港元。

李嘉诚让自己的合作伙伴不吃亏，赚很多利润，让自己的员工也每年能赚到比在其他企业高好几倍的薪水，但是他对于自己的生活却并没有太高的要求。虽然他身价很高，可他并不会因为自己有钱就去过奢侈的生活。他曾说过："我喜欢自己有比较宁静的内心世界，因为我对物质生活没什么要求，我个人的生活很简单，我吃的东西简单到你都不相信。如果我一个人吃饭，一般只煮一碟青菜、几条小猫鱼。最近穿着去北京的这双鞋，其中一只的饰带烂了，我索性就剪掉它，变成一只带饰带而另一只不带饰带，但是照样穿。我穿的鞋多数穿到要换底。”

以色列耶路撒冷希伯莱大学的科学家通过研究发现，有些人体内可能天生就带有一种“慷慨基因”，这意味着他们往往比一般人更加乐善好施，这也意味着他们能够在社会上取得更大的成功。李嘉诚就是这样的人，他时刻为他人着想，对待公司员工像对待自己亲人一样。然而，在现实生活中，这样的老板并不是很多，有很多不负责任的老板在公司发展壮大起来之后，并不兑现他们当初对员工许下的承诺，他们还会将赚得利润的一大半收入自己口袋中，只拿出一小部分来分给自己的合伙人或者是股东，这样的做法很伤人心。久而久之，这些老板便会失去员工的支持，失去股东们的支持，他们的企业也就做不长久了。

日本吉田工业株式会社的总裁吉田忠雄就始终坚持企业的利润越多越好，但利润是多方合作的成果，不能自己独享。所以在他的公司里，采取“利润三分法”的措施：把物美价廉、质高价低的产品让利1/3给消费者，让利1/3给公司的代理商、经销商，再让利1/3给公司的股东和员工。公司会要求员工在公司的储蓄账户上存款，而公司支付给公司员工的利息要远高于银行定期存款的利率。每年年终分红时，吉田忠雄本人占16%，其家族占24%，剩下的60%则由公司的员工分享。同时，凡是在公司工作满5年以上的员工，都可以购买本公司的股票。凭借着这一经营理念，吉田工业株式会社由最初生产拉链，发展到今日除拉链外，还生产铝门窗建材、树脂、尼龙等，以及拉链机等各种机械，在南美洲还拥有自己的铜铝矿山，俨然成了从原料到产品销售一体化、遍布世界五大洲的“拉链王国”，而吉田忠雄则理所当然地坐上了“世界拉链大王”的宝座。

摒弃自私贪心的行为，与别人一起享用自己拥有的，看似是付出，其实也是得到。分享的过程中，能够找到我们需要的更多东西。李嘉诚与人合作，不会为了自己多得利益就和合作伙伴争起来，他总是会让合作伙伴赚得足够的利润，让其和自己合作愉快。这也是李嘉诚教给儿子们的人生道理，一个人不要为了钱而失去了自己的理性，在与人合作时要先考虑别人。

有 3 只老鼠结伴去偷油，由于油缸很深，只有缸底有少量的油，于是它们决定一只咬着另一只的尾巴，轮流吊下缸底喝油。

第一只老鼠最先吊下去喝油，它在缸底想："只有这么点儿油，还不如自己独自享用了，管它们两个能不能喝到呢。"中间的老鼠也在想："缸里的油太少了，万一第一只老鼠喝没了，自己岂不是白白出力了？还不如放开它，自己跳进去喝个痛快。"而最上边的老鼠和中间的老鼠的想法一致，于是它们相继松开嘴巴，争先恐后地跳进缸底，痛快地喝起油来。当油喝完后，它们才发现，自己再也逃不出油缸了。

在与人合作的过程中，对别人慷慨，看似是自己的利益受到了损害，但聪明人都能想明白其中的道理，没有人愿意让自己的利益受到损害，用眼前利益的去换取长远利益，这才是最重要的。

知止很重要

我内心已有非常好的保障，若一个人不知足，即使拥有很多财产也不会感到安心。举例来讲，如果看着比尔·盖茨的财富和你自己的距离那么大，那么你永远不会快乐。重要的是内心的安静，表面看来很忙，但内心其实没有波动，因为自知做着什么工作。我知足，但不表示没有上进心。

——李嘉诚

每个人都有证明自己的欲望，而对于商人来说，证明自己的方式往往是把生意做大。生意做大不仅证明了自己的能力，给企业带来了利润，还会让人欲望膨胀。对于这一点，李嘉诚始终保持着一种高度的警惕。他认为，做事必需要有欲望才会成功，但是，欲望应该成为一种适度的动力，而不能膨胀过度。从塑胶花到地产，再到多元化经营，李嘉诚的公司一步步扩大。面对每一步扩大，李嘉诚在欢喜的同时更多的是警惕。他警惕自己不可贪心，要在稳中求胜，而不可在冒进中翻船。

有一年，香港政府财政紧张，为了缓解财政状况，香港政府想要将中环海边康乐大厦所在的那块儿土地拍卖掉。这块儿地皮面积很大，而且处于黄金地段，很有升值价值，是非常值得投资的地方。这个消息传出后，很多商人纷纷想要购得这块儿地，就连不在香港的商人听闻了这个消息，也纷纷赶来参与投标。

但参加投标的人多，真正有实力能够购下这块儿地的只有香港李嘉诚的长江实业有限公司和英国的渣打银行。香港政府出于多种因素考虑，不想让香港以外的人士购买下这块儿地，便有意想让这两家中的一家获胜，于是采取了暗中投标的方式。

李嘉诚虽然对这块儿地皮很中意，但他也有自己的考虑，他在心中给自己设置了一个底线，如果超过底线，那就算把地买回来也是亏本，不值得这样做。可是渣打银行却一心要得到这块儿地，便拼命抬高价钱。渣打银行之前也和长江实业有限公司竞争过，但都败给了长江实业，为了挽回面子，渣打银行这一次非常想中标。

李嘉诚报了他心目中的价钱28亿港元，但渣打银行并不知道，他们认为李嘉诚可能会为了得到这块儿地而报高价，于是渣打银行也报了高价，足足有42亿港元，这样高的价格，最终自然是渣打银行赢得了这次的投标。

本来，渣打银行觉得这一次能够胜利是件非常高兴的事情。正当渣打银行上下举杯欢庆这次胜利时，得到消息的员工回来说李嘉诚的报价比他们的要少14亿港元，这个消息让渣打银行的高层大吃一惊，他们的总裁惊得连杯子都掉在地上摔了个粉碎，他们万万没想到李嘉诚会报这样低的价。

李嘉诚没有被眼前的利益蒙蔽双眼，他冷静地思考之后，做出了理智的选择，他经受住了黄金地段的巨大诱惑，果断抽身，将这块儿地留给了渣打银行。如果李嘉诚一心想要赢得这块儿地，拼上身家，没准也能赢过渣打银行，但那样做，就没有实质性的意义了，完全是为了赢得竞标而去做。

纵观李嘉诚追求财富的一生，每当遇到重大事件，他都能以平和的心态处事，绝不贪心，绝不争强好胜，避免使人际关系陷入僵局，断了别人和自己的后路，所以无论形势怎样变化，他都能够在最后胜出。

在一次与长江商学院EMBA对话的过程中，李嘉诚在谈到“知止”时，曾这样说过：“经营企业，‘知止’两个字最重要。我从12岁就开始投身社会，到22岁创业时就已经过了10年非常刻苦的日子，到今天我已工作60多年了。在香港，我看过有些人成功得容易，但是掉下去也非常快，是什么原因呢？‘知止’是非常重要的。全世界很多企业之所以失败，最少一半都是因为贪婪。”

正如李嘉诚所说的那样，有心的人会发现，在各大企业排行榜上，每年都有10%左右的公司被淘汰，然后涌现出一批新的企业。商场如战场，在形势巨变的情况下，更是几家欢乐几家愁。

总结规律发现，那些被淘汰的企业，很多是由于盲目扩张造成的。在企业发展正兴的时候，领导者的欲望也膨胀起来，自信心和实力都被夸大，于是失去理智，见到利益就要，见到钱就想赚，甚至不惜在实力不够的情况下向规模要效益，最后往往资金链出现问题，铸成大错。

李嘉诚曾说过：“做生意要有良好的心理素质，投资时要审慎，一定要学会自制。”他还举出贪心不自制的具体危害：贪心首先会导致诚信丧失，失去合作伙伴。一个商人过于贪心时，往往希望一口吃成胖子，在现实条件达不到的情况下，会不惜采用欺诈手段以牟取暴利。以次充好、以假乱真等都是目光短浅所致，短暂的盈利，却失去了原本可以长期合作的伙伴，真是得不偿失。

一天，一个食不果腹的穷人遇到一个魔鬼，魔鬼拿出一个袋子，对穷人说：“我每天都在观察你，看你实在太可怜了，决定帮助你。这是一个有魔力的袋子，袋子里永远有一块儿金币，永远都拿不完。但是你要注意，当你花费金币买食物时，袋子的魔力就会消失。”

魔鬼把袋子扔给穷人后，就消失了。于是穷人捡起袋子，不断地从里边往外拿金币，不一会儿，他就拥有了一堆金币，这些钱足够他花一辈子的了。

这时，穷人感觉有些饿了，他想拿金币去买点儿吃的，可是一想到只要花了金币，袋子就会变成普通的袋子，他又有些不甘心，于是他忍受着饥饿，继续从钱袋里往外拿钱。

就这样一周过去了，穷人已经变得有气无力，可是他还是舍不得拿金币去买食物，他总是想等钱再多一些时再去。就这样，穷人最终躺在金币里，饿死了。

在经商过程中，商人不要像这个穷人一样，一定要克服贪婪的心理。那么怎么克服贪婪的心理呢？首先要保持冷静的头脑，克制冒险的念头，不可想着在冒险中取得更大的利润。为此，投资专家沃伦·巴菲特说："在别人贪婪的时候恐惧，在别人恐惧的时候贪婪。"这样企业才能在别人畏首畏尾的时候抓住机遇，在同行"头脑发热"的时候规避风险。当然，克制贪婪并不是固守原地不发展，保持合适的发展速度对于一个企业来说是必要的，也是企业做大的重要方法。

从人性的角度来分析，每个人都想要更多、更好的东西。当一个看起来非常诱人的机会摆在眼前时，很少有人能够控制住自己的贪念。但一个成熟的企业家就能够在冷静下来之后，迅速分析清楚这其中的得失，在市场竞争中的必要时刻，他宁可退后一步，也不会盲目增资和扩张，他能够做出一点儿牺牲来给日后更大的迈步做铺垫，从而使自己立于不败之地。

第八章

诚信：

一经承诺，便要负责到底

有多少人信任你，你就拥有多少次成功的机会

做生意要以诚待人，不能投机取巧。一生之中，最重要的是守信。我现在就算再有多10倍的资金也不足以应付那么多的生意，而且很多是别人主动找我的，这些都是为人守信的结果。

——李嘉诚

经济学家亚当·斯密曾说："商人本来最怕失去信用，他总是时刻小心翼翼地按照契约履行所承担的义务……"所以说，商人应当以诚信为首。李嘉诚做生意讲诚信，诚信也帮助李嘉诚在商海中自由翱翔。

李嘉诚出生于一个书香门第，父亲在生前教会了李嘉诚很多宝贵的做人道理，比如"贫穷志不移""求人不如求己""不义而富且贵，于我如浮云""吃得苦中苦，方为人上人""失意不灰心，得意莫忘形"等等。父亲的熏陶和教诲令李嘉诚从小就树立了正确的人生观，这些观念在他日后的经商过程中也潜移默化地起到了很大的作用。李嘉诚一生都恪守商业道德，他的人品和良好做派为他在商界乃至社会上都赢得了极佳的口碑。

当年李嘉诚决定离开塑胶厂自己创业时，塑胶公司老板对这个能够给公司工厂带来财富的员工十分不舍，当他发现实在不能挽留住李嘉诚时，就把他约到酒楼，为他设宴饯行。

老板的知遇之恩让李嘉诚很感动，在酒席间，李嘉诚将自己以后的想法和盘托出，他对老板说："我离开您的塑胶公司，准备自己单干，难免会用到在您这儿学到的技术和管理理念，甚至可能会开发同类的产品，请您理解。因为，从现在的形势来看，我不开塑胶厂，其他人也会开。不过，请您相信，我不会违背做人的原则，绝不会带走您的客户，我会另外开辟销售市场。"

辞职后，李嘉诚和以前的老板成为同行，许多他以前认识的人都主动找到他，想要和他合作，但只要是以前塑胶厂的客户，李嘉诚都婉言拒绝，并劝这些客户继续和原来的塑胶厂合作。李嘉诚这种抛开利益、注重情谊的真诚，让这些客户非常感动，他们在继续与原来那家塑胶厂合作的同时，也为李嘉诚介绍了许多新的客户。

曾有一次，李嘉诚旗下的几家公司发行新股，推出了百亿集资计划，并决定采取"连锁包销"形式，即由长江实业认购一部分新股，剩下的新股由5家信托公司负责包销。但是没过多久，全球许多地方出现股灾，香港的股市也没能幸免，从牛市转为熊市，每家公司所拟订的供股价要比市价高出3成以上，出现大幅度不足额认购。

由于这次百万集资计划中的50%新股是由李嘉诚旗下公司认购包销的，而且和其他包销商的正式合同尚未签署，很多人都认为现在股市大跌，李嘉诚会取消这次计划，但是李嘉诚并不想让人批评他不守信用，最终他还是按照协议认购了长江实业一半的新股，支付现金高达10多亿港元，这一举动让李嘉诚的账面上损失了3.5亿港元。但是他守信的行为鼓舞了5家包销商以及数百个分销商，他们纷纷按合同认购新股，最后这次百亿集资计划大获成功，而李嘉诚的举动也巩固了长江实业系各公司的信誉。

无信而不立，商人贵在一个“信”字，“信”类似于我们所说的诚实。对于白手起家的李嘉诚来说，30岁就成为富商，最关键的一点就是“信”。而李嘉诚的“信”又和他为人的“诚”分不开，即“诚信”。李嘉诚不但自己坚守着做人的最基本的诚信，还时刻不忘提醒身边的人也要守信，要遵守做人的基本原则，这一点很让人敬佩。

一个青年在创业之初，靠着仅有的一点钱开了一家电器行，他将这点钱分成两笔作为保证金，分别从两家电器批发商那里提货来销售。

当时，保证金只是形式，因为青年从电器批发商那里提的货的价值要远远高于保证金。为了感谢批发商对自己的信任，青年总是按时返还该付的钱款，绝不拖欠。

时间长了，这名青年诚信的口碑被传开，他也得到许多电器批发商的信任，无论他提多少货，他们都会同意，而他的生意也因此越做越大，最终他的企业发展成为拥有员工5000多人、年营业额高达88亿元的大型集团。他就是声宝公司董事长陈茂榜。回忆起年轻时的那段经历，陈茂榜深有感触地说：“这件事给我很大启示，使我深深了解到，在商场上，信用实在太重要了。”

诚实是做人之本，诚实亦是做事之本，对于商人更是如此。大千世界，人有形形色色，有的奸诈，有的投机，有的傲慢，有的狂狷，各色人等或许能取一时之利，然而唯有诚实的人才能成就一番大事业。

在国外的一个小镇里，有一家专做面包的小店，店主经常到隔壁的农场买牛油块儿。但是让店主感到气愤的是，每次他购买的牛油块儿都会缺斤少两。终于有一天，忍无可忍的店主将农场主人揪送到法官那里，让法官为自己主持公道。

法官问农场主人："您有磅秤吗？"

"有的，但是没有称重量的砝码。"

"那您是如何称出牛油块儿的重量的呢？"

"法官大人，我根本不需要砝码，因为每次面包店的店主来农场买牛油块儿时，我就会拿出他卖给我的面包，称出等重的牛油块儿回卖给他。如果说我缺斤少两，那么也是他的错。"

如今商海浮沉，唯有诚实者方能长久，正如李嘉诚所言，"诚实的人，方能永远有饭吃"。只有人品好、讲信誉、诚实可靠的人才能在商海沉浮中立于不败之地，而那些为了赚钱而放弃做人的底线、投机取巧、偷奸耍滑的人最终会被大家看清，大家会与之划清界限。

信誉是企业生存和发展的法宝

一个企业的开始意味着一个良好信誉的开始，有了信誉，自然就会有财路，这是必须具备的商业道德。就像做人一样，忠诚、有义气，对于自己说出的每一句话、做出的每一个承诺一定要牢牢记在心里，并且一定要能够做到。

——李嘉诚

在当今社会，一个企业能否在激烈的竞争中站稳脚跟，关键就在于这个企业能否树立完美的企业形象，而这种形象并不需要你去找公关公司来进行宣传。作为企业的领导者，只要记住“诚信为本”这4个字就足够了。

李嘉诚刚刚创建长江塑胶厂时，运用了从意大利偷学过来的先进技术，一时间订单纷至，出现了产品供不应求的局面。由于一时糊涂，长江塑胶厂采用了降低产品质量来完成订单的错误举措。结果，客户对产品质量很不满意，先是一家客户对李嘉诚的塑胶厂制品的质量反馈很差，接着其他的客户也纷纷站出来指责李嘉诚，他们拒收长江塑胶厂的产品，还要求长江塑胶厂赔偿自己的损失。

前段时间还供不应求的长江塑胶厂，一夜之间陷入了困境，仓库里堆满了质量欠佳的产品，索要赔偿的客户纷至沓来，还有一些新客户想来做生意，但看到这种情形，便二话不说扭头就走。

客户是企业的衣食父母，长江塑胶厂刚迎来好日子，就遭遇到这样严重的打击，李嘉诚急得像热锅上的蚂蚁。屋漏偏逢连夜雨，就在客户纷纷要求退货赔款时，银行也得知了长江塑胶厂的情况，于是上门催李嘉诚还贷款。一时之间，长江塑胶厂人心惶惶，大家都陷入了破产的恐慌之中。

产品质量的保证是企业持续发展的保证，在急功近利的心境下，李嘉诚竟然犯下了产品质量不过关的错误，意识到自己的错误后，李嘉诚很是懊恼。李嘉诚的母亲庄碧云看到他整日愁眉苦脸，便主动开解他。她找李嘉诚谈话，问：“你认识老家开元法寺的元寂主持吗？”

李嘉诚还没有回答，母亲便接着讲了下去：“元寂法师老年时想在自己的徒弟中为自己选个接班人，这两个徒弟的法号分别是一寂和二寂。元寂把一寂和二寂叫到身边说出了自己选择接班人的事，并交给他们一人一袋稻谷，到第二年秋天，谁收的谷子多，谁就是接班人。

“第二年秋收过后，一寂和二寂前来接受法师的考核，一寂收获了一大担子谷子，二寂却两手空空。元寂见到两个徒弟，微微一笑，当即宣布二寂为接班人。一寂很不服气，询问师父：‘不是谁收的稻谷多谁是接班人吗？师父怎么可以言而无信？’元寂老法师看了看一寂，又看了看二寂，说：‘可是，我给你们的是煮过的谷子，你们怎么能种出稻谷呢？可见，二寂是诚实的人。’一寂听后，恍然大悟。开元寺的众人也都心服口服。”

这时，庄碧云语重心长地对李嘉诚说：“做生意如同做人，诚信不可少，有了诚信才能被人信任，有了诚信才能生意长久。”听罢母亲的话，李嘉诚感到非常愧疚。他主动找到客户和银行道歉，祈求他们原谅自己犯下的这个错误，他保证如果客户肯放宽期限，他一定能够想到办法将这个错误弥补了。

与此同时，李嘉诚也不忘安抚厂里的员工，他坦诚地对大家说厂子出现了问题，有可能会因为抗不过这次危机而倒闭，但李嘉诚也诚恳地请大家放心，只要大家齐心协力共渡难关，之后，他一定不会亏待大家的。

人非圣贤，孰能无过。过而能改，善莫大焉。李嘉诚的改过之心和行动为他赢得了新的信任。李嘉诚经过妥善处理，最终收拾了残局，并且重整雄风。

从那以后，李嘉诚一直认为良好的信誉是非常重要的。他曾说过："现今世界经济形势严峻，成功没有魔法，也没有点金术，但人文精神永远是创意的泉源。作为企业领导，他必须具有国际视野，能全景思维，有长远的眼光，务实创新，掌握最新、最准确的资料，做出正确的决策，迅速行动，全力以赴。更重要的是正如我曾经说过的，个人和企业要建立良好的信誉，这是在资产负债表之中见不到但价值无限的资产。"

在当今社会中，有些企业能够红火数百年，长盛不衰，有些企业却如同昙花一现，红火一阵儿就销声匿迹。除了市场影响、经营策略等因素外，能否做到诚信，也是一个重要的因素，因为诚信是立业创业之本。很多成功的企业家都十分重视诚信，他们认为做人诚信才能迈出成功的第一步。

一名印第安部落的酋长来到一家新开的店铺，他对店主说："我要用 4 块儿貂皮换一条毯子和一块儿印花布，你准备一下，我明天带貂皮来交换。"

第二天，酋长带着貂皮来到店里，店主把毛毯和印花布交给他后，他拿出5块儿貂皮放在柜台上，说："这是昨天咱们商定好的5块儿貂皮。"

店主拿起一块儿貂皮，递给酋长说："你记错了，昨天咱们商定的是 4 块儿貂皮。"而酋长坚持商定的是 5 块儿貂皮，两个人争持了一会儿后，酋长微笑着收起店主递回的貂皮，然后走到门外，对门外的族人说："跟他做生意吧，他是一个诚实的人，他不会欺骗我们。"然后他又转身对店主说，"如果你不还给我一块儿貂皮，我会告诉他们不要跟你打交道，我们还会赶走其他的顾客。但是现在，你已经是我们的朋友了。"

任正非曾在《致新员工书》中写道："华为十几年来铸就的成就只有两个字——诚信，诚信是生存之本、发展之源，诚信文化是公司最重要的无形资产。信息安全关系着公司的生死存亡。员工在参与公司产品研发、生产、销售等过程中，一是不要侵犯别人的知识产权，二是不要将公司的智力资产泄漏出去甚至据为己有。诚信和信息安全作为对每个员工的最基本要求，任何人只要违反，都必将受到处罚。我们不要求您去指点江山，激扬文字。我们以'产业报国'的方式去关心、去爱自己的国家。希望您加速磨炼，茁壮成长，我们将一起去托起明天的太阳。"

在录制《赢在中国》节目时，马云也曾对3位想要进行幕后金钱交易的参赛选手说了以下一番话，引起了很多人的思考与感悟。

"你们犯了一个几乎所有创业者都会犯的错误，这也没什么大不了。商业社会其实是个很复杂的社会，但是我觉得只有一样东西能够让自己把握住，那就是诚信。因为诚信，所以简单。越复杂的东西，越要讲究诚信。

"作为一个企业家，我相信在座的很多人，包括我自己，我也在反思：我想成为这样的企业家吗？我们是企业家吗？企业家、商人和生意人有什么样的区别？生意人唯利是图，有钱就赚；商人有所为，有所不为；而企业家必须承担社会责任，创造价值，完善社会。

"但是你要想做一个优秀的生意人、一个优秀的商人、一个优秀的企业家，你必须有一样东西，那就是诚信。诚信是个基石，最基础的东西往往是最难做到的。但是谁做好了这个，谁的路就可以走得很长、很远。

“跟你一样，我是从大学里出来开始创业的，有 4 个人骗过我。那时候他们比我大多了，每次他们讲的故事都非常好听，但是每一次我都上当。今天我活下来了，骗过我，当时比我大得多的企业都关门了，而我们还存在着。骗别人的人，一定会有倒霉的一天。而要不上当，自己就得扛得住诱惑，扛得住压力，扛得住贪婪。”

由此可见，在某些时候，诚信不仅仅是一种品质，更是一门生意，也是创造财富的利器，它是一个企业发展壮大的法宝，也是一个企业家走向成功的前提。

一经承诺，便要负责到底

我生平最高兴的，就是答应帮人家去做的事，自己不仅是完成了，而且比他们要求的做得更好。当完成这些信诺后，那种兴奋的感觉是难以形容的。

——李嘉诚

李嘉诚在与人交往中，最看重的就是对别人要守信用、重承诺，李嘉诚答应了别人的事情，哪怕这件事情再微不足道，他也一定会办到。

在李嘉诚的人生中，曾发生过这样一件事情，他曾回忆说：“20 世纪 50 年代，我刚做塑胶花的时候，常在皇后大道中看到一个行乞的老妇，四五十岁，很斯文的样子。她从不伸手要钱，但我每次都给她钱。一天，我问她会不会卖报纸，她说有同乡干这行，我便让她带同乡来见我，我想帮她做点儿小生意。在约好的那天，有个客户刚好要到我的工厂参观。客户至上，我必须接待。交谈中，我突然说：‘Excuse me！’便匆忙离开。客人以为我上洗手间去了，其实我跑出工厂，开车奔向约定地点。途中，违反交通规则的事差不多全做了，但好在没有失约。见到那妇人和她的同乡，问了一些问题后，我就把钱交给了她。她问我姓名，我没说，只要她答应我一件事，就是努力工作，不要再让我看见她在香港任何地方伸手向人要钱。事后，我又开车回工厂，客户正着急，他说：‘为什么在洗手间里找不到你？’我笑一笑，这事就过去了。”

虽然这只是一件小事情，但是却经常被李嘉诚提起，面对一个普通的乞丐，李嘉诚都能信守诺言，这才是真正的守信用。在面对大客户的时候，李嘉诚也会因为遵守承诺，而认真去完成答应的事。

印尼著名华人财团——金光财团董事长黄奕聪的次子黄鸿年就曾在采访中说过，在经商与人生的道路上，除了自己的父亲以外，李嘉诚是对他产生很大影响的人。

1989年，黄鸿年向李嘉诚购买位于加拿大温哥华世界博览会旧址的三栋建筑，几番商谈之后，最终以4000万美元成交。但是没过多久，那三栋建筑的市场价格开始上涨，李嘉诚的一个儿子看在眼中，急在心里，他认为父亲做了亏本的买卖，于是私自找到黄鸿年，提出在原来价格的基础上再加500万美元，黄鸿年自然不会同意，双方闹得不欢而散。李嘉诚知道这件事情后，主动请黄鸿年吃饭，并在宴席间当着黄鸿年的面给儿子打电话，要求他不要插手这件事，最终他们按照原来商定的价格进行交易。

还有一次，黄鸿年要购买李嘉诚旗下位于香港的某停车场，双方谈好的交易内容是价值3亿多港元的换股权证，但是这时却突然出现一位买家，也要买那处停车场，开出的条件也十分诱人，不仅提出给现金，而且总价也比黄鸿年给出的价格要高出不少，但是李嘉诚并没有见利忘义，违背诺言，他拒绝了那位买家，继续同黄鸿年交易。

在与李嘉诚的交往中，不仅生意场上李嘉诚的一些做法让黄鸿年感动，在一些小事上，李嘉诚也让黄鸿年十分钦佩。有一次，李嘉诚请黄鸿年吃饭，由于路上耽搁了一些时间，所以他迟到了几分钟，因此他在宴席上一再向黄鸿年道歉，请黄鸿年不要介意。前辈这种一诺千金的良好品德深深地印刻在黄鸿年的心中，也影响着他的人生。

李嘉诚曾说："一个人一旦失信于人一次，别人下次就再也不愿意和他交往或发生贸易往来。别人宁愿找有信用可靠的人，也不愿意去找他，因为他的不守信用会生出很多麻烦来。而当你建立了良好的信誉后，成功、利润便会随之而至。"正是因为李嘉诚具有遵守诺言这个良好的品质，才使得大家都非常信任他，愿意与他交往，而李嘉诚自己也是非常看重这一点的。如果有人随便答应了别人的事情，最后却置之脑后，那这样的人，李嘉诚是很不喜欢的。

由此可见，诚信之于商人就是无形的资产，是一个潜在的资产库。李嘉诚能取得今天的成就，首要原因就是他通过做人的手段来做生意，取得了对方的信任，生意也就水到渠成了。如今社会商业化气息很浓，人们都渴望发财，为此绞尽脑汁、用尽手段，却忘了最基本的方法，就是用做人的魅力为自己赢得成功。李嘉诚谈到商界的尔虞我诈时也颇为反感，他说："人为了成功而不择手段，首先在做人上就已经失败了。做人失败了，即使一时赚取了利润，也如朝露，很快就会被蒸发了。这样做生意是不会长久的。”

在当今社会，很多企业家都十分重视信守诺言，柳传志曾说过：“说到的事情必须做到，除非有不可抗力的影响。”2007年上半年，柳传志应温州商界的邀请，坐飞机飞往温州进行商业交流。由于温州突降暴雨，柳传志搭乘的飞机不得不迫降在上海，随行人员建议等第二天天气转好后再乘机飞往温州，但是柳传志并不同意，他担心第二天飞机再出现延误，自己就无法准时参加会议了。于是他安排随行人员找来一台轿车，连夜乘车赶往温州，终于在第二天早晨赶到了温州。当与会人员知道这一情况后，都对柳传志赞不绝口。

曾经有人问史玉柱，在现在的领导者素质中，哪一样至关重要？史玉柱回答说：“是说到做到。你只要承诺了，几月几日几点钟做完，你一定要做完。完不成，不管什么理由，一定会遭到处罚。往往越没本事的人，找理由的本事就越高。我们干脆不问什么原因了，你部门的事你就得承担责任，不用解释。所以现在大家都说实话，不搞浮夸了。”史玉柱就是这样一个典型的实用主义领导者，他说：“员工做出的承诺一定要兑现，一定要让他说到做到，做不到你也要想方设法帮他去做到。一个成功的企业家必须要有这个作风。”

在生活中，我们会发现很多不遵守承诺的现象，例如老板不兑现年终奖和绩效提成、约了朋友却最终失约等等，很多人总是喜欢说“我就是随口说说而已”；用来解释自己为什么承诺之后又不履行，但李嘉诚却认为一旦承诺之后，就要负责到底，这是做人最基本的原则。

一只狐狸为了躲避猎人的猎杀，跑到一个农夫家里，请求农夫把自己藏起来，农夫答应了狐狸，并把它藏在了储藏室里。

过了一会儿，猎人追了过来，问农夫有没有看到狐狸，并答应农夫抓到狐狸后，把狐狸肉送给他。农夫心动了，他一面嘴上说没有看到狐狸，一面悄悄地打着手势，暗示狐狸藏身的地点。但是，急于追赶狐狸的猎人听到农夫说没看到，就急匆匆地向前赶路，并没有看到农夫做出的手势。

看到猎人走远了，狐狸从储藏室里走了出来，一声不响地走了，农夫责怪狐狸不懂得知恩图报，狐狸却说："假如你的手势和你承诺的一样，我就会感谢你。"

美国首任总统乔治·华盛顿曾说："自己不能胜任的事情，切莫轻易答应别人，一旦答应了别人，就必须实践自己的诺言。"法国著名作家巴尔扎克也说："遵守诺言就像保卫你的荣誉一样。"一生承诺，重于泰山，做出承诺很容易，履行承诺却并不轻松，所以许诺是非常严肃的事情，对不应办的事情或办不到的事情千万不能轻率应允。自己许下的诺言，就一定要去实现它，因为一个人的诚实与信誉是他获得良好人际关系和走向成功的基础，而能否兑现许下的诺言是衡量一个人是否有信誉的主要手段。

让敌人都相信你，你就成功了

有人问我何为做人成功的要诀，我认为做人成功的重要条件是让你的敌人都相信你。要做到这样，第一是诚信。我答应的事，明明吃亏都会做，这样一来，很多商业上的事，人家说我答应的事，比签合约还有用。曾经，我有个对手，人家问他，李嘉诚可靠吗？他说，他讲过的话，就算对自己不利，他还是按诺言照做，这是他的优点。答应人家的事，错的还是照做。

——李嘉诚

在李嘉诚的心目中，诚信是为人处世首要的原则。李嘉诚的良好信誉在业界是有口皆碑的，他能够将长江实业发展到如今的规模，靠的也正是他的良好信誉。

多年前，李嘉诚决定把他所持有的香港电灯集团公司的10%股份在伦敦以私人方式出售。在李嘉诚的这个计划按部就班地进行的过程中，香港电灯集团宣布了将会获得丰厚利润的消息。李嘉诚的得力助手马世民在得知这一消息后，建议李嘉诚可以暂缓出售股份，如果以后出售还能卖个更好的价钱，可是李嘉诚却不同意，他坚持按照原定计划进行。李嘉诚认真地说道："还是留些好处给别人吧，将来再有配售时将会较为顺利。而且，赚多一点儿钱并非难事，但要保持良好的信誉才是至关重要和不容易的。"

李嘉诚不会为了一点儿小利就令自己的信誉或是长江实业的信誉受到一丁点儿的损害。对于这一点，《远东经济评论》的评论家点评道："有三样东西对长江实业至关重要，它们是名声、名声、名声。"

在李嘉诚获得老牌英资财团和记黄埔9000万普通股，得到了和黄22.4%的股份之后，由于这些股份是从汇丰银行手里买的，很多华商、港商认为李嘉诚不是凭本事而是靠汇丰的恩惠获得的，对李嘉诚能管理好这个庞大的老牌银行持否定态度。为了得到确切的消息，《南华早报》和《虎报》的外籍记者多次询问汇丰的老板沈弼："为什么会让李嘉诚接管和黄？"沈弼的解释是："长江实业发展得很好，信誉又好，和黄也从1975年的困境里走了出来。汇丰销售和黄的股份不是很完满的事吗？"由于李嘉诚为人诚信，一些和李嘉诚合作过的商人或是集团都声称他们非常信赖李嘉诚，李嘉诚往哪里投资，他们就往哪里投资。

曾有一次，北美房地产大王李察明陷入财务危机，急需找一位重信用且有实力的富商来帮助他渡过难关。几经挑选，李察明选中了李嘉诚，为了表明自己的诚意，李察明将位于纽约曼哈顿一座大厦的40%股权以4亿港元的折扣价拱手让给了李嘉诚。在这笔交易中，李嘉诚获得了巨大的利润，而且还因此与李察明建立了长期合作关系，为自己的事业发展提供了强有力的支持。这也是李嘉诚因为良好形象及信誉而为自己带来生意及利润的一个有力佐证。

李嘉诚诚信经商不仅使别人主动找他合作，而且还令自己的竞争对手折服。在一次采访中，李嘉诚说了这样一个案例："有一次，我们将和一家拥有大片土地的公司进行合作，他们公司有个董事跟其他的同业是好朋友，有利益的关系，就说为什么要跟长江集团合作，不考虑其他的公司？他们主席（指董事长）说，跟李嘉诚合作，合约签好以后你就可以高枕无忧，麻烦就没有了；跟其他的人合作，合约签好后，麻烦才开始。

"这是家大公司，公司全部的人包括高级主管都知道，结果没有人反对，所以一次会议就通过。这个案子，长江集团赚了很多钱，对方也赚了很多钱，是双赢。敌人相信你，不单只是因为你诚信，敌人相信你，是因为相信你不会伤害他。例如，我是他的竞争对手，但他相信我不会伤害他，不会用不恰当手段来得到任何东西，或是伤害任何一个人。除了诚信，第二是自强不息，第三是真的要追求知识、准确的信息。”

由此可见，商者，就应该建立起自己的公信度，正如李嘉诚说的：“让敌人都相信你，你就成功了。”

汤姆是美国一家电脑公司的高级工程师，虽然这只是一家小公司，时常要面临其他大公司的挤压，但是为了报答老板的知遇之恩，汤姆仍然尽心尽力地工作，没有丝毫跳槽的意思。

另一家大型电脑公司的主管邀请汤姆共进晚餐，在饭桌上，这名主管对汤姆说：“你也知道咱们两家的业务是相互冲突的，如果你能够把你们公司最新产品的数据资料给我，我会给你一笔丰厚的报酬，并安排你到我们公司任职。”

听了这名主管的话，汤姆一下子愤怒起来，他气愤地说：“想都不要想，我不会为了金钱而出卖自己的良心，咱们以后也没有必要见面了。”说完这些话，汤姆头也不回地走出了餐厅。

没过多久，汤姆所在的公司终于因为经营不善而倒闭，汤姆开始了求职之路，可是找了几家都不理想。就在这时，曾让他偷取公司机密的那家电脑公司的总裁给他打来电话，邀请他担任公司的主管。

汤姆难以置信地问：“你为什么这样相信我？”

总裁哈哈一笑说：“原来的主管辞职了，他向我说起了那件事，并特别推荐你。你的技术很好，我也相信你会成为值得我信任的那种人。”

“时间就是金钱”，我们大家都熟知这句话，这句话出自富兰克林写的一封名为《对一个年轻商人的忠告》的信中，但是人们恐怕并不知道，在这封信中，还有另一句至理名言，那就是“信誉也是金钱”。在当今社会，人们记住了前者，却忽略了后者。其实，在人与人之间的交往中，我们离不开守信，而在市场经济的链条中，不论哪一个环节，也都离不开信用。

就像李嘉诚说的那样：“直到今天，凡与我合作过的人，个个都感到愉快。当然，以诚待人在我一生中也有伤害到自己的时候，在金钱或感情上受到的伤害也会有，不过我还是相信‘诚招天下客’之原则。‘信’是什么东西？信是一种人格的力量，是超越金钱的友情。所以，言必信，行必果，能帮上的忙则帮，但不可轻易许诺。”恪守诚信，对一个人来说不仅是一种美德，也是一种对自己和对他人的尊重。当你因为诚信而使人们主动找你谈生意，令你的竞争对手都折服时，你的事业又怎么不会壮大呢？

诚恳待人，别人才会以诚相报

问候不一定要郑重其事，但一定要真诚感人。你必须以诚待人，别人才会以诚相报。

——李嘉诚

英国剧作家莎士比亚曾说过：“质朴比巧妙的言辞更能打动我的

心。”英国作家莱辛也曾说过：“本性流露永远胜过豪言壮语。”在人的一生中，最宝贵的品质就是真诚，能够做到诚恳待人，你就会获取对方的信赖，赢得成功。

李嘉诚早年在推销白铁桶时，他所在的五金店得知有一家刚落成的旅馆正准备开张，这是推销铁桶的大好时机，因此李嘉诚的同事们想尽办法要拿下这单业务，但总是事与愿违，旅馆的老板就是不肯轻易决定支付这笔费用。

就在同事们不得不知难而退放弃这单业务时，李嘉诚却认为这是一个难得的自我挑战的机会，他决定迎难而上，尝试着拿下这笔订单。

刚开始的时候，李嘉诚并没有像其他同事一样，直接找到旅馆老板，游说他接受这笔业务，而是先与旅馆的一名职员时常进行沟通，并最终与他交上朋友。在交谈过程中，李嘉诚从那名职员的口中得到了一个重要的信息，旅馆的老板中年得子，因为十分疼爱自己的儿子，小男孩一直想要去看一场赛马比赛，但是由于当时旅馆开张在即，老板十分忙碌，根本抽不出时间陪儿子去看赛马比赛。

李嘉诚认为这是一个突破口，他立刻通过这名职员牵线搭桥，并自掏腰包带旅馆老板的儿子去看赛马比赛。实现愿望的小男孩自然十分高兴，时常在父亲面前提起李嘉诚，而李嘉诚的诚恳举动也让旅馆老板十分感动，最终同意从李嘉诚手中买下 380 只铁桶。

还有一次，李嘉诚去写字楼推销一种塑胶洒水器，连续走了几家公司都无人问津，但是他并没有气馁，而是改变推销策略。比如，他会每天早早到客户公司门前，那时公司的员工都还没上班，只有清洁工在打扫卫生，李嘉诚就会帮清洁工打扫，用他的塑胶洒水器帮清洁工洒水，洒过水后，地上就变得干净了一些，打扫起来就特别省力。清洁工看到李嘉诚帮了忙，同时也觉得这个塑胶洒水器很好用，就积极向老板推荐。

而有的时候，李嘉诚也会在上班期间推销他的塑胶洒水器。他会对那些有权决定采购的主管说给他一点儿时间让他演示一下产品的优点，然后李嘉诚便会洒水、扫地，产品演示完了，地也扫完了，卫生打扫干净了，便极少有人会拒绝购买李嘉诚的塑胶洒水器。

美国著名心理学家安德森曾经做过一个实验，他在一个表格中列出 550 个描写人的品质的形容词，让参与实验的人们指出他们所喜欢的品质。结果显示：人们评价最高的品质正是“真诚”，而评价最低的品质则是说谎、装假和不老实。

通过这项实验，我们能够得出一个结论，那就是在人际交往中，人们总是喜欢诚恳可靠的人，而痛恨虚伪阴险的人。在现实生活中，无数的事例也证明，如果你具有真诚无私的品质，能够对别人以诚相待，你的吸引力就会增强，你也更容易得到他人的信赖和支持，从而获得更多的机遇，进而获取成功。

在一个大雨倾盆的午后，许多逛街却没有带伞的行人都纷纷跑到附近的店铺躲避这场突如其来的大雨。

费城百货商店里也挤满了躲雨的人，这时，一个衣着简朴、狼狈不堪的老太太步履蹒跚地走了进来，许多售货员看到她简朴的衣服，只是把她当成一名躲雨的人，而不是顾客，因此对她爱答不理。只有一名叫菲利的年轻人走了过来，热情地对老太太说：“夫人，我能为你做点儿什么吗？”

老太太笑着对菲利说："不用了，我就在这儿躲会儿雨，雨停了我马上就走。"

听了老太太的回答，菲利转身走了，过了一会儿他拿来一把椅子，对老太太说："夫人，您一定有点儿累了，我给您搬把椅子，您坐着休息一会儿吧。"

老太太对菲利表示了感谢，等到雨过天晴后，她归还了椅子，并向菲利要了一张名片，然后转身走了。

没过多久，费城百货公司的总经理就收到一封信，写信人指定要求将菲利派往苏格兰收取装潢一整座城堡的订单，并让他负责自己家族所属的几个大公司下一季度办公用品的采购任务。看过信后，总经理震惊不已，因为经过他匆匆一算，只是这一封信带来的利益，就相当于费城百货公司两年的利润总和。后来经过多方打听，总经理才得知写信的人正是那位躲雨的老太太，她是美国"钢铁大王"卡内基的母亲。而菲利也因为这笔订单，成为费城百货公司的合伙人。

在随后的几年中，菲利被卡内基母亲推荐到卡内基的麾下办事，并成为卡内基的左膀右臂，在卡内基的提携下，菲利走向事业的巅峰，成为钢铁行业仅次于卡内基的灵魂人物。

著名的翻译家傅雷先生曾说过："我一生做事，总是第一坦白，第二坦白，第三还是坦白。绕圈子，躲躲闪闪，反易叫人疑心。你要手段，倒不如光明正大，实话实说，只要态度诚恳、谦卑、恭敬，无论如何人家不会对你怎么样的。"诚恳地对待别人，做到坦荡无私、光明正大，自己的心里也会感觉到很温暖。

有一次，一位作者为了编写《英国科学家的性格和修养》而采访达尔文，在采访过程中，他问达尔文："您认为自己最主要的缺点是什么？"

按照常理，像达尔文这样有声望的人，在回答这一问题时完全可以说几句无关紧要的话，敷衍过去，以免影响自己头上的光环，但是达尔文并没有这样做，而是诚恳地回答："不懂数学和新的语言，缺乏理解力，不善于合乎逻辑地思维。"达尔文这种毫不掩饰地说出自己缺点的诚恳态度让这位作者非常感动，也从心底更加敬佩他。

俄国著名戏剧理论家斯坦尼斯拉夫斯基曾说过："真诚与朴实是天才的宝贵品质。"在生活中，我们要想拥有良好的人际关系环境和纯洁的爱情，就需要靠我们自己的付出和真诚，真正能够做到"待人诚恳，用心做事"。

与人相交要诚实可靠，避免说大话

与新老朋友相交时，都要诚实可靠，避免说大话。要说到做到，不放空炮，做不到的宁可不说。

——李嘉诚

俗话说："无商不奸，无奸不商。""奸"字在中国商业文化中被重点强调，因此也导致在生意场中，许多商人以"厚黑"作为自己的经商准则，认为只有奸诈一些，才能赚取更大的利润。李嘉诚对这一观点却嗤之以鼻，并且他一直坚守着中国人的道德之本，即"诚信"。

在李嘉诚的名字中有一个“诚”字，也许他父母给他起这个名字时，就是希望他在以后的生活中能够诚实做人。李嘉诚并没有辜负父母的期望，他一直以这个字作为自己经商、做人的准则，他靠着一个“诚”字，为自己的事业打开了机会的大门，并把生意做得越来越大，成为一代富豪。

有一次，李嘉诚的塑胶厂遭遇到前所未有的困难，由于资金不足，李嘉诚无法更新工厂陈旧的设备，厂房也无法扩建，生产规模也就无法得到扩大。正所谓“破屋更遭连夜雨，漏船又遇打头风”，就在李嘉诚为工厂难以扩建而一筹莫展的时候，一位急需大量塑胶花的订货商又来到他的公司，想要订货。由于用货量很大，订货商要求李嘉诚出示担保人的亲笔担保书，但是因为李嘉诚的企业太小，没人愿意为他担保。

面对困难，李嘉诚并没有推掉这笔生意，也没有对客户进行欺骗，而是安排设计人员按照订货商的要求，连夜设计出 9 种精巧别致的塑胶花。

第二天，一见到订货商，李嘉诚就把设计好的产品拿出来，诚恳地对订货商说：“先生，这 9 款塑胶花是我和公司设计人员昨晚按照你的要求设计出来的，有 6 款我想基本符合你的要求；而另外 3 款，因为我考虑到你的订货是为圣诞节准备的，因此，在你要求的基础上，我们揉进了一些东方民族的传统风格，我认为或许你会喜欢，所以全部拿来，供你挑选。”

在订货商看完样品，表示非常满意后，李嘉诚接着说：“就我个人而言，我当然十分希望能够长期与你合作。我们公司目前虽然没有足够的资金以及有力的担保，但是我们却可以给你提供全香港最优惠的价格、最好的质量、最优的款式。而且，这9款塑胶花样品，如果你觉得满意，我愿意送给你，只是希望有机会跟你合作。”

听了李嘉诚的话，订货商对李嘉诚的坦诚十分钦佩，他说：“说实话，我们从来没有和没担保的公司合作过，但是，你的诚意打动了我，我们做生意最看重的就是诚信，你不必去找担保公司了，我愿意与你合作。”

没想到，面对渴望已久的合约，李嘉诚却拒绝了，他对订货商感激地说：“感谢你这么信任我，可是，由于资金问题，我没有办法及时生产出你要求的这么多货。谢谢你的好意，我们还是无法签约。”

李嘉诚的这一举动让订货商很诧异，对他也更感兴趣，生意圈内没有谁不想着占便宜、谋利润的，而李嘉诚却将做人看得比利润还重要，是一个真真正正的君子。于是，订货商决定无论冒多大风险都要和李嘉诚合作，帮这个年轻人一把。他不仅马上答应同李嘉诚合作，而且同意预先支付货款，以便能够让李嘉诚扩大生产。就这样，在这名订货商的支持下，李嘉诚不仅弥补了自己资金不足的劣势，扩大了生产规模，拓宽了销路，还在香港塑胶行业内取得了相当有利的竞争地位，凭借这次机遇，李嘉诚也逐渐成为塑胶花大王。

从前，一个小男孩在放羊的时候感到无聊，就在山顶大喊狼来了，于是大人们赶紧跑到山顶来救他，结果却发现受骗了。小男孩看着大人们气愤的表情，兴奋得手舞足蹈。

从那以后，每当无聊的时候，小男孩就会大喊“狼来了”，逗大人们来救他。久而久之，大人们都不相信他说的话了。有一天狼真的来了，小男孩惊恐地大喊“狼来了”，可是大人们以为他还是在说谎话，没有一个人来救他，结果小男孩被狼吃掉了。

这就是我们小时候经常听到的“狼来了”的故事，它教育我们在生活中要诚实做人，不能说谎话，否则就会自食其果，害了自己。同样，在生意场上，生意的达成就是建立信用的过程。如李嘉诚所言，诚实守信的人，才能赢得对方的信赖，才能为做生意打下坚实的基础。否则，做生意就如无本之木、无源之水。

在商界，风险投资商个个都聪明过人，他们不会关注你的商业计划书写得多么完美，而是更关注执行这个创业计划的人，所以创业者首先要将自己“营销”给这些投资人，要让投资人对自己产生充分的信任。

在创立百度的初期，为了能够拿到风险投资，李彦宏四处寻找风险投资人，最终Peninsula Capital（半岛基金）和Integrity Partners两家投资商对李彦宏的创业项目产生了兴趣。在进行谈判时，一位投资人问李彦宏多长时间能够把这个搜索引擎做出来，李彦宏想了想，回答说需要6个月。

这名投资人觉得操作的时间过长，于是对李彦宏说：“如果我们加大投资金额，你能不能做得更快些？”对一般人来说，只要能拿到投资，对于投资人的要求，往往想都不想就答应下来，更何况是增加投资。但李彦宏却没有丝毫的犹豫，而是坚定地拒绝了对方的提议，表示自己给出的6个月时间是经过认真思考后的结果。

李彦宏的回答无疑让两名风险投资商吃了一粒定心丸，他们相信这个中国年轻人是值得信赖的，因为他不会说大话。于是他们迅速和李彦宏签订了投资协议。而事实上，李彦宏这个搜索引擎在第四个月的时候就做出来了。

诚信是一个道德范畴，是我们立身处世之本。想要争取更高的社会地位，获取更多的财富积累，就要提高自己的诚信度。不说大话、空话，一诺千金，才能使自己的事业基础稳固。

名誉是第二生命，有时候比第一生命更重要

对一个成功的商人来说，名誉比赚钱更重要，良好的声誉会带来更多的财富。

——李嘉诚

在生活中，李嘉诚十分注重名誉对自己的影响。在平时，他很注重自己的言行，如果在公众场合中，有女星想和李嘉诚攀谈或者向他敬酒，李嘉诚都会婉拒，然后迅速离开，不给记者留下拍照的机会。香港某刊物还曾发布重金悬赏通告，称如果哪位女明星能够和李嘉诚合一张影，那他们会出40万港元来买这张照片，悬赏多年，至今仍一无所获。

有一段时间，《明报周刊》曾刊登过一篇题目为《一生最怕惹绯闻，视名甚重》的文章，这篇文章中写到一位姓李的地产商人和某某港姐有染。在那段绯闻闹得沸沸扬扬的时候，香港著名作家林燕妮曾因为其他事情采访过李嘉诚，李嘉诚一坐下来先谈的不是公事，而是要澄清媒体记者对他的绯闻传言。李嘉诚对林燕妮说：“我跟某某港姐绝对

没有关系，亦不认识，外边乱讲。”对于那段绯闻，林燕妮并没有问，李嘉诚就主动解释，由此可见对于绯闻，他是多么排斥。李嘉诚之所以会和林燕妮解释这件事情，是因为那时林燕妮替《明报周刊》做“数风云人物”的专访，李嘉诚知道林燕妮在香港记者中的地位，想借她的笔澄清自己。

林燕妮事后在谈到对此事的想法时说道：“我们是做广告的，绯闻我们不关心，但他显然十分介意。”李嘉诚这样在乎自己的名誉也是出于无奈，因为曾经有很多成功的商人因为行为不检点而断送了自己的前程。

李嘉诚一生都看重自己的声誉，在他的夫人庄月明病逝后，李嘉诚一直守着对夫人的感情没有再娶。尽管李嘉诚拥有万贯家财，但他的私生活却始终很检点，从不放纵自己，他努力将自己与绯闻隔离开来。李嘉诚如此严格要求自己，所以人们对于一些有关于李嘉诚的流言蜚语自然也就不会轻易相信。

人格操守是事业上最靠得住、最坚实的资本，李嘉诚对这一点认识得很清楚，他坚持洁身自好。在李嘉诚的心目中，保持自身的名誉清白，不仅仅是名声上的问题，更是一个人品格的保证。李嘉诚的企业能够做到现在这么大的规模，也正是因为他认识到了这一点。所以，李嘉诚做人做事时总是能够保证自己的品性正直。有很多大公司愿意花昂贵的费用，用已经去世很多年甚至超过上百年的名人的名字来做公司的名称。这些公司之所以这样做，正是因为这些名人都是人品可靠、名誉很好的人，用他们的名字作为公司的名称，能让消费者和客户对公司产生信任。

对于名人来说，有一个好名声是非常重要的。俗话说“雁过留声，人过留名”，好的名声能为其带来更加丰厚的社会财富。李嘉诚不止一次地忠告一些焦躁不踏实的人：“注重自己的名声，努力工作、与人为善、遵守诺言，这样对你们的事业非常有帮助。”

很多成功的人正是因为注重自己的名声，看重自己在社会上的名誉，才奠定了成功的基石。提起李宁，我们的第一印象就是“体操王子”，但那只是他赛场上的形象。多年之后，人们再提起退役的李宁时，仍然对他很崇敬，这完全得益于好的声望名誉给他带来的崇高地位。

李宁退役之后，一直以推动中国体育事业发展为己任，并创建了以自己名字命名的运动品牌。1992 年巴塞罗那奥运会上，“李宁”便被选为中国体育代表团专用领奖装备，从而结束了中国运动员在奥运会上穿着国外体育品牌服装的历史，为国家争得了荣誉。

在 2008 年的北京奥运会开幕式上，李宁作为最后也是最重要的火炬手点燃了奥运圣火，使他的个人形象得到进一步提升。此外，李宁还非常热心于公益事业，不仅亲自担任了“中华骨髓库”大使，同时还帮助贫困落后地区的白内障患者恢复视力，亲自参与“护鲨行动”，号召全社会保护野生动物，建立李宁基金会及“振梅基金会”，致力于广西地区的教育、体育等公益事业……一系列的公益活动为他的形象增光添彩，在提高他的名誉的同时，也直接影响着“李宁”系列品牌的销售。

俗话说：“人要脸，树要皮。”这里的“脸”指的不是人的脸蛋，而是指人的名誉，名誉对于一个人来说，就像树皮对树一样重要，它是一个人需要用心经营和维护的宝贵财产，是成功的基石。名誉一旦受损，修补起来就会变得非常艰难，而你也会陷入四面楚歌的境地之中。

春秋时期，鲁国宰相公仪休非常喜欢吃鱼。一次，公仪休正和学生交谈，有人送来两条鲜活的大鲤鱼，公仪休婉言谢绝了。他的学生不解地问："老师，您不是很喜欢吃鱼吗？现在有人送鱼来，您为什么不接受呢？"公仪休回答说："正因为我喜欢吃鱼，所以才坚决不能收人家的鱼。如果我因为收鱼而违反国家的法律，被罢免丞相之职，今后谁还会给我送鱼？我还能再吃到鱼吗？如今，我身为宰相，俸禄足够我自己买鱼，因此我是绝对不能收人家送的鱼。"学生听后点头说："因为收鱼而毁了自己的名节，确实得不偿失，您做得对！"

做大事的人、走向成功的人都是将事业建立在自己良好的品格上的，良好的声誉是事业的资本，在做任何事情的时候，都不要为了蝇头小利而放弃做人的底线。很多人为了尽快成功，尽早拥有财富，就丧失道德底线。这样的人，即便拥有了金钱和社会地位，也是人格堕落的人，也不能成为大家眼中成功的人。

第九章

创新：

东方不亮西方亮

尽量用别人的钱赚钱

当你放下面子赚钱的时候，说明你已经懂事了。当你用钱赚回面子的时候，说明你已经成功了。当你用面子可以赚钱的时候，说明你已经是人物了。当你还停留在那里喝酒、吹牛，啥也不懂还装懂，只爱所谓的面子的时候，说明你这辈子也就这样了！

——李嘉诚

李嘉诚是个很有经营手段的商人，他具有现代经营理念，为了获得更多的资金发展长江实业集团，除了招股集资之外，他还努力和银行合作，希望得到银行的支持，这样便能为自己赢得更多的资金支持。

提起汇丰银行，在香港可谓是无人不知、无人不晓，因为在很长一段时间内，香港所有的港币全部由汇丰银行发行，而且在汇丰银行扶植下成为顶级富豪的人不计其数，因此香港经济界人士常说的一段话就是："谁攀上了汇丰银行，谁就攀上了财神爷；谁攀上了汇丰大班（指香港大机构的主席、董事总经理或行政总裁），谁就攀上了汇丰银行。"

在长实集团发展的过程中，李嘉诚自然需要更多的资金支持，而汇丰银行无疑是不二的选择，因此李嘉诚想方设法和汇丰银行搞好关系。当时汇丰集团董事局常务副主席是沈弼，他对李嘉诚这位“地产新秀”所表现出来的聪明才智十分欣赏，早就萌生了与其合作的念头。在1978年，李嘉诚和汇丰联手合作，重建了位于中区黄金地段的华人行。

当时香港商界的人看到李嘉诚居然能够和汇丰银行合作发展旧华人行地盘，都感到非常惊讶。他们认为李嘉诚是凭借着自己“高超的外交手段”才和汇丰银行合作的，但其实李嘉诚之所以打动了沈弼，凭借的是自己诚实可靠的信誉，尤其是在收购九龙仓那件事情之后，沈弼更加觉得李嘉诚是一名儒商，非常可靠。

这些才是李嘉诚赢得与汇丰合作的基础。早在1974年，汇丰银行就购得了华人行产权，华人行位于高楼林立的中环银行区，年久失修，又小又破，与周围的一座座高楼相比，显得很是寒酸。所以在1976年，汇丰银行开始拆卸旧的华人行，决定清出地基，发展新的出租物业。

当时正逢地产业高峰期，华人行又地处黄金地段，所以听到这个消息后，很多地产商都跃跃欲试，除了想要得到这块儿物业，更想借机和汇丰银行搭上关系。当时声誉大振的李嘉诚虽然对这次合作非常有信心，但他认为一定会经过一番激烈的竞争才能取胜。让他没想到的是过程竟然这样顺利，沈弼在接到李嘉诚递交的合作材料后，当即拍板决定和他合作了。

之后，李嘉诚和汇丰银行的合作次数更多了，汇丰力助李嘉诚收购英资洋行，在1985年还邀请李嘉诚担任汇丰的非执行董事，可以说李嘉诚之后的生意能够越做越大，这其中汇丰银行的功劳也很大。

从这件事上可以看出李嘉诚的经营智慧。做生意需要资金，有的时候明明眼前有一个很好的机会，但因为资金缺乏，不得不眼睁睁地看着这个机会与自己擦肩而过，被别人夺去，所以，在很多商人的经商过程中，用别人的钱来赚钱成为他们常用的方式，这样既可以降低风险，又可以强强联合，省去很多麻烦。

《塔木德》中有这样一句名言："没有能力买鞋子时，可以借别人的，这样比赤脚走得快。"用别人的钱来为自己赚钱，这是许多成功人士常用的方式。富兰克林就曾经说过："钱是多产的，自然生生不息，钱生钱，利滚利。"所以，借势是精明的商人常用的招数，借用别人的钱来为自己赚钱，同时也为别人带来了资产。

美国旅馆业巨头希尔顿在年轻的时候曾穷困潦倒，一心想改变现状的他四处寻找发财的机会。一天，他在逛街的时候，发现达拉斯商业区虽然十分繁华，但是只有一家算得上高档的饭店。他想，既然这里人流这么密集，如果我开一家高档的饭店，必然会顾客盈门。

经过仔细研究，希尔顿看中了达拉斯商业区的一块儿土地，他立刻找到土地的所有者，咨询地价，对方给他开出的价格是 30 万美元。

当时希尔顿只有 5000 美元，连一半的土地都买不了，但是他并没有退缩，而是用手里的钱盘下一间小饭店，开始苦心经营。没过多久，他就赚了一笔钱，再加上朋友借给他的一些钱，希尔顿手里的资金增长到 10 万美元。

于是希尔顿再次找到土地所有者，对他说："我很想买你的土地来盖一家高档饭店，但是我的资金不够，因此我希望你能把这块儿地租给我，我的租期是100年，分期付款，每年的租金3万美元，你可以保留土地所有权，如果我不能按期付款，你可以收回你的土地和我在这块儿土地上盖的饭店。”

土地所有者没有丝毫犹豫，马上答应了希尔顿的请求，因为一次性得到30万美元，却失去了土地的所有权，和分期换来300万美元的收益，而且保留了土地的所有权相比，自然是后者要划算得多。

这笔交易谈妥后，希尔顿支付了第一年的租金，此时他手中还剩下7万美元。随后希尔顿又找来建筑设计师，咨询建筑一座他心目中的饭店需要花费多少钱，建筑设计师通过核算后告诉希尔顿，起码需要100万美元。

于是，希尔顿又找到土地所有者，说服他同意让自己把这块儿土地的产权证拿到银行作为抵押，就这样希尔顿拿到了30万美元的抵押贷款，此时他手中已经拥有了37万美元的资金。

随后，希尔顿又找到一个商人，请求他和自己一起开发这座饭店。最终这个商人投资了20万美元，这样希尔顿的资金就达到了57万美元。

拥有了一多半的建筑资金后，希尔顿开始动工建造饭店，但是当饭店建到一半的时候，资金已经所剩无几。这时希尔顿又找到土地所有者，希望他能够出资，帮助自己盖完这座饭店，而且承诺将这座饭店的所有权归对方，自己只要经营权，并且每年支付对方10万美元的租金。

土地所有者自然答应了希尔顿的请求，随后不久，以希尔顿名字命名的“希尔顿饭店”落成开业。时至今日，希尔顿的“旅店帝国”已延伸到全世界，资产也从最初的5000美元发展为数十亿美元。

希尔顿的成功就在于他懂得借力打力，借势助己，个人的能力很有限，但如果能够得到银行或者其他人的帮助，一定能发展得更快，借着势头，迅速成长起来。而李嘉诚也正是明白这个道理，才和汇丰银行合作，彼此都为对方带来利益。这一举两得的好事，何乐而不为呢？

具有超前意识，快人一步

今天，在竞争激烈的世界中，你付出多一点儿，便可赢得多一点儿。好像奥运会一样，如果短跑比赛，虽然是跑第一的那个赢了，但比第二、第三的只胜出少许。只要快一点儿，便是赢。

——李嘉诚

做生意如同下棋一样，平庸的商人往往只能看到眼前的一两步，而高明的商人却能看出后五六步甚至更多。李嘉诚之所以能够出类拔萃，成为商界富豪，就在于他能遇事处处留心，比别人看得更远、更准。

20 世纪 40 年代中期，塑胶行业在欧美发达国家兴起，并因此带动了一股塑胶花热潮。李嘉诚审时度势，果断地从自己非常熟悉且干得不错的五金行业抽身而退，转投到塑胶行业。1950 年，李嘉诚创立长江塑胶厂，并开始大量生产塑胶花，最终在这股热潮的带动下，李嘉诚赚得了数千万港元，他所创办的长江塑胶厂也一跃成为世界上规模最大的塑胶花生产工厂，李嘉诚因此也被称为“塑胶花大王”。

随后，很多人都向他学习，投入到塑胶行业，一时间生产塑胶花的工厂如同雨后春笋般遍地开花。李嘉诚这时预感到这个看似兴盛的行业将来会出现很大的危机，因此他当机立断，放弃了当时还盈利颇丰的塑胶花业，开始进军玩具行业。果然，没过多久，火爆的塑胶花开始由畅销转为滞销，那些跟风兴起的塑胶花工厂全都赔得血本无归，而这时的李嘉诚已经在玩具行业中赚得了数千万港元。

1958 年，香港的房地产业处于低谷期，当时的香港地价下跌 70%、房价下跌 30%，许多生意人都对房地产业避而远之，但是李嘉诚却认为香港人多地少，房地产业的不景气只是暂时的，随着经济的逐步发展，地产业在日后一定会大有作为，因此他投资数百万港元进军房地产业。几年过后，他所购置的地皮价格都上涨了数百倍，而他也最终成为香港的“地产大王”。

20 世纪 70 年代末期，李嘉诚敏感地预见到旅游业将会成为香港的热门行业。旅游业热起来，宾馆行业也会随着热起来，好的宾馆一定会有很高的出租率的，李嘉诚认为这个行业大有可为。他考虑清楚之后，便迅速行动起来，以非常迅速的态势收购了拥有美国资本的永高有限公司的 56% 股权，紧接着又收购了其他股东的股权，这家公司的主要产业是位于香港中区的有 800 个房间的希尔顿大酒店。

李嘉诚当时估计全香港的酒店在未来的两三年内的租金会大幅度上涨，所以，他现在买下希尔顿的资产十分值得，把这家公司握在自己手里，便能从容应对未来的变化了。果然不出李嘉诚所料，香港的旅游业开始大热特热，李嘉诚赶上了香港旅游业有史以来最热的黄金时期，他提前买下的希尔顿大酒店的股权也大赚了一笔。

改革开放以后，内地的经济飞速发展。但在当时，很多港商对内地刚刚开放的零售业市场不敢轻易涉足，一直采取观望态度。李嘉诚却不赞成这种瞻前顾后的做法，他认为内地的人口众多，随着经济的发展，人们的消费水平会越来越高，零售业的发展空间是很大的。于是经过考察，他的企业携带百佳和屈臣氏进入内地的零售市场，成为首家登陆内地的香港零售商。李嘉诚的眼光果然独到，他没有看错内地市场的巨大潜力，内地市场也给了李嘉诚无比丰厚的回报。

具有超前意识，是那些成功的企业家所具备的共同特质。对于李嘉诚来说，具有超前意识更是他在商海中获胜的重要法宝，在瞬息万变的信息中敏锐地捕捉到投资的方向，造就了他的神话传奇。

比尔·盖茨在总结自己的成功秘诀时曾这样说："我之所以真正成为世界首富，除了知识、人脉、微软软件公司很会行销之外，有一个关键是大部分人没有发现的，这个关键就叫作眼光好。"对于一个生意人来说，赚钱的机会其实是无处不在的，但是这些机会不会主动找上门来，这就需要你具备超前意识，在其他人没有发现它的时候提前抓住它。所以有的时候，在生意场上不是缺少商机，而是缺少发现商机的超前意识。

有两个人在树林里行走，突然从树林里跑出一头黑熊，其中一个人急忙打开背包，拿出球鞋穿上，另一个人对他说："你穿球鞋有什么用，我们反正跑不过熊。"忙着穿球鞋的人说："我不是要跑得比熊快，我只要跑得比你快就可以了。"

人们常说："一步领先，步步领先；一步落后，步步落后。"意思是说，先人一步，自己的空间就非常大，而随波逐流，空间就会变得非常小。从生活到工作，特别是在激烈的市场竞争中，这个道理都是适用的。具有超前意识，能够在市场竞争中先人一步，是那些成功的企业家所具备的共同特质。否则，就很难准确地看到和把握住商机，跌进“随大流”的人流大潮之中，以至于很难踏上“领先”的道路，从而给自己的发展带来很大的限制。

1951年夏天，威尔逊经历了一次令人沮丧的全家度假旅行。他们全家在旅游时所住的旅馆环境不好，工作人员服务态度很差。然而在沮丧之后，威尔逊发现了一个很大的市场机会：自己为什么不开一家为旅客提供理想的住宿条件、优良服务的宾馆呢？于是威尔逊立刻开始筹措资金开旅店。不久，威尔逊便盖了一座汽车旅馆，取名为“假日客栈”。由于地理位置优越，并且租金低廉，旅馆内还特别注重卫生整洁，有良好的服务条件，因此游客盈门，生意兴隆。从那以后，威尔逊的假日客栈便像雨后春笋般出现在美国与世界其他地方，这使他获得了丰厚利润，也让他成为美国著名的富豪。

想要在竞争中获胜，就要具备时时刻刻走在别人前面的领先精神。如若不然，落在别人后面，想要追赶就需要费很大的力气，最终只能是得不偿失。眼光独到，具有超前意识，那么你就可以掌握生意发展的最新趋势，因为竞争对手少，你的生意就会顺应趋势，做得风生水起，而你离成功致富也就越来越近了。

商人要不断寻找未开发的市场

商人一定要不断寻找未经开发的市场，世界上大部分的人都盼望能买到外国货，精明的商人要向国外市场动脑筋。很多人抱怨环境不好，实际上是没有静下心来认真去找机会。中国有太多的机会，到处是金矿，中国企业家应该好好抓住这些机会。

——李嘉诚

李嘉诚的商业头脑之灵活是公认的，他总是能想到别人想不到的地方。李嘉诚经常做一些人们看不懂的事情，在人们还摸不着头脑的时候，李嘉诚已经将自己的事业又发展了一步。作为一家企业的管理者，李嘉诚非常懂得如何做好广告宣传。对于企业和商人来说，广告是非常重要的，美国的商业评论员卡鲁曾经说过："广告是看不见的金子。"

李嘉诚对广告的运用并非是普通的广告操作。在这里介绍几个例子，便可以看出李嘉诚运用广告的超强能力了。在第二代移动电话即将面世的时候，李嘉诚在参加一个拍卖会的时候，突然做出了一个举动，他在中途离场，跑出去用大哥大和客户通起了电话。李嘉诚一向是媒体关注的焦点，当时在场的媒体纷纷举起相机，拍下了这个场景。

到了第二天，香港各大报纸杂志都刊登了这个画面，有的标题写到"'超人'推销有妙招，摩托罗拉做广告"。一时之间，大家纷纷称赞李嘉诚的精明头脑和巧妙的推销技术。但到了最后，有一家媒体出来证实，李嘉诚那天用的大哥大不是摩托罗拉，而是他的竞争对手代理的一个产品。

李嘉诚为什么会用竞争对手代理的牌子？是否是为了帮对手造势，或者有什么别的原因？当时人们不得而知。但李嘉诚那日的一个小小举动，足以令人们对那个大哥大产生百分之百的关注度了。

还有一件事情是关于李嘉诚乘坐的汽车。李嘉诚名下有几辆名车，但他自己并不经常乘坐那些豪车，只是用作公务。李嘉诚经常坐的一部车是日本产的房车，李嘉诚刚开始乘坐那辆房车时，这个车的品牌并不是很知名，在市场上，人们认为房车还是欧美生产的比较好一些。可是李嘉诚乘坐了这辆车后，这个品牌的房车一下子被人们熟知起来，购买量也增加了很多，这就是李嘉诚的名人效应。

直到过了很久人们才知晓，李嘉诚常坐的这辆房车是由他本人参股的一家汽车公司的代理经销商在销售。李嘉诚在不动声色之间便为自己的公司做了宣传、做了广告，而且效果还非常好，令销售额大增。

没有费“一兵一卒”，李嘉诚就令自己旗下的一个公司的营业额大增，这就是李嘉诚高超的经营本领。李嘉诚总是能看到市场上的空白处，运用自己的智慧将生意做好。同李嘉诚一样懂得广告效应的还有马云。2004 年，国内出现了轰动性的新闻——“阿里巴巴逾亿元在美打电视广告”。也许阿里巴巴并没有花这么多钱打广告，但这条新闻让阿里巴巴赚足了人们的眼球，提升了阿里巴巴在市场上的影响力，还吸引了很多海外会员来加盟。

马云很懂得造势，为了能够更好地走入国际市场，更快地被国际市场所接纳，马云可是煞费了一番苦心。在 2005 年，上海网商论坛上，马云发表了一个演讲：“去年我们的战略有一些调整，我们觉得整个中国的电子商务市场又开始热起来了，由于淘宝的加入，我们在国内做了很多的广告，去年我们在中央电视台等媒体上面有大量的广告。2002 年以前，阿里巴巴在中国的广告预算为零，但是去年我们为此花了很多钱。

“很多会员讲，阿里巴巴花了那么多钱是不是烧钱？我认为不是，我们是把赚来的钱继续投入市场。去年我们有不少钱投在中国的市场上，我们在中国投入广告以后，有很多企业向阿里巴巴学习。所以去年我们决定干脆到国外去，我们在美国的 CNBC 包了大量的广告。

“大家觉得这个时候做广告可能是最贵的，但因为我们是第一个这样在美国本土做广告的中国公司，所以我们谈业务的时候价格就很便宜。我们跟他们讲，我们代表中国市场，如果我们做得好，很多企业会进来。其实我们是以很便宜的价格，在美国和欧洲进行宣传的。去年开始，我们的重要战略是进行海外推广。今年我们参展的次数几乎是去年的 3 倍，所有的展览都有阿里巴巴的展位在那里。我本人这一年也跑了很多地方，这是我们去年的战略，包括今年和明年，我们依旧会在国外进行大量的宣传。”

在营销手段上，成功的商人自然有他的独特之处。一家公司的产品非常好，但是由于公司太小，知名度不够高，所以销路一直打不开。有一次，老板坐飞机到外地出差，不料飞机在中途发生了故障，在经历了短暂的恐慌之后，故障被排除了，但为了安全起见，飞机不得不迫降。

当这位老板排队准备走出机舱时，脑中突然灵光一现，他立刻返回座位，从行李箱里找出一张白纸，然后在上边写了一行大字：“我是 ×× 公司的 ××，我和我们公司的 ×× 产品安然无恙。”

此时，机场出口早已挤满了闻讯赶来的记者，这位老板打出的牌子很快就被记者的镜头捕捉到。随后媒体在报道这次飞机迫降事件时，无一例外地都配发了这张图片，没过多久，这名老板的公司和产品的名字就变得家喻户晓了。

成功的商人总能看到商机，通过不断寻找还没开发的市场，将自己的生意越做越大。李嘉诚认为生意是永远做不完的，经商者要有一双能够发现生意的眼睛。企业的管理者也不要自满于当下的经营状况，要不断开拓进取，那样才能将企业发展得越来越出色。

知识才是一个人最宝贵的资产

在知识经济的时代里，如果你有资金，但是缺乏知识，没有最新的讯息，无论从事何种行业，你越拼搏，失败的可能性越大。但是如果你有知识，没有资金，小小的付出就能够有回报，并且很可能达到成功。现在跟数十年前相比，知识和资金在通往成功的路上所起的作用完全不同。

——李嘉诚

俗话说："书中自有黄金屋，书中自有颜如玉。"在这个世界上，唯有在知识上的投资是一本万利的，尤其是在当今社会，知识已经成为每个人的核心竞争力。

经常会有人问李嘉诚，他是靠什么取得成功的，而李嘉诚的回答通常是："知识。"这两个字在李嘉诚心目中的地位是非常重要的，他曾说："今天的商场要以知识取胜，只有通过勤奋的学习才能通往人生新天地。”

在很小的时候，李嘉诚就明白知识能够改变命运这个道理，因此他养成了读书的好习惯。他经常会待在父亲的书房里读书，一看就是一整天。后来由于家庭变故，李嘉诚不得不忍痛终止学业，外出打工，但是他并没有放弃对知识的渴求，他常常利用在茶楼打工时短暂的休息时间来学习，为自己充电。后来在工厂打工时，同事们在闲暇的时候都会聚在一起打麻将，李嘉诚却会捧着一本书仔细地研读，并且天天如此，丝毫不在意别人的嘲讽。

由于家境变得贫寒，没有多余的钱买更多的书，李嘉诚就买旧书来自学，每学完一本就卖给书店，然后用卖书的钱再买来旧书学习，这样既节省了金钱，又学到了知识。

李嘉诚后来形容自己当时的状态是在“抢”学问，而不是求学问。通过学习，他不仅了解到世界潮流的发展趋势，掌握了必要的信息，使他在以后的投资过程中能够游刃有余，更重要的是，他的人生境界得以拓宽。假如没有当初的勤奋努力，那么现在的李嘉诚肯定是一事无成。

在汕头大学的一次演讲中，李嘉诚对大学生们说过这样一段话：“我常常说‘知识改变命运’，这是我根据自己的经验得来的。你们以后在社会奋斗还是要有知识的，知识不是你从大学那边学到的。现在世界每天都在变，变得非常快，从中争取学到最新的知识，也是各位同学应该努力争取的。我每天也都在争取。”正是有这种时刻求知的态度，在取得一定成就后，李嘉诚并没有沉迷于声色犬马之中，而是仍然努力地学习。

不管白天多么忙碌，每天晚上睡觉之前，李嘉诚都要看一会儿书，这个习惯至今仍然保留。有一次，别人问李嘉诚每天晚上都在看什么书，李嘉诚回答说："我昨天晚上看的是关于资讯科技前景研究的书，我相信这个行业的发展会非常快，未来两三年里，电影、电视都可以在小小的手提电话中显示出来。我比较喜欢科技、历史和哲学类的书籍，最近对网络资讯也比较感兴趣。"李嘉诚同时也表示，自己从来不看小说，娱乐新闻也从来不关注，因为他觉得看这些东西是浪费时间。

当今社会，一个人的能力已经与成功挂钩，而能力正是通过不断的学习获得的。李嘉诚曾说："从前经商，只要有些计谋，反应灵敏迅速，就可以成功；可现在的企业家，还必须要有相当丰富的知识资产，对于国内外的地理、风俗、人情、市场调查、会计统计等都要非常熟悉才行。"也正是由于拥有持续不断学习的精神，李嘉诚在一生中无数次把握住了获得财富的机会。虽然知识并不意味着财富，但是有了知识就可以创造更多获得财富的机会。

在大学的一间教室里，一名教授正在给学生们讲课。教授的面前放着两个杯子，一个杯子是空的，另一个则装满了水。

教授拿起一瓶矿泉水，倒向盛满水的杯子。当矿泉水倒了一半的时候，教室里的学生终于忍不住了，他们异口同声地说："老师，不要倒了，水全都溢出来了，杯子装不下了。"

听了学生们的抗议，教授这才停住手，然后将剩下的半瓶矿泉水倒入空杯子，并对学生们说："在社会上，你们要不断地把大脑腾空，不断地学习，只有这样才能吸收更多的知识，才能为自己的生命注入活力。”

美国现代管理学家彼得·德鲁克曾经说过：“知识将成为真正的资本和首要财富。”几乎每个人都想赚取更多的财富，然而有些人却在追求财富的道路上偏离了方向，他们为了多赚钱，放弃了学业，放弃了深造的机会。但是，物质的财富是暂时的，它终有用完的那一天，而知识的财富却是用不尽的。一个成功的商人，一定是一个学习能力极强的人，在变幻莫测的生意场中，只有不断地学习才能适应这种变化。一个懒惰的人无法跟上时代的大潮，一个不懂得学习的人注定会被这个时代所抛弃。

一个人开了一家软件公司，赚取了大量的财富，而他的儿子却是一个纨绔子弟，不愿意跟随父亲去学习那些枯燥的代码、程序，而是喜欢每天泡在酒吧里与朋友们胡吃海喝。

后来，软件公司的老板去世了，临终前他告诉儿子；“我已经把所有财富都锁在了保险柜里，而保险柜的密码就在电脑程序里，如果你试图使用暴力打开保险柜，那么我的律师会把所有的财富全都捐赠给慈善机构。”

儿子把父亲安葬后，兴奋地打开电脑，想要找寻保险柜的密码，却发现电脑程序也设置了密码，他猜了很久也没有猜到密码，于是又找来很多电脑高手破解密码，而这些人全都以失败告终。

于是，儿子决定自己动手破解密码，他告别了以前的那些狐朋狗友，从最基础的电脑知识入手，然后又到大学去旁听计算机课程，并结交了许多计算机高手和教授。经过几年的努力，他终于破解了电脑程序的密码。

当儿子打开保险柜时，却发现里边没有一分钱，只有一张白纸，上边写着："儿子，看到这张纸条时你不要惊讶，因为我已经把所有财产都捐给了慈善机构，但是你也因此继承了我最重要的遗产，那就是知识。在这个社会上，金钱不过是一个数字而已，在知识经济时代它并不能代表一个人终生的财富，而只有知识才是你一生享用不尽的财富。"

直到这时，儿子才明白了父亲的良苦用心，他在以后的岁月里不断提升自己的技能，最终超越他的父亲，创建了一个更大的软件公司。

知识能带给我们智慧，带给我们成功，面对当今社会日新月异的经济环境，你要不断地学习，不断地充实自己，只有这样，才能适应变局，才能识透格局，才能打破僵局，才能掌握全局。

能否创新决定着企业是否具有核心竞争力

科技世界深如海，正如曾国藩所说的，必须"有智、有识"。当你懂得一门技艺并引以为荣，便愈知道深如海。而我根本未到深如海的境界，我只知道别人比我们快了几十年，我们现在才起步追，有很多东西需要学习。信息革命产生了巨大的影响，特别是对商业有巨大的影响，现在点击一下鼠标就可以获得信息。传统公司的结构正在大大地变化，公司的前进速度必须快，必须有创意。

——李嘉诚

进入21世纪，新技术层出不穷，市场变化极快，这就要求投资者不仅要对新事物敏感，而且要好学并善于学习。随着互联网热潮席卷而来，许多人都从中赚得了第一桶金，比尔·盖茨更是凭借这一机遇赚取数百亿美元，成为全球首富。由于新经济时代的兴起，以李嘉诚为代表的那些靠地产、航运、港口致富的传统型富豪普遍不被经济评论家们所看好，认为他们迟早会被这个时代淘汰。

但是李嘉诚却再次用事实证明，他们的判断是错误的。在生活中，李嘉诚时刻关注着科技发展的最前沿，把握着科技进步对现代商业的影响。当互联网技术兴起时，李嘉诚就敏锐地捕捉到这一机遇，决定要将其作为自己公司投资和经营的新方向之一。

在他的支持下，1999年10月，李嘉诚的长子李泽钜宣布通过长江实业、和记黄埔来共同投资网络，并提出要为中国的互联网洗牌的口号，先期预计投资就高达10亿美元，而网站的主攻方向是综合性的门户网站。

同年12月7日，李泽钜花费近2000万港元购买得www.tom.com这一域名。16日，该网站正式推出，短短两个月的时间，网站注册人数就迅速激增到4万多。2000年2月23日，是网站递交认股申请表的最后一天，有超过40万的香港人涌到香港、上海汇丰银行10家分行递交认购表格，一时间人流涌动，导致许多道路出现拥堵，店铺无法正常营业，人群排起来的长队甚至长达数千米。

李嘉诚不仅用自己的网络概念影响了整个香港，而且还以利益的驱动令香港万人空巷。由此可见，他确实是领导时代潮流的卓越企业家。

在随后的几年时间里，李嘉诚靠着网络概念赚了足足2000亿港元。这个不被经济学家们看好的传统型富豪，俨然成为亚洲高科技产业的新霸主。自2000年开始，被奉为华人首富的李嘉诚就不再以地产商或其他类似的面目出现，而是摇身一变成为IT时代的新资本家。

在这个变化莫测的世界中，几乎每天都在发生着改变，未来通常是变化不定、难以预测的，这就需要投资者必须打破固有的思维，顺应变化，驾驭变化，及时应对变化的挑战。

一艘货船在汪洋大海中触礁沉没，船上的8名船员拼尽全力，才游到附近的一座孤岛上，等待其他人的救援。

由于是孤岛，岛上没有任何充饥的食物，甚至连小虫子之类的生物也没有。饥饿还不是最让人难以忍受的，由于当时是夏天，在烈日的暴晒下，每名船员都渴得难以忍受。尽管四周全是海水，但是他们知道海水又苦又涩又咸，喝过之后只能渴上加渴，所以谁也没有勇气去喝海水解渴。

就这样，几天过去了，仍然没有人来营救他们，船员们最终坚持不住，陆续渴死在这座孤岛上。

后来，一位出海打鱼的渔民来到这座孤岛补充水源。当他发现渴死的船员后，感到非常惊讶，因为这座孤岛由于有地下泉水不断翻涌，所以岛边的海水实际上全是可口的泉水。既然有甘甜的泉水在身边，为什么这些船员还会被渴死呢？渔民感到非常奇怪。

谁都知道“海水是咸的，根本不能饮用”，正是因为这种固定的思维模式，才导致8名船员最终被渴死。如果他们能够突破传统，打破僵化的思维，必然会产生绝路逢生的奇迹。

被誉为“世界第一CEO”的杰克·韦尔奇在一次访谈中曾说过：

“商业并不是严肃的、枯燥的、毫无乐趣的事，商业是一场游戏，是每天我们都想打赢的一场游戏。有人要在游戏中打败你，有人要把你的饭碗抢走——这就是为什么我们每天都要创新的原因。”世界是不断发展变化的，总是被注入新鲜元素，我们唯有突破固有的思维模式，保持思路清晰和思维活跃，才能最终获取成功。

一群人在做一个智力游戏，一个人出题问大家：“有一个聋哑人到五金店去买锤子，他将左手食指竖在柜台上做钉子状，右手握成拳头做锤子状，然后用右手轻轻敲打左手食指，售货员看过之后，马上拿来了一把锤子。如果一个盲人去买剪刀，他会怎么做？”

这个人的话音刚落，大家就纷纷伸出食指和中指做出用剪刀剪东西的动作。看到大家的动作，出题人笑着说：“盲人是不用做动作的，因为他会说话啊。”

不论是在日常生活中还是在经商过程中，我们自身的许多从众行为和习以为常之举，其实往往就是阻碍我们有所突破、有所创新的根源。有人曾做过这样的统计，在 20 世纪初的世界大型企业中，至今仍能位居世界 500 强之列的只有 3% 左右。很多公司在经历了风风雨雨之后，最终销声匿迹。导致这种现象出现的原因固然有客观环境等因素存在，但是我们不能否认，在同样的环境下，有的企业能够主动顺应潮流、顺应变化，持续不断地取得令人赞叹的成绩；有的企业却因为不能持续创新、不肯变革而被挤出了时代的主流。

正如李嘉诚所说：“为了适应时代发展变化的需要，也为了企业自身的生存和发展，企业必须以市场为导向、以创新为手段、以效率为核心，重建企业形象。”生意场上变化莫测，每一天甚至每一分钟都在发生着变化，所以作为社会财富阶层的商人更要紧随时代的发展，适当调整自己的投资策略，在这个多变的时代中找到属于自己的发展空间。那些形成固有的思维定势、一成不变的商人终将会被这个社会淘汰，而那些能够把握商场脉搏、永远站在时代前沿的商人才会是最后的赢家。

第十章

感恩：

商道即人道

得意时应善待他人，因为失意时会需要他们

善与人同，乐与人同，会使得我们的心灵更舒畅，生活更愉快。发挥人性中光辉与高贵的一面，为无助者提供无偿服务。想想明天会更好，想想世界上有多少更苦的人！在别人无助的时候，帮一下他们，这是有益处的。

——李嘉诚

古人云："受人滴水之恩，当以涌泉相报。"知恩图报是所有人不可缺少的良知，懂得知恩图报的人，也就拥有了人生最重要的美德、生活最重要的智慧。李嘉诚正是一个懂得感恩的人。在很小的时候，李嘉诚便接受要感恩、要知恩图报的思想教育，父母良好的教育在李嘉诚的心里打上了好好做人的烙印。其实，真正让李嘉诚明白知恩图报的意义，还是源于一次他小时候打工的事情。

初来香港的那几年，李嘉诚家里生活不宽裕，为了能缓解家庭压力，年纪很小的李嘉诚去一家茶馆打工，每天工作十几个小时，非常辛苦。有的时候，为了不至于打瞌睡，李嘉诚会听茶客们天南海北地

聊天，以排遣困意。有一次，李嘉诚听一位茶客大聊生意经，讲生意场上的风起云涌，李嘉诚听得非常入迷，没有注意到这位客人杯子中已经没水了。

这时，另外一个伙计路过，看到了这一幕，大声呵斥李嘉诚，让他赶紧给客人添水。李嘉诚这才回过神儿来，慌里慌张地拿着茶壶给客人添水，但一个不小心，将滚烫的开水洒到了客人的裤子上。

这一次的失误把李嘉诚吓坏了，以前有一个伙计就因为出现过这样的失误，被蛮横的客人大骂一顿，后来还被老板开除了。当老板闻声赶来，正准备训斥李嘉诚时，那位客人反倒为李嘉诚开脱，说是自己不小心，让老板不要怪李嘉诚。这位客人的做法让李嘉诚深受感动，他一个劲儿地感慨自己真是遇到好人了。客人走后，老板也对李嘉诚说："我知道这一次是你不对，把水洒到了客人的裤子上，以后做什么事情一定要当心。这位客人心地善良，原谅了你，要是遇到恶人，还不知道怎么收场呢。"

回到家中，李嘉诚把在茶楼的遭遇告诉母亲，母亲也感慨李嘉诚遇到好人了，她说："种瓜得瓜，种豆得豆。积善必有善报，积恶必有恶报。"这一次的事情让李嘉诚体验到了"积德行善"的意义，这也成为他做人的准则。

后来，李嘉诚在五金厂打工，因为勤劳好学，工作得很认真，深受老板的器重。当李嘉诚为了寻求更高的发展，向老板提出辞职时，老板很是舍不得他离开。但是李嘉诚去意已决，为了报答老板的知遇之恩，在离开前，他向老板提出了自己对五金厂日后发展的看法。

李嘉诚告诉五金厂老板，目前塑胶业正在突飞猛进地发展，由于塑胶制品容易成型、重量很轻、色彩丰富、美观适用，日后必然会很快取代众多木质或金属制品，这也会导致五金厂出现危机。他劝告老板最好是尽快转行做更加有前景的生意，或者是调整产品的种类，重新开发新的金属制品，以适应新的市场竞争格局。然而，在李嘉诚离开后，五金厂老板并没有听从他的建议，仍然按照旧的生产模式进行经营。没过多久，他的工厂就受到来自塑胶行业的冲击，一度濒临破产。

当五金厂即将倒闭的消息传到李嘉诚的耳中时，李嘉诚万分焦急，虽然自己已经不是那里的员工，但是五金厂老板一直对自己非常好，现在他有难了，自己不能坐视不管，因此李嘉诚马上赶到五金厂找到老板。在和李嘉诚一番详谈之后，五金厂老板决定听从李嘉诚的意见，停止生产镀锌铁桶，转而生产系列铁锁。

李嘉诚虽然没有从事五金行业，但他也会经常抽时间来了解五金制品的市场行情。这次知道昔日工作的五金厂濒临破产时，他根据以往的调查分析得出结论，目前市场上还没有一家专门生产铁锁的五金厂，如果此时五金厂能及时转型，制订计划生产系列铁锁，不仅能够避免与其他行业进行竞争，也能够永远先人一步推出新产品，防止其他五金厂跟风而上，给自己造成冲击。果然，在调整了五金厂的产品种类后，五金厂没过多久就度过了危机，并且收益颇丰。五金厂老板在对李嘉诚表示感谢的同时，也对其知恩图报的处世态度非常钦佩。

《圣经》上说："一生一世，都是恩惠。"任何一个幸福的、成功的人，都应该是一个懂得感恩的人，无论是亲朋好友还是那些陌生人，只要他们给过你些许的帮助，你就应该学会去感谢他们，而那些整天只知道抱怨的人，必然不会发掘出自身的价值优势。

哥伦比亚著名作家马尔克斯在年轻时曾供职于一家报社，因为揭露当局包庇海军走私而引火烧身，不得不亡命天涯。

曾有一段时间，马尔克斯逃亡到巴黎，那时候他身无分文、穷困潦倒，更糟糕的是，他根本不懂法语，因此无法打工赚钱。在那段难熬的日子里，他长时间租住在一家旅馆里，整天足不出户，饿了就去捡拾一些废品，卖钱之后买面包充饥。

由于没钱，马尔克斯长期拖欠旅馆的房租，但是旅馆老板不仅没有催促他还钱，反而偶尔还接济他。

1967年，《百年孤独》的出版让马尔克斯闻名天下，功成名就的他想起了巴黎的那家旅馆。于是他来到巴黎，发现旅馆依旧如故，只是老板已经去世，而老板娘早已记不起这个当年的流浪汉。马尔克斯花费了很多口舌，才劝老板娘收下他支付的一笔巨款，用作补偿当年拖欠的房租。在随后的岁月里，马尔克斯多次专程前往巴黎看望旅馆的老板娘，以报答当年的恩情，甚至还曾让美国著名影星嘉宝陪同，只因为她是老板娘的偶像。

无论是在生活中还是在工作中，我们都应对生命中所拥有的一切心存感激，因为知恩图报是一个人不能够被磨灭的良知。一个懂得感恩的人，也就拥有了人生中最重要的美德，生活也会因此变得更加快乐、温暖和富有价值。所以，试着学会感恩，摒弃那些阴暗自私的欲望，不要再计较，不要再抱怨，用感恩滋养你的生活，让平和抚慰你的身心。

不过是顾念老员工，给他们一点儿生计

一个企业就像一个家庭，员工是企业的功臣，理应得到这样的待遇。现在他们老了，作为晚辈，就该负起照顾他们的义务。

——李嘉诚

美国著名成功学家戴尔·卡耐基在其著作《关爱人》中写道："一个能够从细微处体谅和善待他人的人，一定是一个与人为善的人，必定有很好的人缘关系，这种人缘关系就是他成功的基石。"在工作和生活中，李嘉诚对待员工总是非常仁爱宽厚，关注他们的利益，因此也赢得了员工的尊敬，尽心尽力地为公司效力，从而为公司创造更大的经济效益。试想一下，在生意场的竞争中，一个员工们同心同德、上下一致的企业和一个员工们钩心斗角、阳奉阴违的企业狭路相逢，谁会获胜呢？

跟随李嘉诚创业的"老臣子"盛颂声在1980年谈到长江实业的成功原因时说："成功是靠李嘉诚先生的决策和长实同仁上下齐心的苦干。李嘉诚先生做决策快速而准确，这么多年来从来没有看错过人，没有做过错误的决定。

"长江实业盈利近10亿港元，这么大的生意，公司的工作人员总数不足200人。李先生每天总是8点钟到办公室，过了下班时间仍在做事，公司同仁也都如此，这就使得长江实业成为一家最有冲劲儿的公司。

"事业有成之后，李先生又尽量宽厚待人，使和他合作过的个人或集团全赚得盆满钵满，这便奠定了长江实业今后有更大发展的基础。"

20世纪70年代中期，香港才女林燕妮为她的广告公司租场地时，跑到长江大厦去看场地。她惊奇地发现李嘉诚仍然保留着创业之初的塑胶花厂，尽管这时的塑胶花已经过时，保留这个厂子完全是一宗赔本买卖。

面对林燕妮的惊讶，李嘉诚轻描淡写地回答道："不过是顾念着老员工，给他们一点儿生计。"对于李嘉诚的这种说法，长实的员工也予以肯定，他们说："长江大厦租出后，塑胶花厂停工了。不过，老员工亦获得安排，在大厦里干管理事宜。对老员工，他是很念旧的。"有人赞叹李嘉诚："李先生的精神确实难能可贵，在当今香港，不少老板待员工老了，便一脚踢开，你却不同。这批员工，过去靠你的厂生活，现在厂没有了，你仍把他们留下来。"李嘉诚给出这样的解释："千万不能这么说，老板养活员工，是旧式老板的观点。现代企业的观念应该是员工养活老板、养活公司。"

近年来李嘉诚逐渐把投资方向转为地产和股票。但是他对那些老员工依然照顾有加，为他们的生计考虑周全。"天下熙熙，皆为利来"，商人做生意是为了赚钱盈利，这一点是无可厚非的。李嘉诚却能做到在厂子没有效益时，依然保持开张，为的只是让老员工保住饭碗。有这样的老板，员工自然是竭尽全力地工作。

美国著名的管理学家托马斯·彼得斯曾说过："你怎么能一边歧视和贬低员工，一边又期待他们去关心质量和不断提高产品品质。"海尔集团首席执行官张瑞敏也曾说过："要让员工心里有企业，企业就必须时时惦记着员工；要让员工爱企业，企业首先要爱员工。"好的经营者懂得如何管理好人心，管理好了人心，自然能够管理好企业。"心"的作用是影响工作的根本。如果管理者对员工的“心”进行了很好的经营管理，那么员工就会将“心”完全放在企业上，与企业同心，与企业同进退。

1999年，牛根生离开伊利集团，创立“蒙牛”时，注册资金仅有100万元，但就是这样一个刚刚起步名不见经传的小公司，却吸引了许多从当时的中国乳业第一品牌——伊利离开的人，上到部门经理，下到普通销售员，有和牛根生熟识的老同事，也有没和牛根生打过交道的人，最后投奔牛根生的人竟多达三四百人，而造成这一现象的根本原因就在于牛根生平日里对人心的经营。

1990年，年轻的杨文俊刚刚结婚，需要拿出4000元购买住房，这对于当时每月只有40元工资的他来说，无疑是天文数字。就在他犯愁的时候，牛根生给他送来了自己省吃俭用攒下的2000元钱，并对他说：“你不要担心，只要把工作做好，这2000块钱，哥给你解决。”

伊利为奖励牛根生突出的业绩，曾拿出18万元要给他买一辆桑塔纳汽车，但是想到员工上下班交通困难，牛根生就用这笔钱给员工买了4辆面包车，当作班车接送他们上下班。

……

类似的事情还有很多，正是因为牛根生懂得经营人心，才为他带来了极好的人缘，所以在他创办蒙牛时，才会有那么多人集体投奔他。而在蒙牛成立之后，牛根生仍然始终为员工考虑。除国家规定的福利项目外，蒙牛自有福利30余项，包括员工探亲带薪假、子女上学、改善住房条件等各方面。逢年过节，蒙牛还会以多种方式向员工的家人表示关心，并且每个月蒙牛都会举行一次员工恳谈会，广泛收集员工的诉求，并解决他们的实际困难。

很多企业的经营者不明白留住人心的重要性，他们认为只要拿出高薪厚职，为员工提供好的办公环境、丰厚的工资，就可以令员工死心塌地地为自己工作。其实这种想法是错误的，高薪厚职和好的办公条件可能能够留员工一时，却未必能够长久。因为人都是感情动物，想要真正留住员工，就要留住他们的心，拉近与员工的距离。一个得人心的经营者，就算别人出再高的薪水，提供再高的职位给他的员工，他的员工也不会轻易跳槽的。相反，一个不得人心的经营者，就算没人挖他的员工，他的员工也会离开公司。

李嘉诚曾说："人才取之不尽，用之不竭。你对人好，人家对你好是很自然的，世界上任何人都可以成为你的核心人物。"充满爱心的老板必然有很强的人格魅力，并直接影响企业的经营运作和企业的文化氛围。在爱心的包容下，企业管理层和被管理层的关系会变得融洽和协调，其制度才会被职工自觉地维护和遵守，而上下也会齐心协力地推动企业向前长足发展。

对其他需要你帮助的人有贡献，乃真财富

1957年—1958年，那时刚赚了些钱，觉得好快乐。但那时我就开始在想，是不是人生有钱就真的快乐？我也有些迷惘，也不肯定。没有钱会给人烦恼，但太有钱也会令人很迷惘，富足并非拥有，而是如何运用。

——李嘉诚

功成名就之后，李嘉诚经常救助一些企业于危难之中。多年来，受李嘉诚资助的厂家多达数百家，李嘉诚扶危济困的义举为他树立起了崇高的商业形象，这种商业形象又回馈给他无穷无尽的生意和财富。

在经商生涯中，李嘉诚总是坚持与人为善这一原则，他事事都会为他人着想，看到有人需要帮助时，他会毫不犹豫地伸出援助之手。在1991年的秋天，李嘉诚收到了一位姓丁的英国华侨写给他的信，这位华侨在信中写到自己的生意非常不顺利，他非常迷茫，感到很痛苦，觉得生活没有希望，万念俱灰。李嘉诚看到信后，没有耽搁，很快就给这位素昧平生的丁先生回了一封信：

丁先生：

人生起伏无常，尤其是从事商业。穷人易做，穷生意难做。所以你们面临的困难，只是数千年来亿万生意人曾经面对的苦痛的一部分。但如果明白大富在天、小富在人，如果肯勤俭有效地面对现实，尽心经营，则如陆游诗中所说："山穷水尽疑无路，柳暗花明又一村。"说不定不久你们又有一个好和新的局面。即使一切都不如意，退一步想，则海阔天空。以今日英国的工资水平，大不了找一份工作，生活绝对无问题。留得青山在，不怕没柴烧！送上英镑500，请你吃一顿晚餐。想想明天会更好！想想世界上有多少更苦的人！

这封信给了那位失意的华侨很多鼓励，李嘉诚就这样不遗余力地帮助着很多人，只要是在他的能力范围内，他都会伸出帮助之手。李嘉诚很明白朋友的重要性，"在家靠父母，出门靠朋友"，在社会上生活和工作，朋友是不可或缺的，尤其是在商场上，人缘好和拥有能够相互帮忙的好朋友尤其重要。

不仅对外人如此，李嘉诚也给自己的员工以家庭般的情感抚慰。这是企业管理中常用的“温暖”法则，温暖胜于严寒。法则要求管理者要尊重和关心下属，时刻以下属为本，多注意解决下属日常生活中的实际困难，使下属能够感受到管理者给予的温暖。这样，下属出于感恩之情，就会更加积极努力地为企业工作，维护企业利益。

人生的追求有很多种选择，对于成功的看法也有很多种，有的人认为只有位高权重才是成功，有的人认为赚很多钱是最大的成功，这就要看你自己是怎么看的。李嘉诚赚到了很多钱，有社会地位，在许多人眼里，他是成功的，他也成为很多人奋斗的榜样。

但李嘉诚并不认为赚钱是他人生的目标，他的人生理想是为社会创造价值，为他人创造价值和机会。其实，人生是可以有很多种追求的，有的人得到自由，便觉得成功；有的人得到认可，便觉得成功。这完全是见仁见智。

一个大学毕业生好不容易找到一份工作，但薪资微薄，所以在晚上下班后，他会去公司旁边一家咖啡馆打工。几天过后，他突然发现咖啡馆的老板居然是自己公司的一位高管。开始的时候，这个毕业生并不以为意，他觉得高管有着高薪水，现在投资开店，也是为了多赚一点儿钱。

但他经过一段时间的观察后，发现高管开这家咖啡店似乎并不是为了赚钱，这家咖啡店请的店员几乎都是他这样刚进入社会打拼没什么经验的青年人，在客人少的时候，高管还会为他们培训公司业务。

在咖啡馆打了几个月工，这位大学毕业生收获颇多，他在咖啡馆里学到的知识，很多都运用到了工作中。很快，他的能力得到了认可，升了职位，也涨了薪水。因为工作上的任务重了，也因为工资丰厚了，这位毕业生不需要再到咖啡馆打工了。

他打算向咖啡馆的老板辞职，在他写好辞职信去递送的时候，正巧看到咖啡馆的老板在打电话。他便等在一旁，想等老板打完电话再说辞职的事情。

结果却听到老板在电话中和人谈起了咖啡馆财务的事情，老板说咖啡馆一直在亏损，但自己并不打算把这家咖啡馆关掉，还打算继续经营下去。

老板看到这位毕业生站在一旁，便招手叫他过去，毕业生问老板为什么咖啡馆不赚钱也要继续经营下去。

老板告诉他，自己现在并不缺钱，即便咖啡馆亏损，他还是能够负担得起的。之所以要开这家不赚钱的咖啡馆，是因为他想帮助更多的年轻人。这家咖啡馆所在的区域是一个很大的商业区，周围有很多写字楼，很多刚进入社会的年轻人在下班之后想要找一份兼职，来他这里兼职，可以省去路上的时间。

而且他会在有空的时候对年轻人进行职业上的培训，帮助他们尽快提高，与其说这是一个咖啡馆，不如说这里是一个年轻人的培训基地。

“可是，您为什么要这么做呢？”毕业生不理解。

老板笑着说：“我也是从你这个年纪过来的，那个时候，我就很希望一位有经验的人带带我，现在我做的事情，不过是实现我自己当年的心愿。”

人人都想拥有财富，但拥有财富之后，如何能让自己的人生意义更加丰厚呢？那就是回报社会。将自己财富的一部分拿出来馈赠社会，帮助他人，虽然财富少了，但得到的更多了。在接过毕业生的辞职信后，老板对他说：“刚才那个电话是以前在这里打工的一个年轻人打来的，他现在是一家投资公司的经理了。在离这个地方不远的一栋写字楼里，有一层价格比较低的店要转让，他已经盘下来了，要和我一起开这个年轻人培训基地的咖啡馆。以后，如果你想喝咖啡，就去那里找我。”

能够赚钱，却不将赚钱作为目的，这是一种境界。钱财本就是身外之物，应该在赚钱的基础上追求更高的目标。一位名人说过：“世界上80%的喜剧跟钱没关系，但是80%的悲剧都跟钱有关系。一个人的快乐不是因为拥有得多，而是计较得少，亿万富翁也有不快乐的时候，乞丐也有快乐的时候。”

生活幸福与否和自己拥有的钱多少无直接的关系，所以，不要把财富聚集的多少当作人生的一个奋斗目标。

我首先是一个人，再而是一个商人

人生在世，能够在自己能力所及的时候，对社会有所贡献，同时为无助的人寻求及建立较好的生活，我会感到很有意义，并视此为终生不渝的事业。

——李嘉诚

成为香港首富之后，李嘉诚并没有忘记家乡，也没有忘记祖国，他密切关注祖国的腾飞和发展，致力于促进香港与内地之间的经济发展，关注慈善事业，热心于公益事业。他曾说："我目睹祖国之高速进步，在四个现代化政策之推动下，一切欣欣向荣，深感雀跃。支援国家建设，报效桑梓，此乃本人毕生奋斗之宗旨也。"

生意越做越大后，李嘉诚开始思考自己的身份，他认为自己的商人身份只是其次，首要的身份是一个人。作为一个有血有肉的人，自己就应当做一些令世界美好、不让人生虚度的事情。在一次采访中，李嘉诚这样说道："大家常称赞我是一个成功的企业家，对于这些支持、鼓励，我内心是感激的。很多时候传媒访问我，都会问及如何可以做一个成功的商人，其实我很害怕被人这样定位。我首先是一个人，然后才是一个商人。每个人一生中都要扮演很多不同的角色。也许，最关键的成功方法就是寻找到导航人生的坐标。没有原则的人，会飘泊不定；有正确的坐标，我们扮演什么角色都可以保持真我，挥洒自如，有不同程度的成就，活得更快乐更精彩。"正因为如此，李嘉诚走上了做公益慈善事业的道路。

慈善事业的完全公益性令这份事业十分辛苦，投入很大，但收益却全无。不过，李嘉诚不在乎金钱上的流失，在他看来，能够帮助需要得到帮助的人，"为世界留下美好种子，人生才不会白过"。

多年前，李嘉诚去中国西部贫困地区考察，在贵州省镇宁布依族苗族自治县石头寨中心小学举行的一个教育工程开幕式上宣布，他的基金会将捐资3亿元，支持中国西部地区的教育和医疗事业的发展。

在开幕式上，李嘉诚对大家讲述了自己的一个梦："我昨天晚上做了一个好梦，在我们祖国的土地上，辽阔的沙漠有宽阔的道路，干旱的地区有充足的水源和肥沃的土地，各地的天然资源得到很大的利用，人口密集的城市有舒适的生活环境，风和日丽，商业繁荣，来自不同民族的人一起和睦健康快乐地共处。”为了这个梦想，李嘉诚一直在努力奋斗着。

北京成功申办了2008年奥运会后，李嘉诚及其旗下的李嘉诚基金会多次举行赞助庆功仪式，将香港特区的奥运欢乐气氛连续推向高潮。2004年，在北京人民大会堂举行的奥运捐赠仪式上，李嘉诚更是捐款1亿元，用于奥运会场馆的建设。2008年5月12日，汶川发生大地震，李嘉诚在第二天就以李嘉诚基金会的名义向四川地震灾区捐助3000万元人民币赈灾，第二轮捐助更高达1.2亿元。李嘉诚的种种捐款表现，展现了一个爱国商人的高尚情操。

《商业周刊》（Business Week）曾在2007年编撰了“慈善名人堂名册”，列出全球慈善家中的佼佼者，李嘉诚是“名人堂”唯一榜上有名的华人慈善家。《商业周刊》指出，李嘉诚在一个慈善捐献尚未成熟的地区开创了先河，推动了贡献文化。

因为从事慈善事业，李嘉诚获得了不同的荣誉。但是对于荣誉，李嘉诚并不在乎，他在乎的是自己是否能够给予他人真正的关怀。在一次采访中，他说：“你会感到世界上有很多不幸的人，那么，你能做得到的，你这一生应该好好尽心尽力去做。你明明有多于10倍、100倍的钱时，为什么不做这件事情？这样做会使一生有意义得多。我如果再有一生的话，我还是走这条路。社会要进步，离不开支持关怀，这方面，你可以带给很多百姓幸福安乐。”

被慈善与公益事业改变的不仅仅是那些接受捐助的人，还有捐献者，通过慈善事业的连接，为需要的人付出爱心，会令整个世界充满爱与和谐。这不仅仅是个人思想的提升与进步，也能令整个社会更加和谐地发展。

美国钢铁大王卡内基曾说过：“在巨富中死去是一种耻辱。”卡内基将自己的全部财产几乎都捐献了出去，用于兴办学校，兴建图书馆，还投入到了教育机构中。还有比尔·盖茨，他也不断捐献出自己的巨额财富，而且还承诺，在自己去世后，只会留给自己孩子很少一部分财产，剩下的都会用于慈善事业。

犹太人同样认为，提供帮助是“富人的责任”，获得帮助是“穷人的权利”。《塔木德》中有这样的记载：“有钱是好事，但是得知道如何使用更好。”富人接济贫穷人，热衷于公益事业已经成为犹太民族的一种社会习惯。哪怕是家无三餐的穷苦犹太人，也都保存着一个攒钱的小盒子，准备施舍给比他们更穷的人家。

在犹太人组织的社团中，必定会存在一个依靠犹太富人来维持的慈善机构，在每周不同的日子里，穷苦的犹太学生能够分别到不同的犹太人家中去吃饭，以便能够安心读书。

犹太商人如此乐于做善事，也为他们在世界上赢得了很好的口碑，同时也间接地为企业提高了知名度，扩大了影响，博取了消费者的好感。

同李嘉诚一样，全球著名的投资商巴菲特也十分关注慈善事业。从 2000 年开始，他每年拍卖一次自己的午餐时间，并从 2003 年起转为网上拍卖，中标者可带 7 位同伴与其在纽约知名的牛排馆共进午餐。时至今日，“巴菲特午餐”已经筹资上千万美元，这些钱被捐赠给格来得基金会（Glide Foundation），用于帮助旧金山海湾地区的贫困和无家可归的人。

2006年，巴菲特向5个慈善基金会捐出其财富的85%，约合375亿美元，这在当时是美国乃至世界历史上最大的一笔慈善捐款。

2010年6月，巴菲特又联合比尔·盖茨共同倡议发起“捐赠誓言”活动，号召富豪们在一生中或死后将自己一半的财富捐给慈善机构，该倡议并不接受任何资金，而是让更多人做出道义上的承诺，截至2013年5月，已有114位富豪加入该项活动。

除了李嘉诚、巴菲特这样内心拥有大财富的企业家之外，还有许许多多的企业家也是如此，他们热心公益，积极投身慈善，但这并不妨碍他们在商海沉浮中挥斥方遒，攀登高峰。投身公益反倒是能让人们更加相信他们，愿意与他们做生意，他们能够获得身心双重的财富增值。

多做点儿有益的事是乐此不疲的

我个人对生活一无所求，吃住都十分简单，我并没有多要财产的奢求。如果此生能多做点儿对人类、民族、国家长治久安有益的事，我是乐此不疲的。

——李嘉诚

在公益慈善事业中，除了教育、医疗，对残疾人的关爱也是李嘉诚所重视的。在采访中，他屡屡提及“助无助者”，他说：“人在无助的时候，帮一下，是最有益的。”

1984年，中国残疾人福利基金会成立，李嘉诚捐款200万港元。

1991年，中国残疾人联合会成立之后，李嘉诚捐款1.05亿港元。1991年8月，中国残疾人联合会名誉主席邓朴方率中国残疾人展能团和艺术团访问香港时，恰逢华东遭遇了水灾。李嘉诚得知后，率领港澳同胞纷纷为灾民捐款。邓朴方申明说这一次来香港不募捐筹款，但李嘉诚却执意要捐款，他向受灾的华东地区捐赠了5000万港元，又给中国残联捐赠了500万港元。

邓朴方对此深受感动，“我们把你的捐款作为‘种子钱’，每用1元，带动各方面拿出7倍以上的配套资金，用到残疾人最急需的项目上，必能取得很好的效果。”李嘉诚也对此深受感动，他称赞道：“每一个铜板都是辛辛苦苦得来的，你们使用资金的效益这么高，令人佩服！你们所做的是一项高尚的事业。”

李嘉诚后来向邓朴方要了有关残疾人事业的资料回去看，看过之后，他对邓朴方说：“我决定再捐1亿元，也作为一颗种子，你们只需争取四五倍的配套经费，便可以帮助更多的残疾人士。我捐钱，你们落实这个计划，为残疾人办事。”

在李嘉诚看来，为人类付出的意义远远超越赚取的价值，他一生的事业有两个：一个是不断赚钱的生意，一个是不断花钱的公益事业。先为人，再而为商，这是人生真正的、宝贵的意义。

帮助需要帮助的人，在李嘉诚看来是非常乐意做的事情。在一次演讲中，李嘉诚曾说：“我相信，我已创立的一定能继续发扬，我相信基金会的同仁及我的家人定会把我的理念，通过知识教育改变命运或是以正确及高效率的方法，帮助正在深渊、痛苦无助的人，把这心愿延续下去。

“我希望，财富的能力可有系统地发挥。我们要同心协力，积极、真心、有决心，在这个世上撒播最好的种子，并肩建立一个较平等及富有同情心的社会，亦为经济、教育及医疗做出贡献。希望大家抱着慷慨宽容的胸怀，打造奉献的文化，实现我们人生最有意义的目标，为我们心爱的民族和人类创造繁荣和幸福。”

2001年2月，李嘉诚到中国西部地区考察那里的教育以及医疗情况，他在2月20日来到了他8年前捐资修建的甘肃省残疾人康复中心。在那里，李嘉诚看到了很多正在积极康复的残疾人，李嘉诚亲切慰问了那些患者，还听一些患者对他说真心话。整个过程中，李嘉诚都是笑容满面，非常耐心，没有丝毫的不耐烦。

尤其是当他听到几个残疾孩子的故事时，更加动容。其中一个叫作田楠的孩子，从小双耳就听不见，正是因为李嘉诚资助的聋儿语训项目帮助她学会了说话，让她能够和健康的孩子一起在普通学校学习，能够过上正常孩子的生活。现在，她已经是一名高一的学生了，成绩也不错。田楠说到激动处时，忍不住哭起来，李嘉诚心里酸楚，绕过半个会场走到田楠身边安慰她：“我听懂了，不要难过，忘掉不幸过去，未来会更美好！”

还有一个叫作张静的女孩子，她非常不幸，本来她也可以拥有和常人一样的童年，但一场突如其来的车祸无情地夺去了她的左腿。从此之后，她只能拄着拐杖走路，看到同学们背着书包蹦蹦跳跳地去上学，她心里十分羡慕。在李嘉诚资助她装上假肢后，她又能和从前一样出门走路，去学校上学了。

还有一个6岁的小男孩，他也是在一场事故中失去了一条腿，在李嘉诚的帮助下，才装上了假肢，重新燃起了生活的希望。这个小男孩仰着脑袋大声说："李爷爷给了我新腿，我要好好读书，长大后挣好多好多钱，坐着大大的飞机去看您。"

……

看到这些孩子虽然经历了挫折，但却没有被生活打倒，李嘉诚非常欣慰。临走前，他向秘书要来了自己的名片，将名片逐一递到了孩子的手上，让孩子们以后有什么事情就去找他。回到香港后，李嘉诚给孩子们写了一封信，在信中鼓励他们要好好学习，努力在学业上取得好成绩，并且积极面对自己的人生，将来能够有大出息。

在一次接受媒体采访时，李嘉诚指出，自己认为爱国情怀应与生俱来，如果一个人没有国家民族观念，即使富有，亦实在令人惋惜。但不表示捐钱才算是爱国，没钱的人一样可以非常爱国，一样可以做许多对国家有贡献的事。

在天津，有这样一位可敬的老人，他叫白方礼，他祖辈贫寒，因此从小他就没有念过书，13岁的时候就出来打短工补贴家用，后来当上了三轮车夫，一直干到74岁。

1987年，准备回河北老家安享晚年的白方礼看到村子里因为贫困而辍学的孩子们，感到非常痛心，他立刻把自己以前蹬三轮车积攒下来的5000元全部捐给家乡兴办教育，而且他还做出一个决定——重新回到天津干老本行，赚钱资助贫困学生。

从 1987 年开始，白方礼连续十多年靠自己蹬三轮的收入帮助贫困的孩子实现了上学的梦想，到他去世前，总共捐出 35 万元善款，圆了 300 个贫困孩子的上学梦，而他一年四季却总是穿着从街头路边或垃圾堆里捡来的衣物，他每天的午饭也只是一个馒头、一碗白开水，有时往开水里倒一点儿酱油，那已是“美味”了。

2005 年，93 岁的白方礼老人安详地离开了这个世界。网友在纪念白方礼老人的专题网页上对他做了这样的评价：“一个馒头，一碗白水，他曾如此简单生活；300 学子，35 万捐款，他就这样感动中国。”

李嘉诚经常认为，有些人一生中无论生或死与这世界完全无关。假如只顾独善其身，对社会对国家不闻不问的话，那样的人有多少财富都没意思，死后与草木同枯而已。现在有越来越多的人开始意识到了社会责任感的重要性，他们纷纷帮助社会上那些需要帮助的人。正如美国思想家爱默生所说的：“人生最美丽的补偿之一，就是人们真诚地帮助别人之后，同时也帮助了自己。”

内心的富贵才是真的富贵

财富不是单单用金钱来衡量的。衡量财富就是我所讲的，内心的富贵才是财富。如果让我讲一句，“富贵”两个字，它们不是连在一起的，这句话可能得罪了人，但是，其实有不少人，“富”而不“贵”。真正的“富贵”，是作为社会的一分子，能用你的金钱，让这个社会更好、更进步，有更多的人受到关怀。所以我就这样想，你的贵是从你的行为而来。

——李嘉诚

在这个世界上，有很多物质上的富人、精神上的穷人。很多人挥霍着大把的钞票，享受着最奢华的生活，但他们的精神田地却是一片贫瘠、寸草不生。这样的人不能算真正意义上的富贵。

作为一名成功的企业家，必须要讲良心，要具备一定的社会道德感和社会责任感，否则他办不了企业。李嘉诚很明白自己首先是一个社会公民，其次才是一个企业家。所以，他时时刻刻都不忘记要回馈社会，用自己的能力帮助社会解决一些问题，诸如资助教育事业、投资医疗建设等等。

在一次演讲中，李嘉诚讲述了自己看待慈善事业的态度："我一生中有两个关键时刻。一个是我12岁的时候，一个天真、充满幻想的小孩子跑到香港，见到一个不是我所希望的世界，我转眼之间就变得成熟了，非常努力，不怕辛苦，充满责任感。第二个应该是我二十七八岁的时候，那个时候我可以说'贫穷，我永远不会再见你了'，也就是说以后都不需要做事了，可以退休了。但是骤然间你发现，财富在一路增加，可你有什么特别快乐的地方？没有。

"有的人，他虽然非常长寿，但是，人家也没有得到他的益处，所以他这一生是有一点儿浪费了嘛。如果有的人年纪非常轻就去世了，但是他对我们这个社会有非常好的贡献，那么，他虽死犹生。我觉得最要紧的是内心的富贵。一个人有了衣食住行这个条件之后，应该对社会多一点儿关怀，或者说义务，或者说责任。

“所以人家说，李嘉诚这么有钱，他根本花不完，应该拿出一点儿去关怀关怀社会。可以说拿钱出来简单，但付出时间去做了，这个不简单。几十年来，我都是夜以继日地做，一天工作十六七个小时，马不停蹄地在做，晚上到凌晨两三点都在做。

“希望我们的世界有越来越多的李嘉诚、越来越多的李嘉诚基金。最要紧的是有一个好的前途。去年我们给 7 万个没有下肢的残疾人做了一个‘长江万里行活动’，我们帮他们之后，他们不仅可以站起来，还可以工作，也提高了他们个人的信心。

“很多事只是看你想不想去做，想做就可以有办法去做。其次，做这类事，我对时间什么的都无所谓，自己就是喜欢这样做。最困难的是，有的时候看到他们的家人为这些病者劳累的时候，我会吃不消。一般我演讲需要一个稿子，但如果讲到教育、医疗、残疾工程的话，我什么稿子都不需要，就可以分析得非常清楚，这个可以说是由衷而来。”

现在已经有越来越多的企业家明白内心富贵才是真正的富贵，他们纷纷投身慈善事业，帮助那些需要帮助的人，就像李嘉诚说的那样：“从商的人，应更积极、更努力、更自律，建立公平公正、有道德感、自重和守法精神的社会，才可以为稳定、自由的原则赋予真正的意义。虽然没有人要求我们，但是我们自己要愿意发挥我们的智慧和勇气，为自己、企业和社会创造财富和机会，大家可以各司其职。”

古罗马的哲学家西塞罗曾经说过：“追求财富的增长，不是为了满足一己的贪欲，而是为了要得到一种行善的工具。”随着自身财富的增多，人心中的贪念不能也随之增加，要学会利用自己的财富多造福他人，为社会做贡献，这样的富贵才是真正的富贵。

李嘉诚在数十年的商海沉浮间，始终坚持一条人生信念，那就是：富贵如浮云。在李嘉诚的心目中，财富不单单是用金钱来衡量的，内心的充盈才是真正的财富。

一个人并不会因为财富的增多而变得更加富有，物质上的富有只是表面的富贵，精神上的富有才是真正的富贵。如果一个人的灵魂不够高尚，做人不够磊落，那么这个人就永远不可能成为真正富有的人。只有心灵富裕、充满美好感情的人才是真正富贵的。

许多世界级的巨富都热衷于做慈善事业，他们这样做不仅表现了一种慷慨的品质，更能从中得到心灵的慰藉。他们不被财富所奴隶，而是超然对待财富，成了财富的主人，也就从中得到了快乐和平静。

台湾已故“经营之神”王永庆也总是在不断追求精神上的富贵，他曾说过：“一个人永远不能回忆自己出生时的情形，一个人永远也想不到自己何时死亡。所以我们在活着的时候，要时时提醒自己，这样我们就可以放开胸怀，趁活着的时候，多做一点儿对社会大众有意义的事，等我们死了以后，会有活的人想念我们、赞许我们，才算对人生一场有了交代，没有辜负此生此世。”

1984 年，王永庆和弟弟王永合捐了 1 亿新台币给社会福利事业，创下私人捐款的最高纪录。

从 2004 年起，王永庆对大陆贫困地区开展无偿捐资助学活动，计划通过国家教育部在全国建立 1 万所希望小学，援建学校统一命名为“明德小学”。

2005年，王永庆捐赠3700余万元投入残疾人事业，把将近200个人工耳蜗捐赠给耳聋患者。

汶川地震发生后，王永庆决定由企业捐赠1亿元人民币，支援四川灾区，创下台湾企业捐款之最，充分体现了“同胞爱、手足情”。

多年来，王永庆在慈善公益活动中的投入接近90亿人民币。他在去世前曾给儿女们留下一封信，告诫他们“以服务奉献社会、造福人群为宗旨，而非只以私利作为追求目标，如此才能建立广阔和宏伟的见识及胸襟，充分发挥智能力量，而不负生命之意义”。

王永庆竭尽全力回报社会的行为，得到了大家的认同。在他的心中，善举其实也是一种财富，只是这种财富是精神的财富，让人们的精神得到了一种快乐。

基金会是我的第三个儿子

我最近常常对人说，我有了第三个儿子，朋友们听说后都一脸不好意思地恭喜我。我是很高兴，我不仅爱他，我的儿子也将爱他，我的孙儿也将爱他。我的基金会就是我的第三个儿子。

——李嘉诚

有人说，李嘉诚的事业有两个：一个是赚钱的事业，一个是花钱的事业。2005年在接受香港《亚洲周刊》杂志的采访时，李嘉诚将他创立的李嘉诚基金会称作是自己的第三个儿子，他对公益事业的这种上心程度甚至超过了他挣钱的念头。李嘉诚对待财富的态度就是这样豁达。他的大儿子李泽钜曾这样评价他："爸爸很懂得用钱，懂得用钱是指他知道生命中哪些事情对他重要。他觉得如果能在一生中帮助那些较不幸的人，不论在医疗还是教育事业上，他觉得这样做可使他觉得更富有。"

从1980年开始，李嘉诚就不断为公益事业投入大量财力和精力，他成立了李嘉诚基金会，主要在教育、医疗、文化、公益事业几方面进行系统的资助。他陆续斥资18亿元，在中央政府和广东省政府的支持合作下，创建了汕头大学；后来在1994年又捐资1100万元，帮助家乡潮州贫困地区建了50所基础教育学校；在1997年，捐资1000万美元，为北京大学建新图书馆；在2000年，捐资2400万美元，参与国家互联网Internet II发展计划，在清华大学建设国家未来互联网技术研究中心等……

在2003年，李嘉诚也曾迷茫过。他时常在思考一个问题，那就是将自己这几十年来辛辛苦苦赚来的钱投入到基金会里，送给那些自己并不认识的人。这样做到底值不值得？经过思索，李嘉诚终于大彻大悟，他认为自己已经有了两个儿子，只要将基金会当成自己的第三个儿子，将财富的1/3分给基金会，也就理所当然了，这样既能避免自己的至亲骨肉经历自己所受的苦难，又可以做自己认为很重要的善事。

2006年，李嘉诚宣布把其私人持有的约28.35亿股长江生命科技股份悉数捐给李嘉诚基金会，这些股权总值约24亿港元。李嘉诚还承诺，未来还将有巨资投入，"直到有一天，基金一定不会少于我财产的1/3"。捐出这些财产后，李嘉诚高兴地跟家人说："我一生可以成立这样规模的基金，心里绝对不会惋惜。捐出来，是高高兴兴捐出来，去做，也是高高兴兴去做，一点儿都不会后悔。”

根据基金会网站公布的数字，这么多年下来，李嘉诚的基金会陆续捐出的款项和已经承诺要捐出的款项已经达到约 76 亿港元，这个数字还在不断增加。李嘉诚曾在 1993 年接受采访时就明确表示过：“我现在的事业是有比较大的发展，但对我来说，我最看重的是国家教育和卫生事业的发展。只要我的事业不破产，只要我的身体还好，脑子还清楚（他指了指自己的头），我就不会停止对国家教育卫生事业的支持。”

在当今社会，钱是流转利世之物，每个人都不应独自享有，努力赚钱不是罪恶，但赚很多钱的快乐是短暂的，因拥有而得到的，也会因失去而痛苦。

著名企业家陈光标靠收废品起家，发家致富之后，没有吝惜自己的财富，而是慷慨回赠给社会。在汶川地震之后，他是第一个进入灾区进行救援的企业家，他组织企业的工程机械两小时内率先到达四川地震灾区，并亲自投入到灾区的抢救工作中去。

迄今为止，陈光标捐赠给灾区的物资已经超过了 1 亿元。陈光标不仅为灾区捐款，而且在很多慈善项目上都有投入，他与李嘉诚一同荣膺 2008 年“中华慈善奖”的最高奖项——特别贡献奖。陈光标总是为慈善事业奋斗，他说：“我不打算上市，这是我这些年来的一贯想法，我提倡有多大能力办多大事。这也是放心捐赠的底气所在。”

亚当·斯密在《国富论》中有这样一个重要论点：“人以自利为出发点对社会的贡献，要比意图改善社会的人的贡献大。”这里提到的自利并不是自私自利的意思，而是指自己得到利益的同时，也要让别人得到利益，这样社会总净值必然会增加，国家自然富强。

将得到的利益共享，使社会均衡发展，这是李嘉诚投身公益事业的初衷。李嘉诚的境界是富国的境界，做公益事业已经不仅仅是一项义务，而是被李嘉诚当成了一种社会责任。在生活中，李嘉诚也将慈善的精髓精神贯彻了下去，用一己之力带动社会的进步。

相比生意，我对汕头大学更用心

汕头大学的创办，就是为国家四化培养人才，为潮汕地区培养出一流人才，为潮汕人民服务，为改变潮汕的落后面貌而出力。以爱国之心办好教育，从而对国家做出贡献，对我个人来说，就是创办汕大的目的和意义；对包括我在内的每一个中国人来说，是国家民族兴衰的关键所在。但愿教育的花朵开满中华大地，使得锦绣河山焕发新姿，使得中华民族的前途远大辉煌。

——李嘉诚

百年大计，教育为本。社会想要发展，就需要源源不断的人才，而人才的培养，唯有通过教育来完成，李嘉诚正是看到这一点，才将自己的一部分精力和资金投入到教育事业上。

1979 年，中国开始进行改革开放，发展国内经济，汕头市在当时被列入经济特区，因此急需各式各样的人才。为了满足这一需求，潮汕地区迫切需要兴建一所大学来培养人才。得知这一消息后，深知教育兴国重要性的李嘉诚举双手赞同，并表示无条件地支持。

1980年清明刚过，李嘉诚的舅舅庄静庵带着夫人在潮州市有关方面的陪同下，游览了厦门的名胜古迹。

游览期间，他们来到了爱国主义者陈嘉庚的墓前，看到吊唁的人络绎不绝，庄静庵感叹："人能像陈嘉庚一样，足矣！"回到香港时，庄静庵将一本《嘉庚集》送给李嘉诚。李嘉诚在认真读过之后，更加坚定了出资修建汕大的决心。

之后，李嘉诚亲自来汕头考察，敲定了一项又一项事情。在敲定了总投资后，李嘉诚经过慎重考虑，又给筹委会写了一封信，决定追加预算50%。信中写道：

吴主任委员南生先生

庄副主任委员世平先生赐鉴

大学筹委列位委员：

昨与庄世平先生晤面，藉审大学筹备工作进行情况。为使建校计划及设备购置各项预算更臻完善起见，本人兹特自动建议将照原定预算全部大学建设费港元3000万元增加50%，共为4500万元，以使此计划能臻较为完善效果。本函作为正式证实，尚希查照，列入预算案内。

上述捐款，配合筹备需要，每次调动当接获庄世平先生通知7日后当即如数汇上。

在过去筹备期中，歉以事备纷如，未刻参加实际工作，但或有需本人效劳之处，敬烦由庄先生转知，自当悉力以赴。深盼在各位领导下，建校工作如期完成，早日发挥其长远而有价值之作用，为乡梓服务。庶几十年而后，乡亲子弟，均能受其教，进而日益发扬光大。瞻望前景，本人谨依欣切之心情，追随各位，以期乐观厥成。

专此奉达，并颂

公祺

敝李嘉诚　谨启

1981 年 5 月 2 日

1986 年，广东潮汕地区第一所大学——汕头大学，经由教育部、广东省、李嘉诚基金会三方共同兴建完成。汕头大学成立之后，李嘉诚从国外挖来名师担任学校的教学任务，并且一直对汕头大学进行资金上的支持。在汕头大学筹建期间，即使是李嘉诚的公司面临较大困难时，他也没有停止对汕头大学的资助，他认为自己的事业可以破产，汕头大学却一定要办成。在李嘉诚曾给汕大筹委会的信中，他是这样写的："……近年世界经济衰退，影响所及，本人面临十年来的最困难处境。各行业倒闭及亏损者甚多，本人所经营的业务亦深受打击。上述捐赠，在个人今后数年之现金收入，已达饱和。但鉴于汕大创办成功与否，较之生意上及其他一切得失，更为重要。而站在国民立场，能在此适当时间，为国家尽心尽力，即使在可能面对较大困难的经济情况下，也一定要做这件有重大意义的事情。"

在一次答记者问时，一位记者问李嘉诚："您对家乡潮州非常热爱，倾注了您不少心血吧？"

李嘉诚点头称是："的确，我投入了不少心血在家乡，没有任何一个生意比汕头大学更占用我的时间。最初10年，我每次到汕大都工作至凌晨两三点。几年前，我去汕头大学开校董会，市领导安排在饭后会见大群记者，被问及‘潮州人以你为荣，你又是否以身为潮州人为荣呢’。回答这个问题不可犹豫，我在两秒内便回答道：‘我以身为中国人为荣。’在我心中，同事中有不同民族的人，会说潮州话也不会有特别好处。潮州人有其长处，也有其短处。潮州人‘二战’前多从事米铺、木材、煤炭、苦力、拉车等工作，近几十年潮州家庭也着重第二代教育。但是必须记着，身为中国人，事业有成当然应该对家乡有贡献，更要有远大理想，不只放眼中国，甚至放眼世界。”

确如李嘉诚自己所言，比起做生意，经营企业，他投入到汕头大学建设上的心血只多不少。汕头大学就像是李嘉诚精心呵护的一个孩子，李嘉诚将自己所有的热情和关爱都放在了这个孩子身上，他只要这个孩子健康茁壮地成长。

从小因家境贫寒而没有上过几年学的李嘉诚深知教育的重要性，因此他不遗余力地支持祖国的教育事业，香港大学医学院、香港公开大学、北京大学图书馆、长江商学院、东华三院、李嘉诚中学以及李嘉诚教育基金等，都得到李嘉诚基金会的巨额捐助。为了改变西部地区落后的教学条件，李嘉诚基金会曾启动现代远程教育扶贫示范工程，在西部地区建立1万个接收中国教育卫星多媒体宽带广播的教学点，使1万所中小学校能运用这些设施提高教育质量。汶川地震过后，李嘉诚基金会所捐赠的善款也主要流向教育领域，被用于为震区内受灾学生（包括大、中、小学）设立特别教育基金，使受灾地区广大学生获得生活费及学费的资助。

李嘉诚曾说道："我已经工作了60年，虽然事业上略具规模，但我也经历过很多艰辛的事情，更知道战争、失学和贫病的滋味，了解在逆境中求发展的困难。命运的定律并非永远友善及如人所愿，每人际遇不尽相同，各有成就及失落，但我们不能因困难而削弱意志，因逆境而感到沮丧。命运不是定数，我们要努力学习知识，我是深信知识可以改变命运的人。"

在生意场上，越是富有的商人越是有社会意识。他们最愿意用捐赠的方式来表达自己的社会责任感，而其中得到捐助最多的，就是教育事业。

芝加哥大学的前身是由美国浸信会建立的一所教会学校，在1886年由于财政问题而倒闭。1890年，在石油大王约翰·洛克菲勒的慷慨捐助后，芝加哥大学起死回生，仅仅用了20年时间，芝加哥大学就跻身世界一流大学之列，成为现代大学的传奇样本，这次捐款也被洛克菲勒本人称为最明智的一次投资。

成立于1901年的洛克菲勒医学研究所，如今已经成为一所世界著名的生物医学教育研究中心。20世纪许多重要的科学突破诞生于它的实验室，有24位诺贝尔奖得主的研究与该校有密切关系。

1915年，洛克菲勒基金会成立中国医学委员会，由该委员会负责在1921年建立了北京协和医科大学，这所大学为中国培养了一代又一代掌握现代知识的医学人才。

洛克菲勒去世后，得到了美国人这样的评价："除了我们敬爱的总统，洛克菲勒堪称我国最伟大的公民，是他用财富创造了知识。世界因为有了他而变得更加美好。这位美国首席公民将永垂青史！"

附录 1

李嘉诚生平大事

李嘉诚简历

1928 年 7 月 29 日：李嘉诚出生于广东潮州。

1940 年：12 岁的李嘉诚随父亲移民香港。

1943 年：李嘉诚父亲病逝，李嘉诚为了生计，找到一份茶楼跑堂的工作。

1945 年：李嘉诚进入一家钟表店当学徒。

1947 年：李嘉诚进入一家五金厂做推销员。

1948 年：李嘉诚升任塑胶花厂总经理。

1955 年：李嘉诚开始创业，创办长江塑胶厂。

1958 年：李嘉诚在北角购入一块儿地皮，正式进入房地产市场。

1963 年：李嘉诚与庄月明结婚。

1967 年：地价暴跌，李嘉诚低价购入大批土地储备。

1972 年：长江实业上市，李嘉诚被人瞩目。

1979 年：李嘉诚收购老牌英资商行——和记黄埔 22.4% 的股权，成为首位收购英资商行的华人。

1984 年：李嘉诚购入香港电灯公司的控制性股权。

1986年：李嘉诚进军加拿大，购入赫斯基石油逾半数股权。

1987年：李嘉诚连同李兆基和郑裕彤夺得温哥华1986年世界博览会旧址的发展权。

1990年：李嘉诚妻子庄月明病逝。

1994年：李嘉诚管理的企业税后赢利达到28亿美元。

1995年：长江实业的市值超过420亿美元。

1999年：长江实业集团税后赢利达1850亿港元。

2000年：长江实业集团总市值约为8120亿港元。

2009年：长江实业总市值约为10000亿港元。

2010年：李嘉诚竞购法国电力集团旗下部分英国电网业务。

2011年：孔子学院把成就李嘉诚的一道功夫茶传奇故事搬上国际频道，中英文全球推广。

2012年：李嘉诚于福布斯富豪榜排名第9，为亚洲首富。

2013年1月10日：美国财经杂志《福布斯》公布李嘉诚财富大增至300亿美元，继续稳坐香港首富宝座。

长江实业集团有限公司介绍

长江实业（集团）有限公司为长江集团的旗舰，是一家建基香港的跨国企业，集团在香港的成员包括3家同为恒生指数成分股的上市公司：长实（股份代号：0001）、和记黄埔有限公司（股份代号：0013）及电能实业有限公司（前称香港电灯集团有限公司）（股份代号：0006）；在香港联合交易所主板上市的长江基建集团有限公司（股份代号：2564）、长江生命科技集团有限公司（股份代号：0775）、和记电讯香港控股有限公司（股份代号：0215）、和记港陆有限公司（股份代号：0715）及TOM集团有限公司（股份代号：2383）。截至2012年1月31日，长江集团旗下在香港上市之公司的总市值为8070亿港元。长江集团的业务遍及全球53个国家，雇员人数约27万名。

长江集团是一家地产发展及策略性投资公司，为香港规模最大的地产发展商之一，在香港发展一系列的住宅及工商物业。香港的每7个私人住宅单位中，便有一个由长实建设。同时，长实积极投资及营运新的领域，包括生命科技及其他行业。

核心业务

长江集团架构缜密，业务发展多元化，是香港规模最大的地产发展商之一，为香港物业市场提供大量优质住宅、写字楼、商场、工业大厦及酒店。凭借丰富的专业地产策划发展经验，建了不少香港瞩目的地标及大型发展项目。长江实业的市场推广及售后服务亦一直稳占着市场领导地位。长江集团的营业部、租务部及物业管理部，提供全方位的优质服务，迎合住户及租户的各项需要及不断提升的要求。

董事局成员

执行董事

李嘉诚（董事局主席、公司创始人）

李泽钜（董事局副主席、董事总经理）

甘庆林

叶德铨

钟慎强

鲍绮云

吴佳庆

赵国雄

非执行董事

梁肇汉

霍建宁（和记黄埔董事总经理）

陆法兰

周近智

麦理思

李业广

独立非执行董事

郭敦礼

叶元章

马世民

周年茂

洪小莲

王口鸣

张英潮

附录 2

李嘉诚演讲

北京大学荣誉博士学位颁授仪式上的演讲

刚才吴树青校长和庄世平先生的赞誉，令我感到备受鼓励，亦非常感激。希望我不负他们以往的期望。事实上，过去我能够做一些有意义的事，不少都是通过庄先生的帮忙。让我借着这个机会，向他致以衷心的感谢。

今天我能够站在贵校讲台上和各位讲话及接受这样的荣誉，感到极大的荣幸。这将烙印在我心中，令我毕生难忘。

世界在蜕变中，既向我们展示前景，又显现出挑战性。面对我们的有三种别于往日急剧转变的时代：科技的时代、开放的时代和亚洲人的时代。现代科技的发展，除了穿梭太空之外，对衣食住行民生的改善亦有多方面的贡献。例如，现在可以应用高科技刺激动植物体内基因的变化，缩短它们的成长过程，改善品质，增加产量，丰富社会的物质供应，而使种植、养殖者得到更大更多的收获。又如，在运用能源方面，懂得运用新的导体，把同一吨煤所产生的效应大大提高。科技时代的来临使很多过往的梦想变为事实，使我们的生活得到进一步的改善。高科技的发展加快了我们的生活节奏。历史命运使中国迟于起步，因而我们急需发展中国的经济和科技现代化来配合高科技生活的来临。

我们面对的另一个改变是开放时代的来临。祖国近十年的变化就是佐证。整个世界，连最保守的国家的经济政策也开始走向改革开放政策，甚至出现让外国人参与投资的局面。祖国在改革开放政策下发展迅速。全国农民都享受到改革开放政策带来的利益，收入大幅增加。尤其是一些南方地区的经济和工业发展更见成效。今日国民生活与过去十年相比，水平已大大提高。我们应感谢国家领导人的改革开放方针，它给我们的社会带来繁荣和进步。

希望开放政策继续进行和拓展，开放的尺度再为扩大，这将会为每一个国民带来更多的发展机会。

由今天起到跨越21世纪，我们可以展望到的是亚洲人的时代，亦都是中国人的时代。

从过去二三十年至今，崛起的亚洲国家已直追欧美。70年代东亚经济的平均增长率已达5.5%，比同期欧美经济的增长率高出一倍。80年代东亚地区平均增长率是世界之冠，90年代地位更加确定。甚而有些西方人士说："世界的重心逐渐由大西洋转移到太平洋。"科技研究、重工业、电子工业、汽车制造业等等，在日本、韩国、新加坡、中国台湾地区已有很可观的发展，足以媲美西欧、美加等国的成就，甚至在某些方面已经超越他们。近代史上，亚人的苦难已在他们的坚毅精神和传统文化带领下渡过，亚洲人才辈出，生机盎然。这种情况，可以归功于亚洲人的教育日益普及和勤奋积极工作。

反观今日欧美社会，除部分城市治安欠佳外，更有部分国民期望享受免费午餐。大抵欧美先进国家对国民的福利过分优厚，失业人士可以领救济金。相反，对就业的人却抽重税。渐渐使得领取救济金的失业者和低薪而勤恳工作的人收入相差不远，引致工作意欲减低。再加上国家每遇到竞选时，参选者为争取选民的支持，过分地向国民承诺一连串福利，讨好选民，以致国家长远利益受损。过分的福利结果给国民带来巨额的缴税负担。这样因循下来，犹如饮鸩止渴。社会经济状况便出现了问题，赤字日增。

但是今日领导着世界尖端科技的国家仍是美国，它是个资源丰富、潜力强大的国家，而且乐于接受有才能的其他国籍人士在那里公平竞争和发展。所以在美国，不少杰出的人才都是别国移民。这种吸纳人才的气度使美国的研究和发明特别多。可是由于他们的国民大部分都有追求收入多、工作少的心态，使他们发明的产品却要转移到国外生产，以求达到价廉物美的效果，如在日本及亚洲其他地区生产，因而促进了亚洲地区的经济繁荣。但是今天的日本工商界亦急起直追，投资于新科技研究及发展的基金在比例上已高于美国。目前整个世界形势：亚洲，尤其是中国，在改革开放政策下出现了无穷无尽的发展机会。经济、教育、工商业、农业的发展，各方面都表现得大步迈进。整个亚洲的经济形势是非常蓬勃、处处充满生机的。

我们应该怎样把握机会，去配合亚洲人时代的来临呢？虽然祖国国力和我们的文化底蕴深厚，但是我仍然认为只有大力发展教育事业，方能把我们的国家推向世界先进国家的前列。我们要普及教育，发展高等教育，更要悉心培育国家的精英分子。这样，肯定会加速我们的发展步伐。

在亚洲国家中，日本人最重视教育，他们的文盲人数几乎等于零。

欧美社会的亚洲裔学生和学者往往有优异的表现，尤以中国人为甚。目前大多数的亚洲人都抱着“怎样使明天更好”的目标而努力。所以照我估计，在未来的一段时期中，亚洲人的国民收入增长率将会持续高于先进的欧美国家。

今天在座的各位都是祖国的精英分子，在我国高等教育事业中扮演着重要角色。如能再加上海外侨胞学者、人才的同心协力，我相信21世纪将是我们中国人的世纪。

教育事业为中国人培育元气，是国运之所寄。在这里，我深深地感到不单要向北京大学的教育工作者致敬，亦应向整个国家教育界致敬。老师们在清朴的生活条件下，仍然敬业乐业，为国家培育人才，为迎接大时代的来临而努力。

至于在座同学，我则寄望各位要不枉所学，不负所志，在五彩缤纷的亚洲大展身手，为国家、为人民创造更美好的明天。

最后，我以至诚的心，感谢国家教育委员会和北京大学给我的荣誉，让我有机会跟各位见面和讲话。让我再次在这里致以衷心的感谢，同时，我恭祝各位身体健康、生活愉快。

谢谢。

香港科技大学荣誉博士学位颁授仪式上的演讲

本人很高兴今天再次来到这里，这是本人第三次踏足香港科技大学，上两次到科大都给我留下了深刻印象。当时很多同学邀请我和他们一起拍照片留念，同学们的热情笑脸使我难以忘怀。今天，香港科技大学颁授荣誉社会科学博士学位予本人，更使我感到非常高兴和荣幸，谨此表达衷心的谢意。

科技大学迅速建立良好根基及校誉

本人一生最佩服和尊敬的是为教育付出毕生精力的教育工作者。香港科技大学自1986年9月大学筹备委员会举行首次会议，至1991年8月第一期校舍落成，新生顺利入学，至今短短几年已经成为国际知名学府，这个事例在学术界几乎绝无仅有，打破了大学成立要数十年才能建立学术地位及声誉的传统观念，本人对科技大学在这方面的成就特别欣赏，大学同仁亦应引以为荣。大学校董会在钟士元爵士领导下，对大学发展给予宝贵的指导。今年6月，香港研究资助局的一份拨款分配公布中，科技大学获批项目最多，而所得的研究拨款亦是各大学之冠。科技大学屡创佳绩，由于有一群出类拔萃、在学术界极具国际声望的学者，全心全力为科大工作，更由于吴家玮校长非常杰出的领导竭力推展大学事务，迅速建立良好的根基和校誉，整个领导层带领大学走向更好、更完美的明天，本人谨表示由衷的敬佩。

科技与经济发展的配合

香港经济繁荣，发展迅速，实有赖于自由经济和低税率政策，以及各行各业中出色的领导人才和香港人勤奋灵活应变的能力。在今日回归祖国后的过渡期，以科技为主导的时代亦已降临。随着劳工密集和制造业转往内地生产，香港已转型成为以经贸及服务业为主体的城市，须以创新科技及高效率的国际企业管理迎接新挑战。香港回归及国内继续改革开放，两地经济发展相连得更紧密。香港有祖国作为强大后盾，凭借有利的位置，经济发展将出现更蓬勃的景象，亦同时大大增添了对高素质人才的需求。与国内比较，香港学府与西方学术界有悠久及更频密的接触，凭借此种优势，科技大学在国际学术交流中有较多机会吸取外国先进科技研究的成果，以此作为基础，再加以改良应用。香港经济在转型期更加依赖科技发展和应用，因而香港科技大学在香港的科技与经济发展上自然也占了极重要的地位。

中国人的科技成就出色

步入20世纪，世界上不断涌现出杰出的华裔科学家，这证明中国人对研究科技的能力和成就都是值得自豪的。世界著名物理学家、获诺贝尔奖的李政道教授在本年8月于汕头大学举办首届国际华人物理学大会上说，下一个世纪会出现一个华人对科学大贡献的时期，并说中国在21世纪一定能在科学技术领域中取得领先地位。本人对未来的世纪中国人在科学上的成就抱有绝大的信心。

科大师生的历史使命

下一世纪即将来临，香港科技大学会是一个刻划时代，出现以科学、工程和管理为重点的教研机构。一直以来，香港科技大学都与社会各界人士保持密切的接触，以确保紧随时代步伐，不断寻找新理念和新方法，并迅速应用。这种深入社会的交流，成为香港未来岁月继续保持竞争力和本地经济社会发展的一大原动力。不单是香港，整个中华民族要强盛，科技的发展和人才的培养是极重要的元素。尖端科技的发展不但影响人民的生活质量，基本上亦影响整个国家民族的命运。

各位同学，你们将来可能成为带领中华民族在先进科技国家的世界舞台上放出灿烂光辉的一分子。面对本港历史性的过渡时期，前途是光明和广阔的，盼望你们能发展潜能，负起时代的使命，把学问贡献于社会，为港人、为祖国、为人类服务。在大学里寻求学问的可贵精神不是荣华富贵的保证，而是能够学以致用，做出对人类、对社会有益的建设，和培养一种锲而不舍、追求真理的精神。今日能够默默耕耘，务实勤恳工作，明天便有丰硕的成果，使世人受惠沾益。

今天，本人在这里接受这项荣誉，实在是毕生难忘。在此谨预祝科技大学将继续过往的快速步伐，缔造历史纪录，在最短时间内成为一所在国际上最有声誉的大学。

最后，祝各位前途光明，身体健康。

接受“马康福布斯终身成就奖”时的演讲

Dear Steve、各位嘉宾、各位朋友：

我是李嘉诚，今天能够参与此盛会，接受福布斯杂志及福布斯家族颁予此终身成就奖，实在是非常荣幸，感谢你们今天与我一同分享这欢乐时刻。

对我来说，“终”一词给人的感觉是巨大沉重的，令人不得不反思自己走过的道路。

我成长在战乱中，回想过往，与贫穷及命运进行角力的滋味是何等深刻，一切实在是不容易的历程。从12岁开始，一瞬间已工作66载，我的一生充满了挑战，蒙上天的眷顾和凭仗努力，我得到很多，亦体会很多。在这全球竞争日益激烈的商业环境中，时刻被要求要有智慧、要有远见、要求创新，确是令人身心劳累；然而尽管如此，我还是能很高兴地说，我始终是个快乐的人，这快乐并非来自成就和受赞赏的超然感觉。对我来说最大的幸运是能顿识内心的富贵才是真的富贵，它促使我作为一个人、一个企业家，尽一切所能将上天交付给我的经验、智慧和财富服务社会。

我常常想知道，如能把人类历史中兴衰递变的一切得失细列在资产负债表上，最真实和公平的观点会是什么？今日，经济全球化进程带来的种种机会会引向何方？对贫富悬殊加剧的担忧，价值观的冲突带来的无奈，谁能安然无虑、处之泰然？人类能否凭仗自己的力量克服及超越自然环境的困局和疾病的痛楚？在充满分歧的世界中，个人的善意、力量和主观愿望是否足够建造一个公平公正的社会及为每一个人的明天带来同样的希望？

作为企业家，我们都知道寻找正确资本投资的重要性，而社会资本像其他资产一样是可以量化的。社会资本包括的同理心、同济心、信任与分享信念、小区参与、义务工作、社会网络及公民精神等等，这些全属可量化和有效益的价值，是宏观与微观经济层面之间最重要的联系。同济心是人性最坦率及强而有力的内心表达，能建造、能强化、能增长及治疗和消除痛楚，我们都应乐于参与投资。

为此，我于1980年成立了基金会，他是我的第三个儿子，他早已拥有我不少的资产，我全心全意地爱护他，我相信基金会的同仁及我的家人定会把我的理念，通过知识教育改变命运或是以正确及高效率的方法，帮助正在深渊、痛苦无助的人，把这心愿延续下去。

在华人传统观念中，传宗接代是一种责任，我呼吁亚洲有能力的人士，尽管我们的政府对支持和鼓励捐献文化并未成熟，但只要在我们心中，能视帮助建立社会的责任有如延续同样重要，选择捐助资产如同分配给儿女一样，那我们今天一念之悟，将会为明天带来很多新的希望。

各位朋友，有能力选择和做出贡献是一种福分，而这正是企业家最珍贵的力量。我们有幸活在一个充满机会及令人兴奋的时代，我们拥有更多创意、更多科技、更多时间，甚至更长的寿命。各位都是个别专业领域的顶尖人物，有智慧和信心，你们富有开拓精神，付出过努力，过着有意义的生活。同济心不是富裕人士专有的，亦并非单属于某一阶层、国家或宗教的；通过决心及自由发挥，它可创出自己的新世界，一个能体现集体力量、具有感染性的大同社会。因为这工作是永恒的，而其影响力也是无穷无尽的。让我们大家一起同心协力，不要再犹豫，拿出我们企业家豪迈的精神和勇气，让我们选择积极帮助有需要的人重塑命运，共同为社会进步赋予新的意义。

再次深深感谢各位。

卡内基慈善奖颁奖典礼致辞

大会主席、市长先生、各位评审委员、各位嘉宾、各位朋友：

非常感激你们对我美意的赞誉和今天给我颁发奖章。

我常常想知道，人类历史中兴衰递变的一切得失，若细列在一张资产负债表上，最真实和公平的观点会是什么。历史中，不论是国家还是个人，功过参半，同样有未前行之路的错失、未尽之责的遗憾；勃勃生机、财富和繁荣往往平白浪费掉，甚至演变成悲剧。令人气馁的是，带来丰盛的一切努力和进步，像无法抵挡四处滋蔓的失意凄楚。

我知道，这里的每一个人均相信在日益复杂的世界内，进步不一定是康庄大道，天若有情，却在遥遥千里之外，要公道和温情活在人的道德良心，有能力的人必需要有共同付出的决心，在建立自我之一念一举，能同存追求无我之心，才可为他人也带来改变。

中国人认为命与运是互动的，各位朋友，有能力做出事业来贡献社会是一种福分，而这正是企业家最珍贵的力量，我深信我们的至诚和决心，必能造就有效率和正面的成果。我有两个儿子，但我视我的基金会为我“第三个儿子”，他将落实我对推动社会改变的承诺和贡献。

各位嘉宾，我和基金会的同仁能和大家在这奉献的道上并肩同行，实深感殊荣。

再次衷心感谢大家。

无心睡眠（李嘉诚在汕大2014年毕业典礼上的演讲）

尊敬的刘明康教授、各位领导、各位嘉宾、老师们、同学们：

每年6月，能参加毕业典礼，分享同学们完成人生阶段里程碑的快乐时刻，我内心的欣喜犹如自己毕业一样。我谨代表校董会全体人员恭喜每一位同学，祝愿你们在天空海阔的人生大道上能实现理想，走出自己的宽坦大路。

可能因为网络上的许多讨论，最近很多朋友不约而同地积极向我推介各种酣眠良方，有气功的、有食疗的、有中西各种灵方妙药——希望我可以在晚上睡得好点儿；朋友关怀的那份浓厚情谊令我感动，但大家讨论我长夜里未能成眠的热切对我却是一番鼓舞。我今年85岁，事态间，各种个人得失，早被风风雨雨冲淡，还有何忧心？

我忧心，在全球化、知识经济的时代，各人智商、能力和努力程度不一样——机会失衡成为“新常态”。

我忧心，国家资源局限成为未来发展的难题。

眼前，我们需要把困难变为机遇。

眼前，我们急需科技开拓创新。

政府要有灵活方略，处理价值世界和实际世界间微妙的关系，特别在再分配的调节机制上，不要让“贫富悬殊的愤怒”和“高福利负担”一事的两面现象持续让社会停滞和不安；政府必须率先纳新求变、开拓思维，政府必须深切推行教育改革。我一直认为投资教育失当是对未来严重的罪行。

我忧心，人与人之间欠缺互信。信任是凝聚理性社会的一个重要环节，当它未能成为润泽社会的“正能量”，当大家总觉得一切在变味，对一切存疑，认为公平正义被腐蚀时，政经生态均会走向循环的大滑坡。构建社会信任是民族最好的无形资产。

各位同学，你们今天毕业了，在新大门的真理钟敲响之时，你们对未来的许诺是什么？每天晨光初现时，你们可曾对社会的问题有所记挂？你们会是视而不见、无动于衷，还是渊深邃密、锲而不舍？一个有真能力的人，总会自觉地把“推动社会进步”视为己任。

不可言诠的世界，它的未来需要你们年轻人的承担，需要你们正面的价值观，需要你们的关怀，需要你们的耐心，也需要你们解决问题的能力。尽其心者知其性，有你们推动社会进步的决心和坚持，就是你我在变动不居的世局中最好的酣眠良方！

再次祝愿各位同学在责任之路上活出成功、丰盛、快乐和充满尊严的人生。

今天你以汕大为荣，明天汕大必以你为荣。谢谢各位！

附录3

李嘉诚专访

李嘉诚接受BLOOMBERG MARKETS（彭博市场）访问

问：你向Matt Winkler表示，很久之后仍不会退休。你曾说："我永远不会感到满足，如奥运运动员一样。"那是否亦反映你的动力及雄心？

答：当我55岁时，很多人已开始关心我的退休问题。对于"退休"，我有自己的定义，我年轻时生活非常困苦，今天我认为没有压力地工作，就已如享受退休状态。这几年来，我集团很多新的业务处于发展的关键时刻，我们很小心谨慎地计划每项业务。对我来说工作只有挑战，没有压力，除了来自要比别人表现得更好的压力。

既然这么多人感兴趣及关注，我很高兴告知大家，我的精神状态及体力不止可以应对自如，更有能力掌握当前的机遇及应付有关的挑战，并且对每一项目的发展也兴致勃勃地参与其中。我现在亦花大量时间为我的基金会做很多教育及医疗事业，并乐此不疲。对我来说，这更是我一生中很重要的事，是终身不渝的事业。

问：你一直努力不懈，而且建立了一支经验丰富及能干的管理层队伍，到底有什么决定由你自己掌握，什么决定则授权他人？若你要退下时，谁会继承你？

答：集团在过去多年的业务范畴不断拓展，目前业务遍布全球41个国家。鉴于集团业务范围及地理位置分布广泛，因此公司架构及企业文化应顾及集团全球同事的期望与顾虑，我认为这是非常重要的。

我们身处一个多元化的年代，有着多种不同的意见及信念，这世界并非一切注定或静止不变的。曾有多套管理学说提出种种方案，建议企业如何建立现代化的管理架构，以及修订企业文化，为配合全球经济趋势做好装备。

对我来说，当长江1979年收购和黄时，我所面临的最大挑战是要建立可令企业管理层和股东利益一致的管理架构及企业文化，而同时公司亦要有一个最自由灵活的环境以供他们全方位发展专业知识和企业精神。具备能力及策略的真正人才实在非常罕有，若加上具备创意、胆色及审慎态度的，更是少之又少，一定要让他们得到应有的报酬。

我首先思考的是如何在中国人的哲学思维及西方管理科学两大范围内找出一些适合公司发展及管理的坐标，然后再建立一套完善的企业管治架构。这基础上的公司架构，可令集团更具动力，鼓励所有不同业务的管理阶层，自我力争最佳发展机会。即使我或任何管理高层退休，亦不会对集团造成任何实际影响，因此交接绝对不是一个值得关注的问题。

问：在风险方面，你现时亦面对另一个表现疲弱的行业——地产，但你似乎并不感到忧虑，为什么？

答：《左传》有言："居安思危，思则有备，有备无患。"这传统的中国思想在商业社会中亦非常实用，故十多年前当地产很蓬勃时，我已决定集团应强力加速多元化发展，所以远于地产泡沫爆破前，我们地产业投资所占比重已较为减少。其实在亚洲金融风暴来临时，泡沫经济之迹象已很明显。

最近政府推出稳定楼市措施，在某种程度上应算是好消息，主导性的经济政策可能带来更佳的效果，经济政策的推出若在时间方面配合得宜，将可带来倍增性效果。居住为市民的一项基本需要，由于市民不断寻求改善居住环境，对楼宇的需求一直存在。长远来说，在地产市场投资应可获得合理回报，集团将继续谨慎投资。

问：在和黄及长江的业绩公布会上，你认为香港传媒对你的家族做出吹毛求疵的批评，对此似乎感到很失望，对吗？他们认为每消费10元，就会有5元落到你的口袋，但你却提供大量就业机会。你认为别人为何这么锐意抨击你，特别鉴于你在过去多年的成就已赢得不少人的尊敬？

答：我首先想指出，负责任的传媒对社会极具建设性，不负责任的传媒以削弱社会结构来攫取利润，他们最开心的是能寻找到矛盾及制造偏激，差劲的是他们蓄意在“对”与“错”间制造混淆，狡猾地利用及煽动人们的偏见去激化社会情绪，所有的目的只是促销。他们所做的是在倡导，而不是据实报道，揭开各种堂皇借口的面纱，便会看清他们的真面目，他们只是唯利是图和玩弄权术。

我投身工作逾60年，对以我为目标的传媒报道我持两种不同态度，第一是以事论事的，我们应以客观专业的态度接受批评；第二是以我为目标，我不会重视，我相信香港人对我了解很深，知道我每一分成功都源自我每一分的努力。在港英政府的时代或在特区政府管治下，我集团从未有任何特别的优惠。一直以来，我们在香港及香港以外发展的成绩很理想，现在集团业务遍布41个国家，上一次我统算全球约有15万以上员工，我肯定现在有更多其他国家的人了解我。

无论对以前港英政府或现今特区政府，我多年来翻来覆去的论点一直都是重视民生及经济问题。今天我最痛心的是在香港经济正处于转型的时候，最需要的是重视知识、创新及洞察力，但竟然有一些大众媒体反而引领读者逆向而行，沉沦在浅薄的意识中，令人惋惜。

问：有些时候别人会忽略你在香港及内地所做的慈善工作，我知你不想夸耀你所做的一切，但可否告知我们一些关于你现时资助的慈善项目，以及背后的理由？

答：年轻一代，尤其是生长于富裕社会的，例如中国香港或欧美的人，他们享有很多优越的生活条件，并且认为这一切都是必然的，故此他们较难体会贫苦和病痛无助者的感受。但对我来说，虽然有今天的成就，不过年轻时的贫苦也是难以忘记的。我曾对我的儿子说："你吃一个水果的味道，永远和我不一样，因为我经历过苦难，尝过饥渴时咬一口水果的那种滋味，你对它的珍惜程度一定不及我。"我在1980年成立李嘉诚基金会，我们很重视教育医疗，我深信知识可以改变命运。我父亲于我少年时因肺病不能负担医药费而去世，对此我至今仍充满遗憾，因此我非常重视发展医疗服务，并对各个范畴皆予以支持，包括研究工作、教育及培训、宁养服务，以及为内地偏远山区，例如居于新疆荒芜沙漠地带的游牧民族而设的流动医疗车扶贫服务等等。因基金会多年来所做的工作较多，很多人希望知道这方面的情况，因此最近已特别设立了基金会网站，详情可浏览以下网址：www.lksf.org。

问：《南华早报》曾引述你的言论：企业应交多些税项，穷人则应少交点儿。这是否正确？

答：我和全香港所有人一样，都希望香港好，我一向支持政府推行对香港长远发展有利的方案，如果特区政府已有一套增加税收及减少公共开支的周全计划，我赞成企业应做出承担，多付一点儿利得税。至于在减缓中下阶层税务负担方面，由于香港目前的税基已相当狭窄，是否适宜进一步收窄抑或加以扩阔，应交由专家研究。

问：在你的事业生涯中，哪项是最佳的交易，哪项是非你所料？你如何评价1979年向汇丰银行收购和黄股权的交易？当你知道已获得该家历史性公司的控股权，以及已晋身由英资垄断的商界精英圈子时，你有何感觉？

答：集团业务广泛，经过这么多年的经营，随着外围环境的变化，难免有些项目发展较快，有些则发展较慢，负责业务的管理人员会不断因适应市场情况而调整经营策略。集团在发展过程中进行过无数的交易，近年来最被广泛报道的一役是1999年向Mannessmann出售Orange，也是令人难忘的，这是历史上利润最高的交易，对买卖双方和Orange的股东均属有利，是一项三赢的交易。另外，回顾1979年，集团收购和黄的交易实际意义非常重大。不过，如果我当时没有收购和黄，我亦会收购其他外资综合企业公司。踏入70年代，我的实力比较好，开始注意外资控制的机构，发现他们用很少股份便可控制庞大资产。我计划收购一家拥有具有潜质资产的公司，并将它发展为跨国企业。和黄当时可以说没有什么在香港以外的业务，从我入股后至今，在全球41个国家投资及经营，员工人数超过15万。当时传媒忽略了一点，汇丰为什么把股份卖给我？最大原因是认为由我买入这些股票，可以使这家公司得到好的管理和领导，它的业务发展得更理想。结果，我亦不负众望，将和黄发展为一家世界知名的跨国企业。

和黄在我接任时，有很多外界人士不知道的内部问题存在，我费尽很多心血加以改善和处理，深入研究各行业及管理制度，加速其发展。外界有些人以为我取得和黄是一项非常划算的交易，但此中一切非外人所知道的内部问题，我逐一加以解决，其艰苦情形实非他们所能了解。

问：未来最大的挑战是什么？

答：面对全球经济和知识领域瞬息万变的环境，大家共同与时间竞争。全球化最重要的问题是人类如何消除歧视，彼此如何在与时间竞赛中共处求进，这是最大的挑战。面对市场环境的急速转变，企业领导层必须具有长远的眼光、详细的计划、全景的思维和广阔的世界观，了解自己，理解他人，更新求变，才可争胜。

问：企业透明度对你来说有多重要？虽然经常有人批评亚洲家族企业，但有一位曾与我交谈的投资者却认为你旗下的公司比怡和较佳，他更指出你的成功部分来自于你与投资者之间较良好的关系，而怡和集团的重要性则正在递减。

答：在长和集团内，我们深信西方管理模式以及中国哲学思维的兼容，所以我们很重视在股东权益和企业管理方面取得平衡。我们遵守所有公司法规，由优秀的专业人员管理不同业务，稳健及具灵活性的架构让集团可在瞬息万变的商业世界中做出迅速反应，从而可抓紧稍纵即逝的机遇。我作为集团主席及股东，有责任为集团及其他股东争取具有长期及短期理想回报的投资，为所有股东增值。

问：在你的生命中，什么事为你带来最大的乐趣？你的其他兴趣是什么？

答：人生的乐趣是难以言喻的，对我来说，当看到一本好书、打出一个好球、寻找到一个好的公益项目、与好朋友聊天、与同事并肩，每一样都可以是乐趣。但我喜欢的还是将时间及精力投入到发展教育医疗项目中。我不但只捐出款项，更会在进行过程中积极参与，在评估效益时让我看到金钱的真正价值、工作的意义，这是最快乐的一件事。

问：我可否问你一些别人常提及的事情：你是否仍佩戴价值 50 美元的精工表？是否永远拨快 8 分钟？你是否仍然驾驶较平庸的汽车？是否 20 年来都居住在同一间屋？物质对你来说有多重要？

答：你说的基本上是对的，只不过我的手表永远拨快了 20 分钟，而不是 8 分钟。我的生活水平跟我在 1957 年事业已上轨道时相差不远，甚至更加简朴。无论是从前还是现在，我都喜欢简单的生活，对于物质享受的要求不高，反而着重内心的平静，希望多做些有意义的事情。

问：你的中国业务拓展策略怎样？对中国发展潜能有何看法？你很早已进军地产及港口业务，你认为将来的发展机会如何？未能入股亚视对于有意成为大中华区主要传媒经营商的 Tom.com 是否有影响？

答：我是中国人，热爱祖国，我的内心亦非常重视民主与自由及人道主义的价值。我在 1977 年才第一次回到内地，之后在内地我一直以公益事业为主，至 20 世纪 90 年初，邓小平去南方考察，内地改革开放政策更加明确，欢迎外来投资，集团才扩大规模，开展内地业务，但相比之下，我们在欧美的投资更大。至今集团在内地投资额逾港币

600亿元，约占整个集团本港上市部分资产的12%。

多年来，中国经济快速增长，在加入WTO后，商业运作更趋程序化及规范化，与国际市场接轨，中国前景应是令人鼓舞的，集团今后仍有很多发展机会。Tom.com最初成立时是一家新科网络公司，在中国提供与海关手续有关的互联网平台服务，后来它一面开展电讯增值服务，一面不断添加新的内容，其中包括体育及娱乐，今后将继续迅速发展，入股亚视只是众多投资机会中的一个可能。一如既往，我们投资的关键乃取决于其是否是一个恰当及良好的投资机会，这对Tom集团本身来说实在无伤大雅，只不过莫名其妙地被传媒夸大渲染。

问：是否还有些其他关于你的业务情况可让投资者知道？

答：集团旗下所有业务都进展良好，而且新的投资机会亦不断涌现，特别是3G和生物科技都有非常良好的前景，我对集团的持续发展有绝对信心。

问：最后，我可否问一条关于Richard及电盈的问题？电盈的股价接近历史新低，很多人预料你终有一天会收购电盈，这传闻是否有真实性？目前，你与Richard的业务是否有联系？据悉他在收购香港电讯之前，并没有通知你，他是否完全独立经营业务？你们是否在某些范畴上实际进行了竞争？

答：Richard收购香港电讯只是在宣布前数小时才向我提及。他的公司发展良好，股价近两个月内亦从低价回升，电盈与我们长江、和黄集团并没有任何关系，虽然双方的高层人员交情良好，但在经营着相同类型的业务上，我们亦一如以往，在市场上互相公平竞争。因为作为上市公司的负责人，我们各为公司股东的最大利益负责。

问：当你的对手一个个退出3G市场，你却大笔投资了超过160亿美金。3G是否是你毕生事业中最大的一场赌博？为什么众人皆弃而你独取？

答：我们投资3G并非赌博，这样想的人是大错特错。对我们来说，3G是一项策划周详的业务，并已获银行融资。现有4000多名员工正夜以继日地工作，把这项先进的科技发展为崭新的服务，并于短期内推出。

3G糅合了有史以来两项最强大的消费科技：既有互联网的互动能力和资讯深度，更兼具流动通讯的便利和沟通功能。一部小小的手机，便集合了众多的功能和设备。

据了解，我们有不少对手退出，主要是基于他们自己公司财务上的考虑，并不是对3G科技缺乏信心。我本人深信3G一定能取得重大的成功。

李嘉诚与长江商学院EMBA学员对话实录

学员：您刚才谈到做人、做商人，在今天的中国社会，几乎每隔一两年就有一些著名的公司受到社会的质疑，您能否给这些受到质疑的大公司的领导人一些建议？

李嘉诚：企业的起伏，在中国有，外国也有，但最要紧的是无论企业大小，都要有一点儿核心业务。有核心业务就可以在经济不好的时候，起到非常大的作用。这点是我个人的经验。在1950年我创立长江的时候，只有5万港元，但我非常小心，如履薄冰。“发展之中不忘稳健，稳健之中不忘发展”，这是我个人的座右铭。

学员：在目前中国市场经济还未完全发达的状况下，法律制度还没得到健全。做一个好人和做一个商人常常会发生一些矛盾，在社会上我常常会看到一些成功的商人，但他不是一个好人；是一个好人，又做不好一个商人。您是如何解决这些矛盾的？

李嘉诚：矛盾太多了，正正当当做一个商人是不容易的。如果没有一个原则，从一个不正途去发展，有时候你可以侥幸赚一笔大钱，但是来得容易，去得也容易，同时后患无穷。从正途来发展，国内的机会是非常多的，正途才是最好的。在香港也有走偏路的商人，他们成功很快，但掉下去也很快。

学员：是什么样的力量或原动力支撑您从1950年到现在仍孜孜不倦地建设自己的事业来回报整个社会？而我在短短的人生中却时常很困惑。当前的宏观调控对我们的影响是很大的，大家都认为这次对民营企业的板子打得太重。所以我们也在考虑创业是为了什么。李先生对今年宏观调控下民营企业的发展有什么建议或看法？

李嘉诚：宏观调控政策，我个人看法是，国家的计划是不会让整个经济出现大的波动的，我们现有的钢铁产量比日本和美国加起来还大，需求量也大，如果不去控制的话，将来是吃不消的。

民营企业在现在的环境下，机会还有，不要放弃，我看应该多跟行家探讨，多听听大家好的意见，同时自己要研究，最要紧的是自己要投入。

从1950年开始，我无论做什么事，兴趣都非常高，这是我自己的个性。你经营一个实业，必须使自己非常有兴趣、非常投入，你才能得到成功。

我一生做过多种不同的行业，在世界上我们有很多的行业，每个行业我都非常投入，这一点说明：事业要成功，自己要投入。有兴趣，力量就有了，这是我自己的经验。

我的看法，民营企业每天情愿赚一点点，要非常小心，不要投机取巧，有困难时更要引起自己的兴趣，来为改变环境而努力。

学员：我想请教您一个问题，在中国出口增长这么快的情况下，外国的政府和商家有什么反应？我们中国的企业，包括我们地方政府，应该怎么样引导企业出口进一步发展？

李嘉诚：你提的问题，现在国内好像没有什么感觉，但我感到未来是有一点儿问题的。欧洲很多国家，他们的失业率是非常高的，有的超过 10%。中国的商品价廉物美，出口欧洲去，当地人的职业受到影响，人家有反感有怨气是迟早的事。

国内的企业家应该自己想出一个办法，其实办法不是没有的，因为我们的制造业所赚的都是蝇头微利，而中间商（出口商和进口商）却赚得很多。要直接找到自己的市场。

学员：听人讲，您的办公室有两个字“知止”，外界传得很神，能给大家分享这两个字的含义吗？

李嘉诚：这两个字是出自于春秋的老子，经营企业，“知止”两个字是最重要的。我从 12 岁就开始打工了，到 22 岁为止过了 10 年非常刻苦的生活，到今天我已工作 60 多年了，“知止”两个字没有写在办公室，但一直写在脑子里。

在香港我看到人家成功得容易，但是掉下去也非常快，是什么原因呢？“知止”是非常重要的。全世界失败的企业中，至少一半都是贪婪的。

学员：现在很多青年很崇拜您，从您创业的经验，从您对中国当代企业家的了解，您认为当前中国的青年企业家要在未来成为世界级的企业家，必须跨越哪几个台阶？

李嘉诚：国家经济的快速增长，提供给国内的企业家很大的机会，但是我们的企业家要到达顶峰的话，必须要找自己的市场。如果要建立一个成功的跨国、跨世界的企业，市场把握是靠你自己建立起来的，在我看来，国内有自己市场的企业并不多，这个是大家值得深思的。

学员：国内的很多企业都走向国际化，问题是怎么样管理西方团队，这方面外边对您的评价非常高，说您是亚洲企业管理真正能走向世界的领袖。请您说说在管理西方团队方面的体会。

李嘉诚：我们向来是以西方的经营模式来管理的，我是公司最高的领导，在经营的方针里渗入一点儿我们中国人的人情味，做事也带有人情味，钱不会赚到最后一个铜板。

谈到管理的时候，我都是这一句话：你在做生意的时候，没有买东西之前，你要想到我要用什么办法卖出去，你经营企业要用什么样的技法，你都先要进行市场调查才能成功。只有采用科学化的管理方法，才可铸成一个跨国的大企业。

学员：很多学员即将完成学业进入新的岗位，在他们新的人生开始的时候，能不能给予他们寄语？

李嘉诚：领导企业，重要的就是无论在哪一行都要拿到这行最好的信息。在进取时常常要想到万一失败的可能性，遇到不如意时，你要有准备，这样受损失就小了。

学员：怎样平衡奉献社会与回报股东的关系？

李嘉诚：作为一个公众公司，你一定要为股东创造你应该创造的利益，这一点是无可厚非的。但是基金不同，基金是你个人拿出来的，我的基金的每一个铜板都是抽完税后才放进去的。

我最大的经济来源是公司派给我的股息，然后我拿这笔钱放进我的基金。基金用在医疗、教育等公众有益的服务中。这两个是不冲突的。

在外国，一个成功的企业家是受到非常大的尊重的，但是在我们过去旧的社会里，商人是处于比较低的地位的，这两个差别是非常大的。

在西方国家，尤其是在美国，他们很多成功的商人，在他们退休的时候都是拿出非常多的钱贡献给社会。我希望在座的每个人将来都成功，成功之余都能拿出一笔钱贡献社会，做让自己一生都觉得永远高兴的事情。我认为这里是没有冲突的，不会有什么不平衡的东西。

学员：请问您对成功的理解是什么？到底什么是成功？.

李嘉诚：对我自己来说，我曾经经历过几个不为人知的夜晚。我自己其实不是喜欢做生意的人。在1950年开始做生意时，我是预备三四年就可以让这个企业成功，之后把这个公司卖掉，然后拿这笔钱跑到学校再去读书。

我父亲、祖父、曾祖父都跟教育离不开，他们都是读书人，因为战争和贫穷，我到香港是无法读书的，我在10岁已念到初中了，我小时候还是喜欢念书的。我以为我可以做几年公司再去念书，但是我需负担整个家庭。后来发生了一个意外，生意伙伴亏了钱，我不得不继续做下去。

曾经有几个晚上，我单独跑到没有灯光和闲人的山上，坐在石头上面，我想我吃的穿的都是最简单的，根本没有额外的需求，继续做下去，究竟是不是我最喜欢的？

坐了几个晚上，我领悟到，当你有钱的时候，你是可以做很多事情的，很多事你没有钱是做不到的，但不是你有钱就什么都可以做。30年间我不停地做事，又在内地捐建了中学、大学、图书馆、医院，我做这些事情都坚持外面不可以写上我的名字。

长江跟和黄有18万员工，高层经理在他们退休时都有足够的钱来过这一生，连他们的孙儿也够过一生。对待员工，我给高薪水，但是绝对不允许贪污。中高层的员工，会对社会起到好的作用。另外，长江跟和黄认为对社会有用的项目，都会积极去做的。

学员：李先生您有这么大的事业，非常多的精英在您的旗下服务，请问您在用人方面有什么心得？

李嘉诚：作为一个中层的经理来讲，你感到他对你的企业是有贡献的，同时有对公司皈依的心，是盼望长期服务的，你感到他的人格是不错的，那么你留意他，要令他觉得前途有保障，令他的收入足够多。给他好的花红，给他好的前途，同时信任他。但必须有一个制度。

在内地，有的人凭着个人的意愿，觉得这个人不错，就连制度也没有，出了问题，不只害了自己、企业，还害了这个人，如果你早就有一个制度，就不会出这个大毛病。

我自己常常讲，我好像到今天为止，我最基本的同事，就是在行政级管理高层里面，我看不出哪一个想离开我的企业。90% 的员工就是在退休的前一天，还在我的公司里面做。

李嘉诚接受《GE 环球企业家》采访摘录

GE：2007 年中国股市高涨之时，您是为数不多提醒大众投资者需小心的商业领袖。现在您如何看待全球经济前景？

李嘉诚：2007 年 5 月，我说“自己身为中国人，自然为近期内地股市的情况担心”。后来，上海 A 股市场从当年 10 月的最高点 6124 点跌到最近的 2700 多点。现在我要说，金融企业及宏观经济尚有一段时间会受到困扰，投资经营要更加小心。

美、英及欧洲国家面对的次级按揭贷款危机尚未解决，最大问题是信贷。美国地产业会继续下调、疲弱。毕竟美国 GDP 占全球的 30%，如果它的经济不好，会影响到全世界。还有全球的通货膨胀，现在的资源价格都很高，油价、粮价、铁价、铜价都是如此，这个情况对经济也很不利。

不过，香港地产环境较为特殊，因为最大的业主是香港特区政府，它根据市场需求，有计划地推出土地，所以香港地产还是稳健的。

GE：外界对您的投资成绩很熟悉，但似乎永远看不懂您为何总是能够做出正确的决断。这是怎样做到的？

李嘉诚：投资任何公司，固然要着眼其眼前的赢利能力，但也要考虑其亏损的可能性。赚钱的理由很容易看到，但亏本的因素未必容易看清，那你应该考虑哪个方面多一点儿？我经常打的一个比喻，是驾船出海之前想好如果天气突变怎么办，也就是总要思考在最坏的情况下，我要怎么应对。我除了用很多时间考虑失败的可能性外，还会反复研究哪些行业对我们来说是未来的机会，哪些行业风险高，哪些生意今天很好，但10年之后优势不再，哪些今天欠佳，10年之后却风景秀丽。比如石油公司赫斯基，最初大家并不看好，但我却一直很有信心，这是由于我平时对经济、政治、民生、市场供求、技术演变等一切与自己经营行业有关、或没有直接关系但有影响的最新、最准确的数据及讯息具备所有详细数据，加上公司内拥有内行的专家，当机会来临时我便能迅速做出决定。

过去两年里股市最炽热的时候，有人说如果我们将码头业务出售，可以获得50～60倍的市盈率，我们不是不懂得买卖，但集装箱码头是我们的核心业务，经过这么多年建起来，不会随便卖掉公司的控股权。

GE："中国制造"正在面临巨大的挑战，对此您有什么建议？

李嘉诚：虽然现在已有反思，世界正在从享受国际化的好处变为面临国际化的挑战，但我相信，国际化是一定对中国有好处的。但是，大家需要为此付出更多的努力。我做塑胶厂的时候，结业前一天工厂还是赚钱的，但我为什么决定要结束它？我知道制造业在香港未来是没有前途的。从前电话线都是铜线，但有了光纤之后，你必须洞悉铜线迟早要被淘汰。大方向定下后，再思考在小的方面如何做得更好。小的判断再准确，大方向出现偏差亦属徒然。

GE：那您希望倡导一种怎样的观念和方法论？

李嘉诚：康熙王朝尽管不是中国最强盛的时期，但资料显示，当时中国的GDP已占到全球的30%，而今天，我们中国的GDP只占全球经济的6%。我觉得，中华民族是个聪明的民族，但我们中国的企业需要更精益求精。同样一道工序，比如生产一支笔，你做到了90%的程度，可能只卖3元钱，你做到100%的程度，也许售价会高得多。认真追求最美好的产品，应该是我们中国人的企业的发展方向。当然，推销网络一定要有突破，才能够取得合理的价格和前途的保证，虽然这不是一件轻易能办到的事，但最终亦是一件非做不可的事，工厂的规模和决心是推销突破的关键。